유라시아 문화코드로 우리 문화 새로 읽기

바람 타고 흐른 고대문화의 비밀

정형진 지음

소나무

바람 타고 흐른 고대문화의 비밀

초판 발행일 | 2011년 9월 30일

지은이 | 정형진
펴낸이 | 유재현
출판감독 | 강주한
편집 | 장만
마케팅 | 박수희
디자인 | 박정미
인쇄·제본 | 영신사
출력 | 스크린출력센터
종이 | 한서지업사

펴낸곳 | 소나무
등록 | 1987년 12월 12일 제2-403호
주소 | 121-830 서울시 마포구 상암동 11-9, 201호
전화 | 02-375-5784
팩스 | 02-375-5789
전자우편 | sonamoopub@empas.com
전자집 | www.sonamoobook.co.kr
책값 | 17,000원

ⓒ 정형진, 2011

ISBN 978-89-7139-078-8 03910

소나무 머리 맞대어 책을 만들고, 가슴 맞대고 고향을 일굽니다.

유라시아 문화코드로 우리 문화 새로 읽기
바람 타고 흐른 고대문화의 비밀

---일러두기---

1. 이 책은 2009~2010년 부산 『국제신문』에 「역사연구가 정형진의 고대문화 새로 읽기」라는 제목으로 연재한 글들(18장은 제외)을 대폭 수정하고 보완하여 묶은 것이다.
2. 이 책에 실린 야외사진 중 다수는 김익수 님이 제공한 것이다. 책의 완성도를 높이는 데 김익수 님의 도움이 컸음을 밝힌다.

하늘나라에 있는
사랑하는 아내에게
이 책을 바칩니다.

목 차

서장
고대문화를 만든 사람들의 시각으로 새로 읽기 • 11

고대사는 국제사 | 교류와 흐름 | 공간적인 이해와 인구에 대한 감각 | 기후 변화와 역사 변동 | 유전학적 연구 결과와 주민 이동 | 새로운 눈으로 상고시대의 역사와 문화를 보자

제1장
단군신화의 주연배우였던 웅녀의 곰신앙은 어디로 사라졌나? • 25

민속 신에 대한 의문 | 환웅과 웅녀의 만남 | 황제족이 웅녀일까? | 요서에 새로 등장한 곰부족 | 곰부족과 호랑이부족이 살던 곳 | 한민족의 곰신앙은 왜 사라졌나 | 각저총의 단군신화 | 웅진 곰나루 전설과 퉁구스족의 곰신화 | 인류의 곰신앙은 구석기시대부터 | 동시베리아의 곰 숭배 | 왜 곰을 숭배했을까 | 영남지방의 곰 전설과 곰신앙

제2장
단군시대의 중심 종교인 칠성신앙이 곰신앙을 약화시켰다 • 57

고조선의 국모는 호랑이인가 | 한민족 초기 공동체의 공간을 이해해야 | 북두칠성 섬기던 공공족의 환웅이 부계적 질서를 꾸려 | 풍류도의 뿌리는 공공족의 신앙에 있다 | 고인돌에 묻힌 칠성의 아들 | 도교사상의 영향을 받은 칠성도 | 단군시대의 모습을 되찾은 칠성님 | 일본 천황의 명칭도 북두칠성신앙에 뿌리를 두고 있다 | 우리 고유의 별자리와 칠성신앙의 우위 | 칠성신앙에 밀린 곰신앙

제3장
고구려의 문장은 삼족오가 아니다 • 81

앙소문화의 삼족오 | 무서운 서왕모, 아름다운 신선으로 변하다 | 신석기시대 동북지방에는 삼족오가 없다 | 고구려에서 화려하게 부활하는 삼족오 | 태양신이나 영웅의 길 안내자인 까마귀 | 일본으로 건너간 삼족오 | 삼족오 다리는 왜 세 개일까? | 삼신산에서 떠오르는 태양새

제4장
궁룡은 하늘을 숭상한 고구려의 문장이다 • 103

나라마다 국기가 있다 | 치우족의 문장 | 경주에서 고구려 때 제작한 호우 발견 | 호우에 보이는 #의 비밀 | #은 광개토대왕의 문장으로 천손임을 나타낸다 | 두 손으로 북두칠성을 받들던 사람들

제5장
바위에 새겨진 발자국은 치우의 흔적 • 117

담시선인이 노닐던 김해 초선대 | 장수 발자국 | 산에도 강 절벽에도 신의 발자국이 | 동이의 '이夷'자는 큰 뱀(구렁이)을 상형한 것 | 치우는 동이 인방의 뱀 토템족 | 복희의 호랑이 토템도 계승한 치우 | 용호문화의 주인공 복희·치우 | 호랑이 등에 타고 있는 복희는 산신도의 기원 | 만주의 호랑이 산신이 한반도로 | 호랑이와 뱀 토템의 치우가 새 토템과 결합 | 치우에 대한 새로운 견해

제6장
금정金井의 유래와 신선도 • 145

황금물고기가 사는 금정 | 고마할머니와 신어 | 금정산 금어의 원향을 찾아서 | 석정은 삼신산의 생명수와 관련 있다 | 삼신산에 파놓은 물고기 우물 | 모든 생명을 낳는 생명수가 나오는 석정 | 석정은 단군시대의 종교유산

제7장
두 길로 이동한 신어神魚, 한반도에서 만나다 • 165

고대의 국제결혼 | 언어와 유전학적 근거 | 쌍어문의 발상지와 두 갈래의 전파루트 | 기원전 5000년경의 엔키 신앙은 쌍어사상의 뿌리 | 고고학 자료로 본 북방 전파 | 장구형 문양은 쌍어문 | 종교적 성격의 쌍어 전파 | 뒷전풀이 때 사용하는 두 마리 명태는 신어 | 허황후가 가져온 신어사상은 남방루트로 | 메소포타미아의 신어, 한반도로 이주

제8장
알지신화를 그린 유리구슬의 비밀 • 187

흑해 주변에서 온 상감옥 구슬 | 서양인의 모습을 한 율곡 | 천축국에 알려진 신라인의 모습 | 소그드인이 주문 제작

제9장
황금보검의 삼태극과 곰머리 세 구멍 옥기의 비밀 • 197

서로 사랑했던 화랑의 무덤인가 | 황금보검에 표현된 삼태극 | 황금보검은 어디서 생산되었나 | 켈트족의 소용돌이 무늬 | 훈족이 주문 생산한 것인가 | 삼태극의 비밀을 풀어보자 | 삼태극이란 개념은 언제부터 사용했나 | 삼태극이 세 개인 것은 무엇을 의미하는가 | 세 개의 연속 삼태극은 삼신할머니의 상징 | 누가 황금보검을 주문했을까

제10장
고깔모자는 신라 왕족의 비밀을 푸는 열쇠 • 217

북방 초원문화를 사랑했던 신라 | 고깔모자를 쓴 신라인들 | 문무왕 비문의 김일제는 사카족 혈맥 | 자장스님이 전해준 민족의 뿌리 | 고깔모자를 쓰고 수나라 간 신라 사신 | 흉노에 편입된 사카족은 고깔모자를 썼다 | 사카족은 천산 동서를 오가며 살았다 | 휴도왕은 하서회랑에 살던 사카족 | 불교를 믿었던 휴도왕 | 사카족의 동방 이주는 두 길로 | 천독인과 투후 후손의 결합으로 김씨 왕조 탄생

제11장
개구리와 뱀의 교합은 생명순환의 상징이다 • 245

성스러운 상징들 | 토우 장식 항아리에 보이는 신라인들의 성의식 | 바람의 흐름(風流)을 주관하는 자 | 원초적인 생명에너지를 상징하는 뱀 | 지고한 뱀에서 악마로 숙청된 뱀 | 생명의 리듬을 표현한 뱀과 개구리 | 생명의 리듬을 노래한 풍류정신

제12장
3과 7로 풀어본 장군총의 비밀 • 263

3·7일(21일)은 생명의 변화와 관련된 수 | 3수는 어떤 상징을 가지고 태어났나 | 3수는 영원한 시간의 변화수 | 세 개의 태양이자 세 개의 자궁 | 삼신은 원래 3명의 여신 | 3의 철학적 의미 | 7수 탄생은 북두칠성신앙에서 | 일곱 현인, 메소포타미아 최고 문명의 초석을 닦다 | 7수 천산을 넘어 중국 중원문화로 진입 | 7수 중원에서 동북으로 전파 | 동북지역의 7수 문화 한반도로 유입 | 장군총은 칠성님에게 돌아가는 장치

제13장
마고여신의 상징이 바위에 새겨져 있다 • 293

성기를 드러낸 큰 여신 | 구석기부터 대모신 숭배 | 여성 성기 숭배는 생식기능을 인식한 후부터 | 여신상 동쪽으로 전파 | 한반도의 지모신 마고할미 | 거대한 몸집의 마고할미는 창조여신 | 자신의 순수한 이름을 잊어버린 베틀굴 | 자연석 여근으로 가장 아름다운 삼막사 여근 | 대모신 칠성여래로 신앙되다 | 마고바위 공알바위 | 대지의 생산력을 상징하는 대모신의 자궁 | 생명을 낳는 대지의 신 거북 | 붙임바위는 마고할미의 자궁

제14장
통도사 숲 속에는 용왕의 남근이 있다 • 319

용신들의 거처로 들어온 부처님 | 용신신앙과 불교의 충돌 | 금와보살과 대석신전 | 절을 받는 개구리 | 대석신앙과 불교의 만남 | 일본으로 반출될 뻔한 진신사리 | 일본의 칠복신이 왜 통도사에

제15장
단군은 땅의 생명력을 상징한다 • 335

단군할아버지의 계시로 드러난 남근바위 | 부루바위 혹은 자지바우 | 자지바위, 다시 힘을 얻다 | 하늘 향해 힘차게 솟은 남근 | 신선의 부탁으로 다시 일어선 남근석 | 중국 중원과 홍산문화의 남근 숭배 | 생명의 조상 남근 | 중국의 사직신은 공공족의 그것이 원형 | 태양의 에너지를 상징하는 뱀은 지하신의 아들 | 고깔모자를 쓴 단군과 파라오 | 단군의 씨를 받은 사람들

제16장
남근을 봉납받는 여신들 • 357

애랑이 전설과 남근 | 처녀신의 재생산력과 풍어 | 대모신 숭배의 전통 | 로마시대에도 여신에게 남근을 바쳤다 | 조선시대 남근을 모시던 부근당 | 부근은 우리 고유의 터주신 | 국동대혈의 수혈신은 지신이다 | 남근봉납은 소아시아의 습속이 유입된 것

제17장
조상들은 왜 피리에 13개의 구멍을 뚫었을까? • 375

보현사 13층 석탑 | 13일의 금요일 | 몽골의 13오보 | 2012년 12월 21일 지구 종말 | 13개의 기둥을 박은 세계 최고 천문대 | 13개의 구멍이 뚫린 옥피리 | 피리소리에 달이 멈추다 | 생명의 노래를 부르다

제18장
누가 새 시대의 희망인 솥을 거는가? • 397

반복되는 종말론 | 미륵신앙의 성지 금산사 | 청의동자의 보살핌 | 미륵보살, 도솔천에서 내려오다 | 서산마애삼존불의 미륵 | 반가사유상은 도솔천에서 하생한 메시아 | 진표, 미륵을 한국의 미륵으로 모시다 | 미륵을 무쇠솥 위에 세우다 | 미륵의 꿈 환웅의 꿈 | 새 시대를 꿈꾸며 철원에 솥을 건 궁예 | 철원평야의 솥은 엎어지고 | 미륵의 꿈은 계속된다 | 새 미륵을 그리며

| 서장 |
고대문화를 만든 사람들의 시각으로 새로 읽기

고대사는 국제사

상고시대의 역사와 문화를 이해하기 위해서는 다음과 같은 시각을 가질 필요가 있다.

첫째, 상고시대의 역사와 문화는 교류와 흐름이라는 관점을 가지고 이해해야 한다.

둘째, 특정 지역의 역사·문화를 이해하기 위해서는 그 역사문화 공동체의 주변 지역에 대한 공간적인 이해와 당시의 인구에 대한 이해가 필요하다.

셋째, 상고시대의 역사·문화는 비교적 긴 시간 동안 형성된 내용을 다룬다. 때문에 기후의 변화로 인한 환경 변화를 이해할 필요가 있다.

마지막으로 최근에 주목받고 있는 유적학적인 연구 결과를 참고해서 이해할 필요가 있다.

필자는 위와 같은 시각으로 한국 상고시대의 역사를 연구해왔다. 이 책의 내용은 그러한 시각을 바탕으로 해서 한국 고대문화의 흐름을 파악하고 해석한 것이다. 한민족 공동체의 초기 구성원을 추적해보면 그들 중 일부는 유라시아 대륙의 큰 역사 흐름과 맥을 같이하면서 형성되었음을 알 수 있다. 그러한 이유로 한민족의 내면에 흐르는 문화의식은 유라시아의 문명사와 연결되어 있다.

이 책을 통해서 독자들은 한민족의 문화의식이 유라시아 문명사와 맥을 같이해 왔음을 느낄 수 있을 것이다. 유라시아 문명사와 연계한 한국 고대문화 읽기는 지구촌 시대의 시민으로 주변 문화 집단과 동질감을 느끼는 데 커다란 도움을 줄 것으로 기대한다.

김병모는 한국사는 고대사로 갈수록 국제사國際史이고 근대로 올수록 국지사局地史로 변했다고 했다.[1] 옳은 지적이다. 상고시대에 기반을 둔 우리의 문화코드를 풀다 보면 한국인의 얼 속에는 유라시아 대륙의 얼이 녹아 있음을 발견한다. 우리의 무의식 속에 살아 있는 얼에 잠재되어 있는 세계인으로서의 의식은 한민족의 무한한 잠재력의 원동력이 될 수 있다. 따라서 우리는 국수주의적인 이유 때문이 아니라, 세계시민으로서의 당당한 일원이 되기 위해서라도 우리가 잊었던 우리의 문화코드 속에 숨어 있는 의미를 되새겨볼 필요가 있다.

교류와 흐름

인류의 역사는 자연에서 살아남기 위한 부단한 투쟁과 이동의 역사였다. 상고시대로 갈수록 열악한 도구를 가지고 생존해야만 했기 때문에 생존 그 자체가 매우 힘들었다. 열악한 조건일수록 주변 환경에 변화가 오면 생존에 큰 타격을 입는다. 지구의 환경이 수시로 바뀌었음은 많은 연구를 통해 증명되고 있다. 그때마다 인류는 그러한 변화에 적응하기 위해 보다 살기 좋은 곳으로 끊임없이 이동해야만 했다. 그러한 이유로 상고시대는 일정한 주기마다 사람들이 이동했으며, 그 결과 문화는 전파되고 사람들은 섞여서 살게 되었다.

중남미의 고대문화를 살펴보면 거기에는 1만 2,000년 전 유라시아 대륙에서 넘어간 문화 이외에도 유라시아 대륙의 동쪽에서 반복적으로 이주했음을 보여주는 유적과 유물들이 수없이 많다. 물론 근동에서 넘어간 문화

---

[1] 김병모, 『김병모의 고고학 여행(2)』, 고래실, 2006, 225쪽.

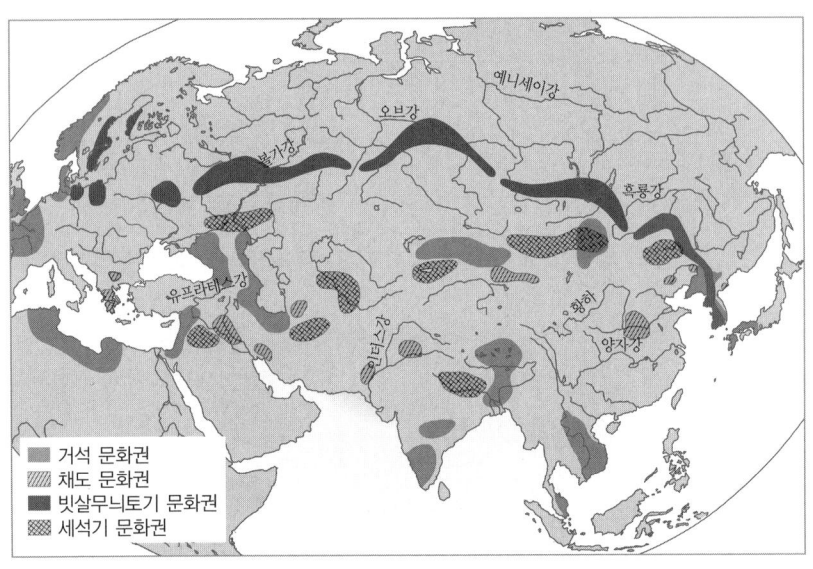

[도판 1] 신석기시대 4대 문화 전파루트

흔적도 보인다. 상고시대 그러한 문화의 전파는 그곳으로 이주한 사람들에 의해서 이루어졌다고 보아야 한다.

선사시대의 상황에서는 대부분의 문화가 사람의 이주에 의해서 전파되는 경우가 많다. 따라서 상고시대의 문화는 대부분 주민의 이동을 수반한다고 보는 것이 합리적이다. 물론 가까운 이웃과의 교류에 의한 전파가 파도처럼 이어질 수도 있다. 그러나 많은 경우 주민의 이동과 함께 전파되었을 것이다. 유라시아 대륙의 채색 도자기 문화만 해도 특정 지역을 거점으로 전파됨을 볼 수 있다(도판 1). 이는 그들 거점으로 주민이 이동했을 가능성을 시사하는 것이다. 단순한 전파에 의한 것이라면 채도문화가 발생 지역에서 방사선으로 골고루 확산되었을 것이다. 물론 비교적 가까운 거리의 전파는 교류에 의해 이루어지기도 했을 것이다.

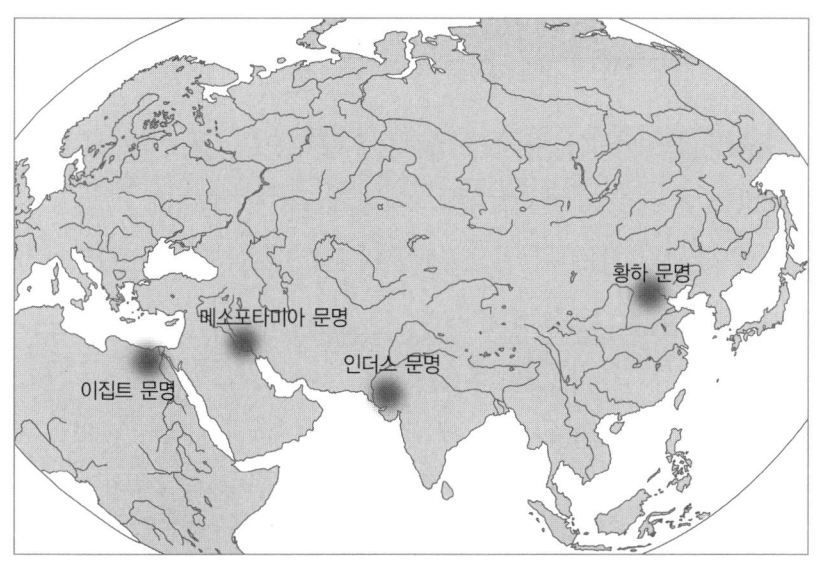

[도판 2] 신석기시대 4대 문명 발상지

　신석기시대 4대 문명 발상지만 해도 그렇다. 우리들은 그들 문화가 독자적으로 형성된 것처럼 배웠다. 그러나 20세기 들어 고고학자들의 자료 발굴과 연구 성과로 이제는 그들 상호간에 상당한 교류가 있었음이 확인되고 있다. 메소포타미아 지역과 인더스 문명 간에는 상당한 규모의 무역이 행해졌음이 밝혀졌다. 메소포타미아 지역의 주민이 남하하여 초기 이집트 문명을 건설하는 데 공헌한 것도 밝혀졌다. 뿐만 아니라 우리가 황하 문명이라고 알고 있는 중원 신석기문화는 앙소문화인데, 이 문화의 특징인 채도문화는 이란 평원이나 중앙아시아 서남부 지역인 투르크메니아 지역의 채색도기의 영향을 받았음이 확인되고 있다.

공간적인 이해와 인구에 대한 감각

특정 지역의 역사와 문화를 이해하기 위해서는 그 주변 지역에 대한 공간적인 이해와 당시의 인구에 대한 감각이 필요하다. 왜냐하면 그 특정 지역의 문화가 형성되는 데는 주변 지역과의 문화교류도 있었을 것이고 주민의 이동도 있었을 것이기 때문이다.

상고시대를 현재의 시각으로 바라보는 것은 잘못이다. 현재 지구에는 65억이 넘는 사람들이 살고 있으며 각 지역이 국경으로 나누어져 있다. 그러나 상고시대에는 국경이란 것 자체가 없었으며, 인구도 우리가 상상하는 것 보다 훨씬 적었다. 가령 기원전 3500년경의 중국 요서지역의 인구는 5~8만여 명에 불과했다. 그보다 이른 흥륭와 시대에는 1만여 명에 불과했다고 한다.[2] 기원전 8~7세기경 스파르타의 인구는 8,000 내지 1만 정도에 불과했다.[3] 또한 한漢나라 때인 기원 전후로 실시된 인구 조사에 따르면 만주의 총인구는 100만 명 수준이며, 인구 밀도는 1.31명/제곱킬로미터에 불과했다.[4]

이러한 상황에서는 이웃 문화공동체에서 주변으로 주민이 확산되는 데 큰 무리가 없다. 왜냐하면 생존공간을 두고 극단적인 투쟁을 할 필요가 없기 때문이다. 따라서 국경선을 기준으로 상고시대의 역사와 문화를 연구하면 실체적인 진실에 다가서기 어렵다. 유라시아 대륙에서 한반도를 거쳐 일본으로 주민과 문화가 이동할 수 있었던 것도 이와 같은 당시의 여

---

2) 項春松, 『赤峰古代藝術』, 內蒙古大學出版社, 1999, 9쪽.
3) 토마스 R. 마틴 지음, 이종인 옮김, 『고대 그리스 역사』, 가람기획, 2004, 123쪽.
4) 김운회, 『대쥬신을 찾아서(1)』, 해냄, 2006, 113쪽.

건 때문이다. 일본 인류학자의 연구에 따르면, 일본이 비교적 고립되어 살던 시절인 죠몬 시대(기원전 4세기 이전)의 열도 전체 인구가 26만여 명에 불과했다고 한다.[5] 일본 열도에 그 정도의 주민이 살고 있었기 때문에 한반도 남부 주민이 벼농사를 가지고 건너간 야요이 문화(기원전 4세기~기원후 3세기)를 개척하는 데 큰 어려움이 없었다. 특히 죠몬인들은 수렵·채집 위주의 생활을 했기 때문에 한반도에서 농사기술을 가지고 건너간 주민들과 충돌이 적었다. 생활 터전을 두고 충돌할 일이 적었기 때문이다.

기후 변화와 역사 변동

상고시대 인류 이동의 가장 근본적인 원인 중의 하나는 기후의 변화였다. 지구의 기후는 반복적으로 상승과 하강을 계속하면서 인류의 생존 조건을 위협했다. 신석기시대의 주민이 이동하고 확산하는 과정에도 기후의 영향이 매우 컸다. 메소포타미아 문명이 발생할 수 있었던 것도 기후 변동으로 인해 북쪽의 산악 지역이나 그 이북의 주민들이 대거 남으로 이동했기 때문이다.

과거 1만 년 지구의 기후 변동에 대해서 간단하게 정리해보면 그 영향력이 심대한 것임을 짐작할 수 있다. 대략 지금으로부터 9,000년에서 1만 년까지(기원전 8000~7000년)는 연평균 온도가 지금보다 섭씨 5도 정도 낮았다. 이후 기후는 줄곧 상승하여 지금부터 7,000년에서 3,000년까지(기원전 5000년~1000년)는 온난한 기후로 지금보다 섭씨 3~5도 정도 오히려 높았다.

이후 기온이 크게 하강하여 지금보다 1~2도 낮아지게 된다. 서기 1700년에서 근대에 이르기까지 기온은 최저점에 이르렀다가, 그 후 점차로 오

---

5) 정혜선, 『한국인의 일본사』, 현암사, 2008, 36쪽.

르고 있으며, 최근의 기후 상승 속도는 점점 빨라지고 있다. 세계적인 기후 학자들의 예측에 의하면 21세기 말 이내에 적어도 현재 보다 3~4도 기온이 상승할 것이라고 한다. 그렇게 되면 지구의 환경은 현재와 상당히 다른 국면에 처하게 될 것이다. 지금의 한반도 남쪽보다는 만주와 연해주 지역이 살기에 적합한 공간이 될 것이다. 따라서 문명의 중심축도 상당히 북쪽으로 이동할 것이다. 신석기시대에도 겪었던 일이 반복되는 것이다.

이러한 기후 변동은 동일한 지역에서 장기적으로 문화공동체를 이루고 살던 사람들에게 치명적인 위협이 된다. 그러한 위기 상황에서 새로운 삶의 터전을 찾아 사람들은 이동했다. 그러한 이동의 역사를 이해하면서 한국 상고사의 주역들을 이해할 필요가 있다.

기후가 과연 얼마나 역사에 영향을 미치는지는 기후 변화와 중국 왕조사의 흥망을 연결해서 살펴보면 알 수 있다. 신석기시대 기온이 최고점에 달했던 기원전 4000년경에는 중원에서는 앙소문화가 만개했으며, 기원전 3500년경에는 요서 지역에서 홍산문화라는 대단한 옥기문화가 꽃피우고 있었다.

그러다가 다시 추워지기 시작하는 기원전 2300~2200년경은 요순시기로 단군신화에 고조선이 세워졌다고 하는 시기와 맞물린다. 그 후 다시 더워지기 시작하는 기원전 1600년경에는 하나라가 멸망하고 상나라가 들어선다. 다시 추워지는 기원전 1000년경에는 상나라와 주나라가 교체한다.

기후 변동은 삶의 조건을 압박하고 이는 사회불안을 조성하며 사회불안은 정치적 변화를 가져온다. 때문에 기후 변화가 상고시대의 역사·문화 변동의 중요한 변수가 된다. 그러한 기후 변화로 발생하는 불안 때문에 사람들은 남북 혹은 동서 방향으로 이동했다.

기후가 인류문명에 영향을 미친다는 사실은 기원전 4세기의 철학자 아리스토텔레스의 다음과 같은 말에서도 알 수 있다. "그리스는 뜨거운 기후와 차가운 기후의 중간 위치를 차지하고 있고, 그리하여 에너지와 지성을 동시에 향유하고 있다." 그는 기후가 정치적 운명을 결정한다고 보았던 것이다. "이러한 이유로 그리스인들은 자유를 수호했고, 가장 훌륭한 정치적 제도를 운영했다. 만약 그들이 서로 정치적 단결을 이룩할 수 있었다면, 세계를 지배할 수도 있었을 것이다.(『정치학』)"[6]

또한 『연합뉴스』(2008년 11월 8일)에 따르면, 중국과 미국 과학자들은 감숙甘肅성의 왕상王祥 동굴에서 발견한 길이 11.8센티미터의 석순을 통해 당唐과 원元, 명明 왕조의 몰락 시기가 오랜 가뭄과 일치한다는 사실을 알아냈다고 한다.

유전학적 연구 결과와 주민 이동

중앙대학교 의과대학의 유라시아 인골 표본 조사보고서에 의하면, 신라인의 부계는 스키타이 인골과 가장 가깝고, 모계는 서흉노나 스키타이와 가깝다고 한다.[7] 이 사실을 우리는 어떻게 받아들여야 할까? 스키타이인들은 천산 너머에서 주로 활동하면서 천산 주변을 넘나들었다. 필자도 『실크로드를 달려온 신라 왕족』(2005)이라는 책에서 신라 김씨 왕족이 스키타이 계통인 사카족과 혈맥적으로 닿아 있다고 주장한 바 있다.

최근에 각광 받고 있는 유전학전 연구에 따르면 아프리카에 출발한 몇

---

6) 토마스 R. 마틴 지음, 이종인 옮김, 『고대 그리스 역사』, 가람기획, 2004, 17쪽.
7) KBS 〈역사스페셜〉, "신라 왕족은 정말 흉노의 후예인가", 2009년 7월 18일 방영.

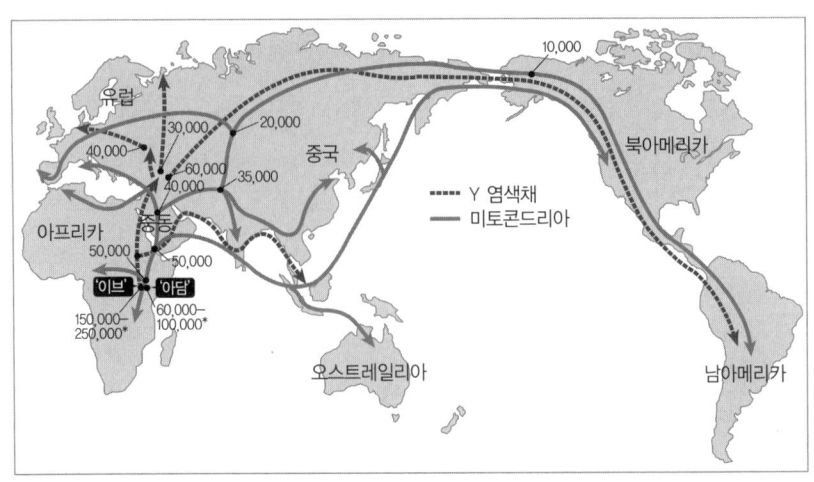

[도판 3] 아프리카 중동부에서 탄생한 현생인류의 조상의 전 세계 확산 경로

명의 어머니, 즉 '미토콘드리아 이브'를 공동 조상으로 해서 현생 인류가 파생하였다고 한다. [도판 3]을 보면 현생인류가 아프리카를 벗어나 중동을 거쳐서 확산되었음을 알 수 있다. [도판 3]은 2006년 『뉴스위크』지에 실린 지도이다.

단국대 생물학과의 김욱(인류유전학) 교수도 유전학적 연구를 통해, 우리 조상의 주류는 기마민족이 아니라 농경민족이라는 주장을 새롭게 제기했다. 그는 "한국인의 유전자(DNA)를 분석해 기원을 추적한 결과 우리 조상의 주류는 중국 중북부의 황허(黃河)와 양쯔강 일대에 농경문화를 꽃피우던 민족이었으며 일부만이 북방의 유목 기마민족에서 유래했다"고 밝혔다.[8] 이 조사 결과는 지금까지 한민족의 기원에 대한 주요 학설로 인정받던 '북방(몽골) 기마민족 단일 기원설'에 정면으로 배치된다.

이러한 생물학적 연구 결과를 바탕으로 민족의 이동루트를 고려해보

---

8) 『동아일보』, 2004년 5월 11일.

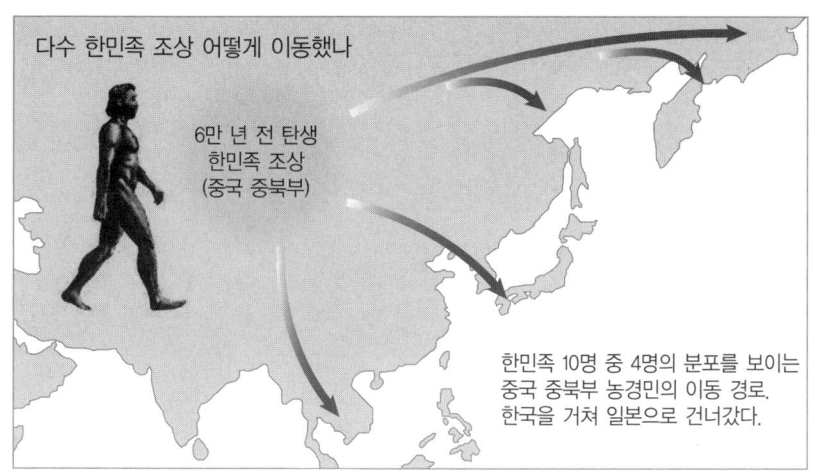

[도판 4] 한민족 조상의 이동

면 황허와 양쯔강 사이에 살던 농경민족이 동북으로 이주했고 그들이 만주를 거쳐서 한반도로 들어왔다고 볼 수 있다. 이러한 과학적 연구를 바탕으로 한 한민족의 이동루트는 필자가 『천년왕국, 수시아나에서 온 환웅』(2006)에서 주장한 내용과 일치한다.

필자도 알타이와 바이칼을 중심으로 한 지역에서 동으로 이동한 사람들이 한민족의 주류를 이루었을 것으로 생각하는 지금까지의 논의에 대해 부정적으로 생각한다. 현재도 바이칼을 중심으로 한 지역에서 한민족의 뿌리를 찾으려는 노력이 진행 중이다. 한민족의 유전학적 기원을 연구한 이홍규(서울대 의대) 교수는 한국인의 유전형은 동남아시아를 통하여 들어온 소수(25퍼센트)와 시베리아를 통하여 이동한 다수(75퍼센트)의 사람들의 것이라고 보았으며, 북방인들의 출발지를 알타이−바이칼호−아무르강 유역에 걸친 지역으로 보았다.[9]

---

9) 이홍규 엮음, 『바이칼에서 찾는 우리 민족의 기원』, 정신세계원, 2005, 139쪽.

필자는 김욱과 이홍규의 주장 모두가 부분적으로 타당하다고 본다. 왜냐하면 한민족의 초기 원형을 구성한 두 집단, 즉 환웅과 웅녀(곰족) 세력은 그 이동루트가 다르기 때문이다. 환웅은 천산 주변 혹은 그 너머의 세계에서 중원을 거쳐서 동북지역으로 진입했고, 웅녀 집단은 알타이-바이칼 지역에서 동남으로 이동한 사람들이기 때문이다.

필자가 제기하고 있는 두 길에 부합하는 유전학적 흐름은 영국의 생물학자 크리스 타일러-스미스C. Tyler-Smith가 연구한 자료에서도 확인된다. 그가 제시한 자료를 보면, 우리나라 사람들의 'Y염색체 유전형'은 주로 3가지, C, D, O형으로 구성되는데, O형은 한국인이 몽골인보다는 중국 북부인과 더 가깝고, C형은 중국 북부인보다 몽골인에 더 가까운 것을 알 수 있다.[10] 이는 한국인의 조상이 두 그룹으로 나뉜다는 것을 의미한다. 하나는 중국의 중부지역 주민과 관련이 있고, 다른 하나는 바이칼을 중심으로 한 몽골지역과 관련되어 있다.

현재의 유전학 연구 성과만을 두고 볼 때 한민족을 구성한 주요세력은 천산을 넘어온 사람들, 중국 중원에 뿌리를 둔 사람들, 그리고 바이칼이나 몽골 지역에 살던 사람들이다.

새로운 눈으로 상고시대의 역사와 문화를 보자

상고시대는 유라시아 초원을 매개로 동·서가 끊임없이 교류하고 이동하면서 민족과 문화가 융합되고 새로운 문화가 탄생했다. 많은 사람들이 '문화전파설'을 강조하지만 상고시대에는 주민의 이동을 수반한 문화전파

---
10) 이홍규 엮음, 『바이칼에서 찾는 우리 민족의 기원』, 정신세계원, 2005, 76~77쪽.

가 많았을 것이다.

　상고시대의 역사나 문화를 이해하기 위해서는 그 당시의 인문·지리적 조건을 바탕에 깔고 있어야 한다. 그러한 열린 마음으로 역사나 문화를 이해하면 의외로 한민족의 그것이 유라시아 전체 역사나 문화와 연결되었음을 발견하게 된다.

　우리의 역사나 문화유산을 이해하기 위해서는 우선 한민족을 형성한 사람들이 어떤 사람들인가를 파악해야 한다. 어린시절 우리는 한민족은 단군 이래 단일민족이라고 배웠다. 그러나 최근 들어 한민족을 구성한 초기의 주민들이 여러 종족일 것이라는 견해가 대두되고 있다. 필자도 오랜 상고사 연구를 통해서 한민족을 구성한 엘리트 종족이 여럿임을 밝힌 바 있다.

　그 대표적인 종족으로 단군신화에 등장하는 환웅세력인 공공족이 있으며, 그 공공족과 연합하여 단군시대를 연 후기 홍산문화의 주인공인 맥족이 있다. 다음으로 고구려 백제의 시조와 관련된 부여족인 프리기아인들이 있고, 신라 김씨 왕족과 관련된 사카족도 있다. 이들 중 몇몇 종족은 천산 너머에서 동으로 이동한 사람들이다. 그들은 동으로 이동하면서 현지인과 혼혈 종족을 이루며 한반도로 들어왔다. 이들 이외에 한민족을 구성한 세력으로 주목해야 될 종족은 선先홍산문화의 주인공이었다가 남으로 이동했던 동이족, 그리고 한반도에 선주해 있던 고아시아족이 있다. 마지막으로 남방에서 한반도로 이주해온 사람들도 무시할 수 없다.

　이러한 각각의 종족들에 대한 이해를 바탕으로 한 후에야 우리는 우리의 문화유산을 제대로 읽을 수 있다. 한민족의 종교문화는 마치 시루떡과 같은 형국을 하고 있다. 시루떡이라는 입장에서 보면 한 덩어리의 떡임에는 틀림없으나, 떡시루 속에 담겨진 각각의 떡은 다른 시기 다른 주민들이 쌓아 놓은 문화이다. 특히 고대의 문화유산은 대부분 그들의 우주관이나 생명관과 관련하여 만들어진 것이다. 따라서 각 시대의 엘리트 주민들이 누구인가와 그들의 우주관이나 생명관이 어떤 것이었던가를 알아야 한다.

그러한 이유로 필자는 오랫동안 한민족을 구성한 초기 종족들에 관해서 연구했다. 그들을 알아야만 그들이 가지고 있던 생각과 문화를 읽을 수 있기 때문이다. 아직 부족하지만 이 책에서는 필자가 연구한 한민족 형성의 주역들의 시각으로 새롭게 고대문화 읽기를 시도해 보려고 한다. 특히 필자가 주목한 것은 한반도에 살았던 우리 조상들이 바위에 새겨놓은 많은 문화유산이다. 상고시대를 파악할 수 있는 문헌자료가 부족한 입장에서 '땅에 새겨 놓은 글(地文)'이야 말로 귀중한 자료이다. 그것들은 한민족 공동체를 이끌던 초기 주민들의 신앙 표지標識이다. 그 표지가 어느 시대 어떤 엘리트 주민들이 그들의 백성들을 이끌기 위한 상징들인가를 아는 것은 매우 중요하다.

이 책에서는 앞에서 제시한 시각으로 한국 고대문화를 새롭게 조명해 본다. 독자들은 이 책을 읽으면서 조상들이 가꾸어 놓은 문화유산의 대부분이 유라시아 문명사의 관점에서 풀어낼 때 그 진실이 드러남을 이해하게 될 것이다.

| 제1장 |
단군신화의 주연배우였던 웅녀의 곰신앙은 어디로 사라졌나?

민속 신에 대한 의문

필자가 한민족 공동체를 구성한 초기 주민에 관심을 가진 계기 가운데 하나가 우리 고유 종교유산의 비밀을 알고 싶어서였다. 사찰에 가면 어김없이 칠성각·삼성각·산신각이 있다. 이곳에는 대체로 칠성·용왕·산신·독성을 모신다. 불교와 관련된 독성獨聖을 제외하면 모두 우리 고유의 신이다. 물론 독성도 단군신앙의 변형된 형태로 단군이 그 이름만 바꾸어 모셔지게 되었다는 견해도 있다.[1]

필자의 의문은 이들 신이 언제 어떤 집단에 의해 모셔지게 되었는가 하는 것이다. 그러나 불행하게도 그 해답은 아직 어느 누구에 의해서도 정확히 설명된 적이 없다. 아니 어쩌면 그 누구도 그 답을 얻으려고 노력하지 않았는지도 모른다. 그 답을 얻기 위해서는 먼저 상고시대 한민족을 주도했던 사람들에 대한 연구가 선행되어야 한다. 그래야만 그들의 우주관과 생사관이 반영된 종교를 알아낼 수 있기 때문이다. 사실 그것은 그리 간단한 문제가 아니다. 사학계에서는 아직도 단군신화가 역사적 사실이냐 아니냐에 대해 합의를 보지 못하고 있는 실정이니 말이다.

지금 우리 문화의 기저에 면면히 전해져오는 믿음의 대상신은 칠성·용왕·산신이 주를 이룬다. 그런데 칠성·용왕·산신 말고도 우리에게 오랫동안 모셔졌을 법한 대상 신이 하나 더 있다. 그것은 바로 곰신앙이다. 현재 우리의 민간신앙 중에서 곰을 신성물로 모시는 사례는 극히 드물다. 단군시대에는 곰을 신성하게 여겼지만, 시대가 바뀌면서 곰의 신성성이 많이

---

1) 허균, 『사찰 100美 100選(상)』, 불교신문사, 2007, 209쪽.

퇴색되었다.[2)]

한민족 공동체의 영원한 어머니인 웅녀가 믿었던 곰신앙은 왜 우리 곁에서 사라졌을까? 이 부분에 대해서도 심각하게 고민한 흔적을 찾아보기 힘들었다. 당연히 궁금하지 않은가?

환웅과 웅녀의 만남

한국인이라면 단군신화를 모르는 사람이 없다. 신화에 따르면, 환인의 서자 환웅이 천하에 뜻을 두고 세상으로 다스리고자 하는 열망이 있었다. 환인은 그런 아들의 뜻을 알고 천부인 3개를 주어 태백산으로 내려 보낸다. 환웅이 하강한 태백산 신단수 주변 굴에는 곰 한 마리와 호랑이 한 마리가 살고 있었다. 그들은 환웅에게 사람이 되게 해달라고 빌었다. 그때 환웅이 쑥 한 다발과 마늘 스무 개를 주면서 "너희들이 이것을 먹고 100일 동안 햇빛을 보지 않으면 사람이 되리라" 하였다. 그것을 받아먹고 3·7(21)일을 굴속에서 참아낸 곰은 여자의 몸을 얻었으나, 호랑이는 참지 못해서 사람이 되지 못했다. 곰이 변한 여인과 환웅이 결혼을 해서 낳은 아들이 바로 단군왕검이다.

이분이 한민족 시조라는 것이 단군신화가 전하는 내용이다. 단군신화가 전하는 내용에서 우리는 단군시대의 초기 구성원에 대한 정보를 얻을 수 있다. 첫째는 외부에서 단군신화의 무대가 된 지역으로 이주해온 환웅이라는 세력이 있었다는 것. 둘째는 현지의 세력으로 환웅세력과 잘 융화된 곰 부족이 있었다는 것. 셋째는 곰부족과 이웃하고 살던 호랑이부족은 환웅세력

---

2) 김종대, 『33가지 동물로 본 우리 문화의 상징세계』, 다른세상, 2001, 75쪽.

[도판 1] 밀운현 운봉산 아래 있는 공공성 터

과 융화되지 못하고 주변세력으로 밀려났다는 것을 알 수 있다.

그렇다면 외부에서 이주해온 환웅세력은 어떤 사람들이었을까? 필자는 『천년왕국, 수시아나에서 온 환웅』에서 환웅세력을 요임금 말년에 요의 건의에 의해서 중원에서 북경지역인 유릉으로 쫓겨났던 공공족으로 파악했다. 북경에서 북쪽으로 약 65킬로미터를 가면 밀운현이 있다. 그곳 운봉산 아래에는 공공족이 살았던 성터가 있다(도판 1). 『밀운 현지』에 따르면 요임금 말년에 유릉으로 쫓겨왔던 공공족이 그곳에 성을 쌓고 터전을 잡았다고 한다.

필자는 그곳을 직접 답사했다. 지금은 북경 시민의 식수를 위한 밀운댐이 건설되어 물이 많이 찰 때는 수몰되는 지역에 공공성이 있었다. 현장에는 북경대학 역사학계에서 공공성을 발굴했다는 간판도 세워져 있다. 밀운현 중심가에는 지금도 박달촌(白檀村)이 있다. 밀운현 공공성에서 살던

[도판 2] 웅녀상(중국인 황강태 소장)

공공족이 연산燕山을 넘어 서부 만주인 요서지역으로 들어가 단군신화의 터전을 마련했을 것이라는 것이 필자의 가설이다.

요서지역은 1980년대 이후 새롭게 조명되는 홍산문화(기원전 4500~3000년경)가 꽃피운 곳이다. 그곳에서 기원전 3500년까지 올라가는 대규모 적석총·제단·여신묘가 확인되어 '초기 국가 단계'에 진입했을 것으로 짐작되는 우하량 유적지가 발견되었다. 그곳에 웅녀의 비밀이 담겨 있었다.

홍산문화의 제단유적인 우하량 유적 발굴에 참여했고 현재는 중국고고학회 상무이사인 곽대순은 제단유적에서 나온 흙으로 만든 용 두 마리를 곰룡(熊龍)으로 파악했다. 그는 옛 기록에 황제를 '유웅씨'라고 한 것과 연결하여 그 곰룡을 황제와 결부시키기도 한다.[3] 또한 우하량 홍산문화 적석총 유지에서도 여러 건의 곰 뼈(熊骨)가 발견되었다. 이는 홍산문화인들이 곰에 제사하는 습속이 있었음을 보여주는 것이다. 뿐만 아니라 사진에서 보듯이 어미 곰이 아기 곰을 업고 있는 옥기도 이 지역에서 발견된다(도판 2). 물론 이 옥기는 중국 내에서 홍산옥기를 가장 많이 수집한 황강태가 소장하고 있는 것으로, 정식 발굴 작업을 거치지 않은 것이어서 논란은 있을 수 있다. 그러나 이것 말고도 2001년에 발굴된 웅녀상이라고 할 만한 옥기도 있다(도판 3).

---

3) 郭大順, 『龍出遼河源』, 百花文藝出版社, 2001, 60쪽.

[도판 3] 2001년에 발견된 곰 형상의 사람 얼굴

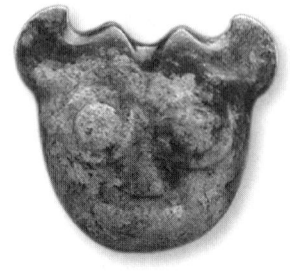

[도판 4] 홍산문화의 곰머리 옥기

황제족이 웅녀일까?

　이와 같은 고고학적 정황으로 볼 때 홍산문화 지역은 단군신화가 발생할 수 있는 토양을 구비하고 있었다. 그런데 앞에서 지적한 대로 중국학자들은 그곳에서 나온 곰을 황제족과 연결한다. 그러나 기존의 정설에 따르면 황제족은 섬서성의 황토고원 지대에서 출발하여 산서와 하북성 일대로 이동한 사람들이다. 즉 황제족의 원주지는 홍산문화 지역이 아니었다.

　그런데도 홍산문화를 포함한 요서지역의 '요하문명'이 발견되면서부터 중국당국과 학자들은 이전 그들의 선배들이 해온 말을 180도 바꾸고 있다. 20세기 중반까지 중국 지식인 어느 누구도 요서지역이 황제의 고향이라고 말한 적이 없다. 그들은 북경 이북지역에 있는 연산산맥의 북쪽지역을, 북적·동이 등 야만인들의 땅이라고 하면서 멸시했다. 그러던 그들이 최근에 문제가 되었던 '동북공정'을 통해 '요하문명'을 중화문명의 발상지의 하나로 재정립하고 있다[4]

---

4) 우실하, 『동북공정 너머 요하문명론』, 소나무, 2007, 256쪽.

사실은 후기 홍산문화의 주도세력인 곰 토템 부족은 역사 기록에 보이는 '맥貊' 부족을 가리킨다. 기존 역사학계에서 한민족의 주류라고 보는 '예·맥족'의 맥족의 근간인 것이다.『후한서』에 "맥이貊夷는 웅이熊夷이다"라고 명백하게 기록되어 있다. 이들 곰 부족은 기원전 3500년 이후 기온이 다시 하강하면서 바이칼 쪽에서 이주해온 사람들로 보인다. 기원전 3500년을 정점으로 홍산문화 지역의 기온이 하강하기 시작한다. 홍산문화 지역이 가장 따듯할 때는 지금보다 무려 3~4도 정도 높았었다.

앞에서 지적했듯이 기후 변화와 역사 변동 사이에는 밀접한 연관이 있음이 요하문명에서도 확인된다. 기후가 정점을 이루던 기원전 3500년 전후에는 홍산문화와 중원의 앙소문화가 활발히 교류했음이 고고학적 자료로 증명된다. 서서히 오르던 기온이 안정을 찾고 그 상태가 유지되자 황하 중류지역과 요서의 홍산지역에는 상당한 수준의 문명이 형성되었으며, 그 두 문명이 교류했던 것이다. 그러다가 갑자기 기온이 하강하자, 북방의 주민들이 남하하기 시작했고 홍산인들 또한 남하하기 시작한다. 이때 남하한 요하인들 중 일부가 산동의 대문구문화를 일구고 그들의 후예가 나중에 상나라 역사의 주도세력이 되었을 것으로 추정된다.

요서에 새로 등장한 곰부족

그러한 기후 변동기에 우리 문화의 주인공으로 등장하는 곰 토템 부족이 홍산문화 지역에 등장한다. 후기 홍산문화의 주도세력으로 보이는 곰 토템 부족은 그들이 들어오기 이전 남방으로 이주한 사람들과 다른 사람들이다. 그들은 기온 하강기에 바이칼 동부 산림지역에서 남하한 퉁구스

계통의 곰 토템 부족일 것으로 짐작된다.

그러한 사정은 고고학적으로 추론해볼 수 있다. 홍산문화 이전의 요서 문화인 사해문화(기원전 5200년경) 시기까지만 해도 요서지역에서 곰 숭배의 흔적을 찾을 수 없다. 현재까지 발굴된 고고학 자료만을 고려할 때 홍산문화 지역에서 곰 숭배 흔적이 나타나기 이전에는 뱀(구렁이)과 멧돼지를 주로 숭배했다. 1982년 요녕성 서부 의무려산 동쪽의 부신阜新 몽고족 자치현에서는 돌로 쌓은 용 형상물인 석소룡이 발견되었다(도판 5). 그곳 사해문화 지역에서 뱀이 숭배되고 있었던 것이다. 중국에서 발견된 것들 중 가장 오래된 봉황 모양 토기가 요서의 조보구문화(기원전 5000~4400년) 지역에서 발굴되었다(도판 6). 지금의 요녕성의 성도인 심양시 외곽에 있는 신락문화(기원전 6000~5000년)에서도 옥으로 만든 봉황이 발견되었다(도판 7). 이는 당시 주민들이 새(鳳)를 숭배했음을 보여주는 자료이다. 그러나 곰 숭배 흔

[도판 5] 사해문화 주거지에서 발견된 돌로 만든 구렁이(石塑龍)

적은 후기 홍산문화 시기가 되어서야 나타난다.

어쨌든 후기 홍산문화의 중심권인 우하량에서는 희생으로 사용된 곰의 아래턱뼈가 발견되었고, 제단의 여신상 옆에서는 흙으로 만든 실물 크기의 곰상이 발견되었다(도판 8, 9). 또한 옥으로 만든 곰룡, 즉 옥웅룡玉熊龍도 다수 발견되었다. 뿐만 아니라 홍산문화 지역에서는 '곰머리 세 구멍 옥기'가 여러 점 발견되었는데 이 또한 홍산문화 지역에서 곰과 관련된 문화가 중요한 위치에 있었음을 방증한다(도판 10, 11).

[도판 6] 봉황형 토기 중화제일봉(中華第一鳳), 조보구문화

[도판 7] 옥으로 만든 봉황, 심양시 신락문화

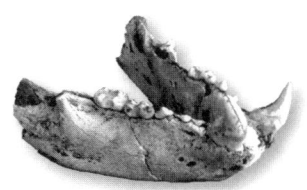

[도판 8] 우하량 여신묘 앞에서 출토된 곰 아래턱뼈

제1장 | 단군신화의 주연배우였던 웅녀의 곰신앙은 어디로 사라졌나? 33

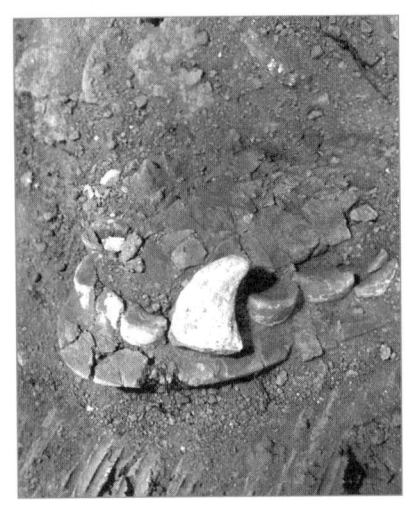

[도판 9] 우하량 여신상 옆에 있던 실물 크기의 흙으로 만든 곰상의 일부

이런 정황으로 볼 때 후기 홍산문화 지역의 주도세력이 곰족임에는 틀림없는 것 같다. 문제는 현재 중국학계에서 주장하듯이 그들이 황제족이냐 아니면 단군신화에 나오는 웅녀족의 조상이냐 하는 점이다.

그들을 황제족으로 보는 중국학자들의 견해가 수용되고 우리가 그것을 방치하면 참으로 우려스러운 상황이 발생한다. 우실하 교수의 지적이 그러한 우려를 잘 반영하고 있다. 요하문명·홍산문화를 '중화민족의 시조인 황제의 땅', '중화문명의 기원지'로 정리하면 고구려·발해사를 왜곡하는 정도의 '동북공정'을 넘어 한민족의 근본이 뿌리째 없어진다. 고조선의 배경인 홍산문화를 신화적 인물, 황제의 문화로 만들면 단군·웅녀와 여기서 나온 고조선·고구려 이하 한국사는 자동적으로 중국사로 편입된다. 예맥족, 부여족, 주몽, 해모수 등 이곳에서 활동한 고대 한민족의 선조들은 황제의 후예가 된다. 그 결과 한국의 역사·문화 전체가 중국의 방계 역사·문화로 전락한다.[5]

그러나 필자의 생각으로는 우리가 좀 더 성실하게 한민족 초기 공동체의 역사에 대해 관심을 가지고 연구한다면 이러한 그들의 논리에 대응할

---

5) 우실하, 『동북공정 너머 요하문명론』, 소나무, 2007, 42쪽.

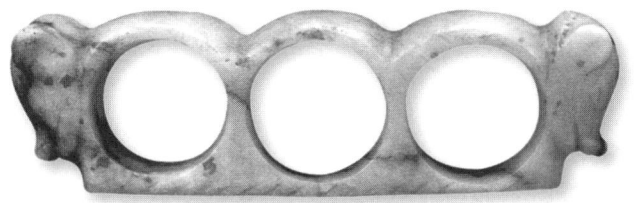

[도판 10] 곰머리 세 구멍 옥기

[도판 11] 곰머리 세 구멍 옥기

논리를 충분히 개발할 수 있다고 본다. 문제는 이를 심각하게 생각하지 않는 학계나 정부의 태도이다.

한국 역사학계와 정부 대응의 기본적인 문제는 첫째, 역사학계 내부의 문제이다. 역사를 전공하고 학위를 취득한 교수마저도 상고사를 연구하면서 새로운 가설을 제기하면 '재야사학자'로 치부한다. 이런 풍토에서는 유능한 역사학자가 한민족의 상고사를 연구하기는 힘들다. 둘째, 그러한 학계의 풍토를 직시하지 못한 정부가 역사문제에 관해 조언을 구할 때 그 대상자가 바로 그런 풍토에서 기득권을 장악하고 있는 교수라는 점이다. 그러니 제대로 된 상황판단을 할 수 없다. 작은 기득권을 버리고 국가적인 차원에서 문제의 심각성을 깨달았으면 한다.

곰부족과 호랑이부족이 살던 곳

 필자는 『천년왕국, 수시아나에서 온 환웅』에서 홍산문화 지역에 보이는 곰족은 황제족이 아니라 단군신화에 나오는 웅녀족의 조상임을 논증한 바 있다. 그런데 후기 홍산문화 지역이 단군신화의 무대가 되려면 그곳에서도 호랑이 숭배의 흔적이 있어야 한다. 다행히 호랑이부족도 살고 있었음을 방증하는 자료가 있다.
 사진으로 제시한 자료들은 홍산옥기를 모아놓은 자료집(『紅山玉器古玉鑑定』, 華藝出版社, 2007)에서 인용한 것이다(도판 12, 13, 14). 그것들이 발굴된 정확한 위치와 발굴 정보가 없어서 과연 홍산문화 지역에 호랑이를 토템으로 하는 부족이 있었는지는 정확히 논증하기는 어렵다. 그러나 만약 책에서 주장한 대로 이 자료들이 홍산문화 지역에서 발굴된 것들이고, 그것이 호랑이를 나타낸 것이라면 호랑이 토템을 가진 주민이 홍산문화 지역에도 살았다고 볼 수 있다.
 물론 우하량 주변에서는 봉황이라든지 다른 동물 형상의 옥기들도 발견되고 있다. 하지만 우리가 단군신화의 무대를 찾아나서는 입장에서 보면, 홍산문화 지역이 고고학적으로 상당히 중요한 곳임은 틀림없다. 단군

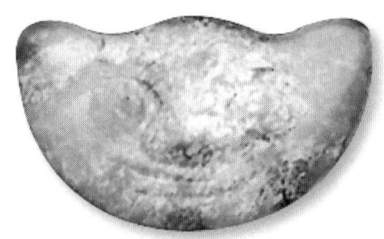

[도판 12] 호랑이 얼굴 모양 옥기

[도판 13] 호랑이 모양 패식   [도판 14] 호랑이 모양 패식

신화의 무대장치가 마련되어 있었던 곳으로 볼 수 있기 때문이다.

한민족의 곰신앙은 왜 사라졌나

필자의 가설대로 중원 앙소문화의 주인공인 공공족이 밀운지역을 거쳐 이곳 홍산문화 지역으로 넘어와 곰을 제사 지내는 웅녀족과 만나 단군조선을 탄생시켰다면 곰을 숭배하는 흔적이 이후의 한민족에게도 전달되었어야 한다. 그런데 아쉽게도 그 흔적은 너무나 미미하다. 의아하지 않을 수 없다.

국문학자인 조현설 교수는 혹 단군의 어머니가 곰이 아니고 호랑이였을지 모른다고까지 한다. 그가 근거로 내세우는 것은 조선시대 승려 설암 雪巖(1651~1706)이 지은 기행문인 『묘향산지妙香山誌』에 나오는 단군신화이다. 거기에는 "환인의 아들 환웅이 태백산에 내려와 신단수 아래 살았다.

환웅이 하루는 백호白虎와 교통하여 아들 단군을 낳았다. 그가 요임금과 같은 해에 나라를 세워 우리 동방의 군장이 되었다"고 기록되어 있다.[6]

『묘향산지』에서는 기존의 단군신화의 곰과 호랑이를 바꾸어 놓았다. 왜 그랬을까? 정말 조선시대까지 그런 전설이 전해져왔을까? 아니면 우리 고유의 신으로 산신은 존재하는데 곰신이 없는 것을 의아하게 여긴 어떤 사람이 곰을 호랑이로 바꾼 것일까?

『동북아의 곰문화와 곰신화』에서 이정재 교수는 "국조신화에 곰과 산신인 단군이 등장되어 곰문화를 기반으로 출발하였는데, 그것이 오늘날에는 완전히 호랑이문화로 바뀐 결과가 되어 이 문제를 다루지 않고는 견딜 수 없게 되었다"고 지적했다. 옳은 말이다. 참으로 궁금한 일이 아닌가?

김종대 교수는 곰이 신성성을 상실한 것을 문화적 변화에서 찾았다. 수렵문화에서는 곰이 신으로 모셔졌지만, 점차 농경문화가 정착되면서 곰은 신의 위치를 상실하게 되었다는 것이다.[7] 그렇지만 아래에 보이는 예들을 볼 때 그렇게 단순하게 설명될 수 있는 것은 아니다.

전반적으로 만주 일대에서는 곰과 호랑이가 서로 경쟁관계에 있음은 일반적인 경향이다. 1930년대에 벌어졌던 퉁구스인들의 풍습에 그러한 사정이 잘 반영되어 있다. 퉁구스인들은 각기 한 부족과 그룹을 대표하는 샤먼이 서로 싸움을 하는데, 그때 샤먼들은 각기 곰과 호랑이로 변하여 싸웠다고 한다.[8] 곰부족과 호랑이부족의 싸움이 20세기까지 이어지고 있었던 셈이다.

---

6) 조현설, 『우리 신화의 수수께끼』, 한겨레출판사, 2006, 23쪽.
7) 김종대, 『33가지 동물로 본 우리 문화의 상징세계』, 다른세상, 2001, 78쪽.
8) 이정재, 『동북아의 곰문화와 곰신화』, 민속원, 1997, 177쪽.

백두산 지역에서 채집된 설화인 '웅호구熊虎溝'에서는, 웅호구는 곰과 호랑이가 싸우는 골짜기인데, 싸움을 할 때마다 지혜로운 호랑이가 미련한 곰을 이겼다고 한다. 백두산 산신이 호랑이였음을 보여주는 대목이다.[9] 요서지역보다는 요동과 한반도 지역으로 오면서 호랑이 산신이 강세를 보이는 문화현상의 한 단면이기도 하다. 그것은 이들 지역이 호랑이 서식지여서 호랑이가 산의 주인 자리를 차지하는 생태적 환경을 반영하기도 한다.

각저총의 단군신화

단군신화의 내용이 조상들의 의식 속에서 면면히 이어져왔음을 알 수 있는 고고학적 자료가 있다. 중국 길림성 집안현에 있는 각저총角抵塚에서 우리는 신단수 아래에 있는 곰과 호랑이를 볼 수 있다. 환웅이 하강한 우주목인 신단수 아래에 찾아와 사람 되기를 청하던 그 곰과 호랑이다. 알다시피 고구려의 건국 세력은 맥족의 기반 위에 부여족이 참여했다. 그런데 맥족은 앞에서 지적했듯이 후기 홍산문화를 일구었던 곰부족에 그 뿌리를 두고 있다. 고구려에서 곰이 숭배되고 있었음은 『삼국유사』 「고구려조」에서 금와왕이 태백산 남쪽 우발수에서 유화를 만나는 대목에서도 짐작할 수 있다. 유화의 말에 따르면 그녀가 해모수와 만난 장소가 웅신산熊神山 밑이다. 고구려의 시조 주몽을 임신한 곳이 웅신산 아래인 셈이다. 김종대 교수는 이러한 정황이 당시 주민들의 곰신앙을 반영하는 것일 수도 있다고 보았다.[10]

---

9) 이정재, 『동북아의 곰문화와 곰신화』, 민속원, 1997, 182쪽.
10) 김종대, 『33가지 동물로 본 우리 문화의 상징세계』, 다른세상, 2001, 76쪽.

[도판 15] 각저총의 신단수 아래에 있는 곰과 호랑이

    그렇다면 각저총에 곰과 호랑이가 동시에 등장하는 것은 무엇을 의미할까? 단순히 생각하면 그것은 단군신화를 모티프로 했기 때문이라고 할 수 있다. 그러나 이 그림이 우리에게 전하려고 하는 것은 단군신화에서 사람이 되지 못했던 호랑이부족도 여전히 고구려 백성으로 활동하고 있다는 사실일 것이다.

    여기에 나오는 호랑이부족은 어떤 사람들이었을까? 중국의 인문지리서이자 신화서인 『산해경山海經』 「대황동경大荒東經」에는 "군자국이 있는데 의관을 하고 검을 차고 다니며 범이나 호랑이를 부린다(有君子之國 …… 亦使虎豹)"는 기록이 있다. 또한 중국 명나라 때 편찬된 백과사전류인 『삼재도회三才圖會』에는 한 노인이 두 마리의 호랑이를 거느리고 있는 모습이 나타나 있고 그 밑에는 '군자국의 상'이라고 적혀 있다. 이들이 아마도 중

[도판 16] 금강 가에 위치한 곰나루의 웅신단熊神壇

국 동북지역에서 그 세력과 위용을 떨친 호랑이부족일 것이다. 이들 호랑이를 거느리는 부족은 후에 동해 바닷가로 이주하여 예濊 땅에 살았다. 『삼국지』 「위지동이전·예전」은 "항상 10월이면 하늘에 제사를 지내는데, 밤낮으로 음주가무를 즐기니 이름하여 무천이라 하며, 또한 호랑이에게 제를 올리고 신으로 여긴다"고 기록하고 있다.

어쨌든 단군신화의 핵심 내용은 필자가 『천년왕국, 수시아나에서 온 환웅』에서 '단군조선'을 '단군숙신'으로 규정한 숙신과 진인辰人들의 혈맥으로 전해졌다고 보아야 한다. 즉, 숙신·진국·진번·진한을 비롯한 진인들이 주도한 나라로 전해졌다. 진인들 다음으로 등장한 부여족의 신화는 단군숙신의 그것과 분명한 차이가 난다는 사실에 주목할 필요가 있다. 그것은 부여족이 단군 계열과 다른 집단일 가능성을 암시한다.

제1장 | 단군신화의 주연배우였던 웅녀의 곰신앙은 어디로 사라졌나? 41

웅진 곰나루 전설과 퉁구스족의 곰신화

아마도 이 책을 읽는 독자 대부분이 단군은 웅녀의 아들이고, 우리는 그의 후손이라고 하는데 왜 곰신앙이 맥을 이어오지 못했을까 의아했을 것이다. 그 해답은 다음 장으로 미루고 여기에서는 한반도에 전해지는 곰신앙의 흔적을 살펴보고 그것이 일본으로 건너간 정황부터 살펴보자.

단군신화에 등장했던 곰은 서해안을 타고, 혹은 진한지역을 거쳐 일본 구주九州로 들어간 흔적이 분명히 보인다. 우선 서해안을 타고 내려왔던 흔적은 공주의 '곰나루(熊津)' 전설에 보인다. 곰나루에 전해오는 이야기는 이렇다.

> 옛날 한 남자가 나무하러 갔다가 암곰에게 잡혀 굴에서 동거를 하게 되었다. 몇 해를 그렇게 사는 동안 남자와 곰 사이에 새끼 두 마리가 태어났다. 자식을 둘씩이나 낳자 안심한 곰이 굴을 비웠다. 그러자 그 남자는 도망쳐 배를 타고 강을 건넜다. 뒤늦게 사실을 알게 된 곰은 두 자식을 물에 던지고 자신도 몸을 강에 던져 목숨을 끊었다. 곰이 죽은 후부터 배가 뒤집히는 일이 자주 발생하자, 나라에서 사당을 지어 곰을 위로해주었더니 그런 일이 그쳤다.

곰나루 전설에서 암곰과 사람의 결혼이라는 구도는 단군신화와 동일하지만 자식을 낳은 후 남자가 도망치면서 비극적으로 끝난다는 점은 다르다. 그러나 곰이 죽어서 그곳을 지키는 신이 되었다는 면에서는 과거 곰이 가졌던 위상을 물려받은 것으로 볼 수 있다. 경상남도 밀양과 전라남도 구례에서도 공주 곰나루 전설과 유사한 내용이 전해진다. 공주의 경우는 강에 빠져 죽음으로써 곰나루라는 지명이 붙게 되었지만, 다른 곳에서는 곰이 연못에 빠져 죽었다고 해서 곰소(웅소)라는 지명이 붙었다.[11]

동서 시베리아의 소수민족들 중 상당수는 최근까지도 곰은 자신들의 형제이며 조상이라는 관념을 가지고 있었다. 북만주 흥안령 지역에 가면 지금도 '아리랑·쓰리랑'이란 어휘를 사용하며 사는 에벤키족이 있다. 그들이 전하는 곰신화를 간단히 소개하면 아래와 같다.

어느 날 어떤 사냥꾼이 사냥하러 갔다가 암곰에게 잡혀 굴에서 동거를 하게 되었다. 몇 해를 그렇게 지내면서 둘 사이에는 자식이 생긴다. 그 후 사냥꾼은 암곰이 굴을 비운 사이 도망을 친다. 뒤늦게 알게 된 곰이 새끼를 안고 따라오자 사냥꾼은 뗏목을 타고 강을 건넌다. 화가 난 곰은 새끼를 두 쪽으로 찢어 한 쪽을 사냥꾼에게 던진다. 남은 쪽은 곰으로, 던져진 쪽은 에벤키의 조상이 되었다.

에벤키족 곰신화와 웅진 곰나루 전설을 비교해보면 그 이야기의 전개 과정이 동일함을 알 수 있다. 다만 곰나루 이야기는 비극으로 끝나면서 곰나루 주민과 곰은 친족관계가 아니라 서로 원한관계로 발전한다. 그러나 사당을 짓고 죽은 곰을 위로함으로써 화해하는 것으로 결말난다. 지금도 그곳 연미산에는 곰나루 전설의 무대가 되었던 곰굴이 남아 있다.

우리는 여기서 다음과 같이 추론할 수 있다. 에벤키족에게 전하는 곰신화는 환웅세력이 동북지역으로 진입하기 이전부터 가지고 있던 동북지역

---

11) 김종대, 『33가지 동물로 본 우리 문화의 상징세계』, 다른세상, 2001, 83쪽.

[도판 17] 곰나루 웅신단에 모셔진 곰상

의 원형적인 신화이며, 곰나루 전설은 그것이 변형된 것이고, 단군신화는 후기 홍산문화의 주인공들이 가지고 있던 곰신화와 환웅세력의 천손신화가 결합된 것이다. 때문에 곰신화의 원형은 에벤키족 곰신화에 남아 있다고 보는 것이 합당하다.

인류의 곰신앙은 구석기시대부터

상식적인 우리들은 곰신앙 하면 단군신화를 떠올린다. 그러나 곰신앙은 구석기시대부터 광범위한 지역에서 숭배되었다. 곰은 인류가 진화하면서 신으로 숭배한 첫 번째 대상물이라고 해도 과언이 아니다. 곰신앙에 관해서 간략하게 알아보고 넘어가자.

지금까지 알려진 자료 중 가장 오래된 곰신앙의 흔적은 중부 유럽에 있는 알프스산에서 발견되었다. 그곳의 2,000여 미터 높이에 있는 동굴에서 곰의 두개골과 대퇴골이 발견된 것이다. 고고학자들에 따르면 함께 발견된 석기와 식물은 무려 7~12만 년 전의 것이라고 한다. 곰의 두개골과 대퇴골은 돌을 짜맞춘 상자 속에 들어 있었다. 더욱 주목을 끄는 것은 거대한 곰의 두개골 입에 대퇴골이 하나 물려져 있는 것이다(도판 18). 그것은 분명 인공적이고 의례적인 행위를 한 흔적이다. 이 유적 발굴을 주도한 에밀 바

[도판 18] 알프스에서 발견된 대퇴골을 물고 있는 곰 두개골

클러Emil Bachler는 네안데르탈인의 마음속에 이미 종교적 사고가 형성되어 있었다고 주장한다. 즉 그들의 마음에는 신이 곰의 모습을 하고 있었을 것이라고 했다. 그러나 프랑스의 대표적인 고고학자인 앙드레 르루아-구랑A. Leroi-Gourhan은 그것은 현생인류인 크로마뇽인이 만든 것이라고 주장하기도 한다.[12]

어쨌든 그것이 구석기시대에 발생한 곰 제의일 가능성은 매우 높다 하겠다. 당시 인류는 지금의 곰보다 훨씬 큰 야생곰을 제압할 능력이 없었다. 때문에 그들에 대한 두려움과 공포심이 그들을 신처럼 경외하게 되었을 것이다.[13]

다음으로 곰을 숭배한 흔적을 알 수 있는 자료로 크로마뇽인이 만든 몬테스탄이라는 동굴에 남아 있는 자료를 들 수 있다(도판 19). 그 동굴에는 점토로 만든 커다란 곰 상像이 있는데, 몸에 구멍이 여러 개 나 있다. 몸에 난 구멍은 곰 상에 곰의 털가죽을 뒤집어씌우고 활을 쏜 흔적이다. 1

---

12) 나카자와 신이치 지음, 김옥희 옮김, 『곰에서 왕으로 — 국가, 그리고 야만의 탄생』, 동아시아, 2004, 175~176쪽.
13) 이정재, 『동북아의 곰문화와 곰신화』, 민속원, 1997, 134쪽.

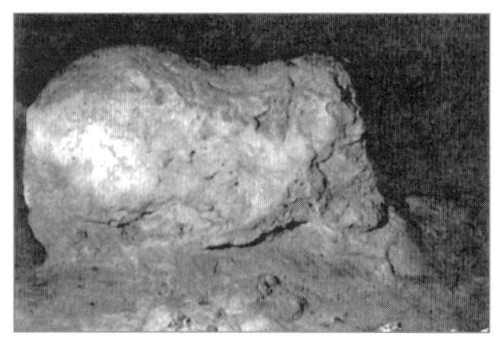

[도판 19] 몬테스탄 동굴에서 발견된 흙으로 만든 곰 상

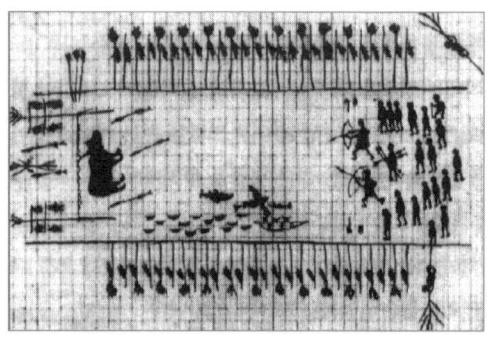

[도판 20] 니브히족의 '곰 넋 보내기' 제의 모습

만 수천 년 전 현생인류는 이 동굴에서 곰의 상에 화살을 쏘는 의식을 행했던 것이다. 그러한 의례 행위는 라스코 동굴벽화의 곰 그림에도 보인다. 벽화의 곰은 몸에 많은 홈이 나 있으며 피를 흘리고 있다. 이러한 의례는 일본의 아이누족이나 동시베리아의 니브히족 곰 의례에 그대로 이어지고 있다(도판 20). 구석기시대에 만들어진 의례가 20세기까지 전해지고 있다니 참으로 놀랍지 않은가?[14]

---

14) 나카자와 신이치 지음, 김옥희 옮김, 『곰에서 왕으로 — 국가, 그리고 야만의 탄생』, 동

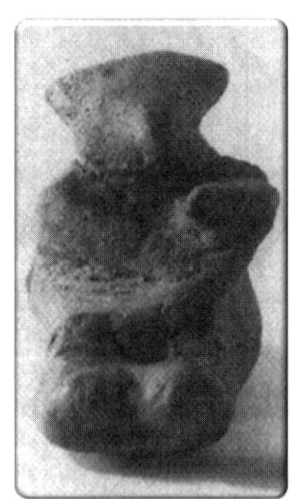

[도판 21] 빈카문화기 곰 여인상

천산산맥과 알타이산 너머의 세계에서 곰을 숭배한 흔적은 신석기문화에도 나타난다. 그리스의 북쪽, 흑해의 서쪽에 해당하는 빈카Vinca 신석기문화에서 기원전 4500년경의 아기 안은 곰 여인상이 발견되었다(도판 21).[15] 또한 시리아의 다마스커스 박물관에도 아기를 안은 청동 곰 여인상이 진열되어 있다.[16]

동시베리아의 곰 숭배

그렇다면 동시베리아 지역에서는 곰을 언제부터 숭배했을까. 극동시베리아 아무르강 하류의 초기신석기 유적인 가샤Gasha 유적(기원전 8000~5000년경)의 주거지에서 흙으로 구워 만든 곰이 발굴되었으며, 이러한 유형의 곰은 우리나라 초기신석기 유지인 남해안 욕지도에서도 발굴되었고 비슷한 시기 일본 좌산난목座散亂木지역에서도 발굴되었다.[17] 이로써 우리나라를 포함한 동북아시아 지역에서도 일찍부터 곰을 숭배했음을 알 수 있다.

대부분의 극동시베리아 소수민족들은 곰을 인격화해서 곰이 사람이었고 자신들의 선조라고 생각했다. 시베리아 몽골족의 한 갈래인 '달달족'은

아시아, 2004, 175~176쪽.
15) 진 쿠퍼 지음, 이윤기 옮김, 『세계문화 상징사전』, 까치, 1996, 29쪽.
16) 『뉴스메이커』, 2007년 12월 25일, 주채혁의 글.
17) 이동주, 『한국 신석기문화의 원류와 전개』, 세종출판사, 2007, 117~120, 168쪽.

[도판 22] 덴마크 지역 의례에 사용된 곰

곰은 원래 사람이었다고 생각하여 그 고기를 먹지 않는다.

또한 언어학계에서 한반도 신석기시대 주민이 었을 것으로 추정하는 길랴크족은 곰 성찬의식을 하고 나면 죽은 곰의 영혼이 그들이 제공한 제물을 가지고 자신의 거처로 돌아간다고 생각했다. 그 곰에게는 길 안내자가 필요했다. 그래서 그들은 곰 사냥 후 성찬의식에서 개를 목 졸라 죽이고 그 고기를 개를 죽인 씨족들이 나누어 먹는다. 곰의 영혼은 '산山 사람'에게로 돌아갈 때 이 개의 영혼과 함께 돌아간다고 믿었기 때문이다.[18]

왜 곰을 숭배했을까

그렇다면 인류는 왜 곰을 숭배하였을까? 첫째로 살해된 동물로부터 야기되는 일종의 복수에 대한 공포감에서 수렵의례의 기원을 찾을 수 있다. 그러한 의례는 20세기까지도 시베리아의 소수민족들 사이에서 행해졌다.[19] 둘째는, 수렵채집인들이 이동하며 숲에서 생존할 때 가장 위협이 되는 동물 중 하나가 곰이었다. 그러나 사람들은 곰을 쉽게 제압할 무기가 없었다. 그러한 상황을 인식한 고대인들은 그들이 이미 가지고 있던 '자연에 대한 두려움과 경외심'을 곰과 연결하여 자신들의 생명을 안전하게 보장받기

---

18) 한스 요하임 파프로트 지음, 강정원 옮김, 『퉁구스족의 곰의례』, 태학사, 2007, 227쪽.
19) 이정재, 『동북아의 곰문화와 곰신화』, 민속원, 1997, 132쪽.

위해 일종의 의식을 하게 되었고 그것이 발전하여 수렵제의 형태로 정착하게 되었다. 이런 사고가 발전하여 수렵문화의 기본적인 동물지배자(animal master) 관념이 탄생했다.[20]

다시 말하면 곰 사냥 의례에서 행해지는 의식은 사냥물의 영혼이 자신들을 뒷날 해치지 않기를 기원하는 것으로 모든 동물들을 주관하는 동물지배자(동물최고신)에게 비는 것이다. 그런데 시베리아 대부분의 지역에서 사람들은 동물의 지배자를 바로 곰이라고 생각했다. 그들은 곰이 동물을 주재하고 인간과의 관계도 결정을 짓고 있다고 믿었다. 그래서 인간이 죽으면 곰의 세계로 가서 곰신이 되며, 동물의 최고신을 자신들의 조상이라고 생각했다.[21]

곰과 사람이 동일한 종족이라는 의식에서 곰을 숭배하기도 했다. 그러한 의식은 곰의 몸에서 '여성 장신구'가 나온다는 신화에 숨어 있다. 핀란드 '렙족'의 곰신화에는 '곰 가죽을 벗기고 곰의 몸 안에서 팔찌나 반지를 발견하리라'는 내용이 있다. 이는 그 곰이 과거에 여자였음을 의미한다. 장신구 출현 이야기는 북유럽의 케텐족에게도 그 반대편 동쪽의 오로켄족(사할린 섬 북부)과 아무르강 유역에 사는 돌간족의 설화에도 보인다.

곰에 대한 두려움이나 곰과 인간을 동일시하는 의식 이외에도 곰의 습속에서 연상된 것들도 있다. 곰은 추운 겨울에는 굴 속에서 죽은 듯이 겨울잠을 자고, 봄이 되면 어슬렁어슬렁 굴 밖으로 걸어나온다. 옛사람들은 곰을 지하세계나 죽음에 연관된 동물로 여기는 한편, 병을 낫게 하고 되살리는 능력이 있다고 믿었던 이유가 여기에 있다. 삶과 죽음의 세계를 마

---

20) 조지프 캠벨 지음, 과학세대 옮김, 『신화의 세계』, 까치글방, 1998, 16쪽.
21) 이정재, 『동북아의 곰문화와 곰신화』, 민속원, 1997, 134쪽.

[도판 23] 홍산문화 우하량 1호묘 4호총. 가슴 부위에 옥으로 만든 곰이 있다.

음대로 오간다고 믿었기 때문이다. 홍산문화에서 '옥으로 만든 곰'을 죽은 사람의 가슴에 부장품으로 넣은 까닭도 여기에 있다(도판 23). 그것은 곰의 치유능력을 받아 되살아나기를 기원하는 의례로 볼 수 있다.[22]

이와 같은 여러 가지 이유로 곰은 구석기시대부터 인간에게 숭배받는 동물이 되었다. 그러한 곰신앙의 한 흐름이 단군신화에 나타나게 된다. 그런데 단군신화의 곰신앙은 유라시아 대륙의 전형적인 곰신앙과 다르다. 그것은 퉁구스족이 가지고 있던 곰신앙과 환웅세력이 가지고온 우주생명관이 습합되면서 탄생한 것이다. 단군신화에 편입된 웅녀의 곰신앙은 한반도 남쪽 지역을 거쳐 일본열도로 들어갔다. 이제 이 장을 마무리하면서 그러한 사정을 간략하게 살펴보고 다음 장으로 넘어가서 곰신앙이 한반도에

---

22) 이지훈, 『가까운 문화 멀어진 미학』, 물레, 2007, 227쪽.

서 약화된 이유를 살펴보기로 하자.

영남지방의 곰 전설과 곰신앙

영남지역에는 단군신화 계열의 곰신화와 그 신앙의 흔적으로 보이는 곰발바닥 암각화가 있다. '봉화산의 암곰'이라는 전설에서 단군신화의 흔적을 발견할 수 있다.

봉화산 꼭대기 커다란 소나무 아래 암곰이 살고 있었다. 암곰은 사람이 되는 것이 소원이어서 백일기도를 올려 예쁜 소녀가 된다. 이 웅녀는 사냥할 때 곰으로 변신할 수 있는 능력이 있었는데 길을 잃고 쓰러진 사냥꾼을 구해준다. 웅녀의 강요로 둘은 동굴에서 동거한다. 일 년 후 웅녀의 경고를 무시하고 사냥꾼은 처자식이 그리워 도망친다. 사실을 알게 된 소녀는 사냥꾼을 찾아 헤매다가 소나무 아래에서 목을 매 죽는다.[23]

이 이야기에는 단군신화의 흔적이 남아 있다. 암곰이 사람이 되고 싶어 백일기도를 올려 여자가 되었다는 이야기는 퉁구스인들의 곰신화에는 없다. 단군신화에 보이는 독특한 설정이다. 한스 휜다이젠Hans Findeisen이 정리한 퉁구스족의 일반적인 곰신화의 전형은 다음과 같다.

한 동물이 한 소녀나 여인을 발견하고는 그녀를 강제로 데리고 가던지 그녀의 동의를 얻어 함께 가던지 한다. 여기서 여인은 보통 숲에서 딸기를

---

[23] 조현설, 『우리 신화의 수수께끼』, 한겨레출판사, 2006, 16쪽.

[도판 24] 경주시 석장리 암각화 전경

따다가 길을 잃거나, 어떤 압박이나 학대를 받는 상태에 놓이게 된다. 이 여인은 보통 그녀를 데려온 동물에 의해 임신을 하게 되고, 그녀는 결국 그를 떠나게 된다. 아니면 그녀의 친족이—보통은 그녀의 오빠들이—데려온다. 때로는 그녀의 남편이 데려오기도 한다.[24]

이와 같이 단군신화 계통의 곰 신화는 전형적인 퉁구스족의 그것과 다르다. 영남지역에 전해오는 '봉화산의 암곰' 이야기는 단군신화의 변형임이 분명하다. 단군신화 계통의 전설이 전해지고 있었음을 반증한다.

또 다른 영남지역 곰신앙의 흔적으로는 옛 진한지역에서 발견되는 암각화를 들 수 있다. 경주 시내를 흐르는 서천과 북천이 만나는 지점인 예기소 북쪽에는 높은 절벽이 있다(도판 24). 절벽 윗부분에는 선사시대 유적

---

[24] 이정재, 『동북아의 곰문화와 곰신화』, 민속원, 1997, 209쪽.

[도판 25] 석장리 암각화 탁본 부분.
오른쪽 중앙에 발자국이, 그 아래쪽에 곰발바닥이 여러 개 보인다.

인 석장리 암각화가 있다. 학계에서는 석장리 암각화가 청동기 후기에 제작되었을 것으로 추정한다.

그런데 석장리 암각화에는 곰신앙과 관련하여 매우 주목할 만한 것이 있다. 바로 사람발자국과 곰발자국이다. 제시된 탁본의 오른쪽 중앙 부분을 보면 사람발자국이 있고 그 왼쪽 아래에 짐승발자국이 여러 개 보인다(도판 25). 곰발자국으로 추정된다. 이를 호랑이 발자국으로 보는 사람도 있다.[25] 과연 이 맹수의 발자국이 호랑이 발자국일까? 최근 많은 학자들은 경주를 비롯한 경상도지역에 주로 분포하는 암각각화의 원류를 오르도스를 비롯한 내몽고지역으로 추정하고 있다. 동몽골지역의 암각화에 석장리 맹수발자국의 실체가 무엇인가를 보여주는 단서가 있다.

[도판 26]은 동몽골 북부의 아르샨-하드 지역에서 발견된 암각화를 모

---

25) 김호석, 『한국의 바위그림』, 문학동네, 2008.

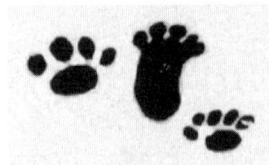
[도판26]
동몽골 북부 아르샨-하드 암각화

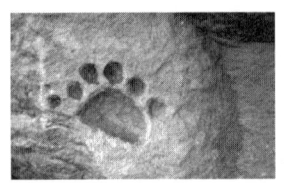
[도판 27]
동몽골 헨테이 아이막 곰 암각화

사한 것이고, [도판 27]은 동몰골 아르샨-하드 바로 아래에 있는 헨테이 아이막 지역의 바위에 새겨진 곰발자국이다(동북아역사문화재단 제공). 이들 그림과 석장리 맹수발자국을 비교해서 보면 석장리의 것도 곰발자국일 가능성이 높다. 특히 아르샨-하드 지역처럼 석장리에도 곰발자국과 사람발자국이 함께 그려져 있다.

필자는 단군신화는 부여족이 아니라 그 이전의 주도세력인 진인辰人들의 신화라고 했다. 따라서 석장리 암각화의 곰발자국은 신라지역에 먼저 들어와 생활한 진인들의 웅녀신앙이 반영된 것으로 이해할 수 있다.

신라인들, 특히 진한 계통의 주민들이 곰을 신으로 모셨음을 보여주는 단서는 『일본서기日本書紀』에도 보인다. 일본 6대 천왕인 수인천왕 3년 「신라왕자 천일창조」를 보면, 천일창이 일본 천왕에게 가져간 예물 중에 '웅신리熊神籬'라는 것이 있다. 여기서 웅신리는 '곰을 신으로 모시는 휴대용 신전' 같은 것이다.

한반도로 들어왔던 진인辰人들이 일본으로 이동해간 흔적은 『일본서기』에 나오는 '고마나리'가 백제의 '곰나루'에서 유래한 사실에서도 살펴볼 수 있다. 이는 고조선의 주민이 곰 숭배 신앙을 가지고 일본으로 건너갔음을 말한다. 이를 방증할 수 있는 자료가 또 있다. 일본 서민들이 폭넓게 신앙하는 신도신앙 중에 구마노신이 있다. 이 신앙은 중세에 천황 및 천황의 부친인 상황이 자주 구마노(熊野縣, 와카야마현 남동부와 미에현 남부 산간지역)를 참배하면서 생겨났다.[26]

일본 천황가에서는 왜 구마노(熊野) 지역을 참배했을까? 바로 곰신앙을 가지고 일본으로 건너간 조상들을 기리기 위해서이다. 근래 한국에서 출판된 한일고대사 관련 서적에서 계속 일본 천황가가 백제계라는 주장을 한다. 하지만 필자의 생각은 다르다. 천황가는 곰과 칠성신앙, 즉 단군신화와 관련된 주민의 이동과 관련해서 풀어야 한다. 『일본서기』에는 "천황(웅략텐노)은 백제가 고구려에 의해 파멸되었다는 말을 듣고, 구마나리久麻那利(熊川 혹은 公州)를 문주왕에 주고, 그 나라를 다시 일으켰다"는 기록이 있다.

왜 일본에서는 이와 같이 우리가 상식적으로 납득하기 어려운 주장을 했을까? 김성호는 이를 비류백제설의 방증사료로 활용한다. 그러나 일본 천황가에서 웅진(고마나리)을 백제왕에게 주었다고 한 표현은 일본 천황가와 '진인-곰신앙-웅야'라는 관점에서 풀어야 한다. 이 내용은 다음 기회에 '한일 역사 흐름'에 관한 책에서 자세히 설명하려고 한다.

그렇다면 단군신화의 주체세력인 진인들의 곰신앙은 왜 사라졌을까? 다음 장에서 곰신앙이 한반도에서 약화될 수밖에 없었던 이유를 알아본다.

---

26) 박규태, 『일본의 신사』, 살림, 2006, 25~26쪽.

| 제2장 |
단군시대의 중심 종교인 칠성신앙이
곰신앙을 약화시켰다

고조선의 국모는 호랑이인가

이제 앞 장과 연결하여 단군신화의 주연 격인 곰신앙이 한반도에서 왜 사라졌는지 알아보자. 누구나 알듯이 환웅이 도래했을 때 곰부족과 호랑이부족은 모두 환웅세력과 연합하려고 노력했다. 그러나 호랑이부족은 환웅세력과의 연합에서 밀려나 주변세력으로 전락한다. 그런데도 한반도에서 곰신앙은 사라지고 호랑이와 산신신앙은 지금도 생명력을 유지하고 있다. 이러한 사정은 상식적인 질문과 어설픈 해석으로는 도저히 그 답이 찾아지지 않는다. 그러한 사정을 이해하기 위해서는 한민족의 초기 구성원들이 어떤 종족이었으면 그들의 우주관과 생명관이 어떠한 것이었는지, 또 그것들이 어떻게 충돌하고 습합되었는지를 이해할 필요가 있다. 곰신앙이 약화된 이유에 관해서는 독자들도 궁금하기는 마찬가지였을 것이다.

사실 이 문제에 관해서 의문을 가진 사람은 많았지만, 그 의문을 해결해보고자 노력하는 사람은 적었다. 그만큼 이 문제를 해결하기가 쉽지 않기 때문이다. 때문에 서울대 국문과 교수인 조현설마저도 최근에 발표된 책에서 다음과 같이 주장하고 있다.

"『삼국유사』중심의 주류적 전승에서 호랑이는 금기를 깬 패배자이지만 『묘향산지』의 단군신화에서 호랑이는 환웅과 짝이 되어 단군을 낳은 승리자이다. 게다가 두 단군신화를 견주어보면 더 오래된 것은, 신화의 형태로 보아 『묘향산지』쪽이다. 『삼국유사』에 보이는 '곰이 인간되기'에는 이미 동물신보다 후대에 발생한 것으로 인정되고 있는 인격신 개념이 개입되었기 때문이다. 그렇다면 더 오래된 단군신화의 백호가 단군의 진짜 어미인가?"라고 반문하고는 호랑이와 호랑이를 시조모로 모시던 집단을 역사의 패배자로 여기던 우리의 사시斜視를 교정할 필요가 있다고 했다. 그렇게 해야만 창조신 호랑이, 고조선의 국모 호랑이, 고려 왕가의 시조 호랑이, 그리고 산신 호랑이와 무수한 산신도에 보이는 호랑이를 제대로 볼 수 있다고 했다.[1]

과연 그런가? 우리의 시조모가 호랑이 부족의 여인일까? 참으로 생경한 주장이다. 경희대 국문과 교수인 이정재도 "국조신화에 곰과 산신인 단군이 등장되어 곰문화를 기반으로 출발하였는데, 그것이 오늘날에는 완전히 호랑이문화로 바뀐 결과가 되어 이 문제를 다루지 않고는 견딜 수 없게 되었다"고 지적한다.[2]

모두들 한반도에서 호랑이신앙이 곰신앙보다 우위에 선 것에 대해서 의문을 표하면서 현실적으로 살아 있는 호랑이에 비중을 두려는 태도를 취한다. 그러나 필자의 생각은 다르다. 한반도에서 곰신앙이 사라지고 호랑이 산신이 힘을 유지하고 있는 것은 다른 각도에서 접근해야 한다.

한민족 초기 공동체의 공간을 이해해야

첫 번째는 공간적인 문제이다. 단군신화가 성립되는 초기 무대는 서요하지역으로 앞에서 언급한 홍산문화와 그 주변 지역이다. 당시 호랑이 토템은 동시베리아와 동만주·한반도를 무대로 형성되고 있었을 것이다. 물론 1장에서 살펴본 대로 서요하지역의 신석기문화에도 호랑이 토템으로 의심되는 옥기가 보인다. 그러나 이들도 단군신화가 형성되던 하가점

---

[1] 조현설,『우리 신화의 수수께끼』, 한겨레출판사, 2006, 30~31쪽.
[2] 이정재,『동북아의 곰문화와 곰신화』, 민속원, 1997, 71쪽.

하층문화 시기에는 동으로 이동했을 것이다. 단군신화에 호랑이 토템세력이 환웅세력에 적응하지 못한 것으로 나온 것은 그러한 사정을 반영하고 있다.

후대의 사정을 말하긴 하지만 『산해경』「대황동경」에서 "군자국 사람들이 범이나 호랑이를 부린다"는 기록은 요동지역으로 비정되며, 『삼국지』「위지동이전·예濊전」에서 "(예인들은) 호랑이에게 제를 올리고 신으로 여긴다"고 한 예는 한반도 동해지역이다.

이러한 단서들은 호랑이문화가 초기 단군신화의 무대 동쪽에 있었거나 동쪽으로 먼저 이동했음을 보여주는 대목이다. 먼저 동으로 이동한 호랑이부족은 한반도의 지리적 환경, 즉 호랑이가 번성할 수 있는 백두대간의 존재와 맞물리면서 호랑이 산신의 위용이 유지될 수 있었을 것이다. 특히 백두대간의 동쪽 루트로 남하한 선주민들이 호랑이를 더 숭배했던 것으로 여겨진다.

그들은 요서에서 태동해서 요동을 거쳐 평양지역으로 이주했다가 한반도 서해안과 중부지역을 거쳐 전라도나 경상도로 이동했던 단군신화의 후예들과 시간적·공간적 차별을 가지고 있다. 후대로 오면서 사찰에 모셔지는 칠성·용왕·산신의 계보에서 앞의 둘은 단군신화와 관련된 사람들의 신앙과 관련이 있으며, 뒤의 산신은 바로 한반도에 선주해서 호랑이신앙을 가지고 있던 사람들과 관련 있다.

다시 말하면 한반도에서 호랑이신앙은 강력한 데 반해 곰신앙이 약화된 것은 곰이 차지한 자리가 원래 호랑이의 몫이었기 때문이 아니라는 것이다. 단군신화 내용대로 단군의 어머니는 웅녀였다. 다만 호랑이가 한반도에서 그 세력을 부활한 것은 호랑이부족이 한반도에 먼저 들어왔고, 그

지리적 조건이 호랑이 산신을 숭배하기에 좋았으며 곰신앙은 다른 이유에 의해 약화되었다.

두 번째는 문화가 충동했을 때 일어나는 각기 다른 신앙의 수용과 변형에 관한 일반적인 법칙 때문이다. 단군신화는 외부에서 들어온 환웅과 현지의 곰과 호랑이부족의 연맹과정을 배경으로 한다. 단군신화의 구조를 보면 주연은 환웅이고 조연은 웅녀와 호랑이 여인이다. 신화에서 환웅은 하늘세계(다른 곳)에서 이주해와 주도권을 쥐고 상황을 만들어간다. 그가 신시를 열고 신정을 펼치기 시작하자, 굴에서 살던 곰과 호랑이가 그에게 와 사람되기를 빈다. 환웅이 쑥과 마늘을 주면서 일정기간 수련할 것을 요구하는데, 곰은 그 조건을 충족시켜 사람이 되고 호랑이는 실패한다. 사람이 된 웅녀는 환웅에게 신인神人의 아이를 가질 수 있게 해달라고 한다. 이에 환웅이 응해서 단군이 태어났다는 사실을 모르는 사람은 없다.

여기서 우리는 문화전파의 속성을 이해할 필요가 있다. 문화는 높은 곳에서 낮은 데로 물이 흐르듯이 에너지가 높은 곳에서 낮은 곳으로 흐른다. 단군신화의 구조를 보면 환웅이 가지고온 문화가 그곳에 있던 곰이나 호랑이부족이 가지고 있던 문화보다 에너지가 강했음을 알 수 있다. 즉 현지의 주민들이 환웅이 가지고 있던 우주생명관이나 세상을 다스리는 방식을 흠모했던 것이다. 환웅이 가지고 온 문화는 이미 부계사회로 이행된 단계였으며, 곰이나 호랑이부족은 아직 모계적 전통을 다 벗어나지 못한 단계였다.

웅녀가 살던 곳은 바로 최근 주목받고 있는 요하 서쪽의 홍산문화 지역이다. 후기 홍산문화가 웅녀를 여신으로 모시는 모계사회였다는 것은 이미 밝혀졌다. 물론 그 시기는 단군신화가 태동하기 이전이다. 그러나 단군신화는 홍산문화를 계승한 집단과 환웅세력의 연합에 의해서 탄생한 것으로 볼 수 있다.

이러한 정황을 이해하고 보면 왜 곰신앙이 약화될 수밖에 없었고 종국에는 소멸될 수밖에 없었는지를 이해할 수 있다. 환웅이 가지고 온 신앙체계가 웅녀가 가지고 있던 그것을 약화시켰던 것이다. 에너지가 강한 집단의 종교가 그들보다 약한 집단의 신앙을 약화시키는 것이 인류사의 보편적 현상이다. 삼국 시기에 불교가 들어오자 우리 고유신앙이 약화되었던 현상과 비슷하다. 기독교가 들어와 불교와 민간신앙이 약화되는 과정도 그러하다.

북두칠성 섬기던 공공족의 환웅이 부계적 질서를 꾸려

그렇다면 환웅이 가지고온 신앙은 어떤 것이었을까? 그것은 바로 칠성신앙이다. 필자가 환웅족이라고 주장하는 공공족은 중원에 있을 때부터 하늘을 관찰하고 그 변화를 기록했다. 중국 문화사에서 하늘의 뜻을 최초로 기록한 집단이 공공족이다. 중국학자 왕대유에 따르면 '전典'자의 원형은 네모난 단壇에 나무기둥을 세운 형태인 '공工'에서 비롯되었다고 한다.[3] 즉 '전典'자는 공공족이 자신들의 제단에서 하늘의 뜻을 기록하던 것에서 비롯된 것이다. 이러한 행위를 하던 중심공간이 바로 삼한 사람들이 신성한 공간으로 여기던 소도蘇塗이다.

『삼국지』「동이전」한조에 보면 소도에 관한 기록이 있다. 거기에 "또한 모든 나라에는 각기 별도의 읍이 있으니 이름하여 소도라 한다. 큰 나

---

[3] 王大有, 『三皇五帝時代』, 中國社會出版社, 2000, 131쪽.

[도판 1] 갑골문에 보이는 '공共'자.
두 손으로 하늘을 떠받드는 모양을 상형했다.

무를 세우고 방울과 북을 달아 귀신을 섬긴다"고 했다. 여기서 '큰 나무(大木)를 세우고 방울과 북을 달아 귀신을 섬긴다'는 전통은 단군시대 신앙의 핵심이다. 이것은 한국 무속에서 신장대를 세우고 그 신장대를 중심으로 굿판을 벌이는 의식의 뿌리이다. 우주목(Cosmic Tree)을 세우고 하늘의 신령과 소통하는 의례공간이 소도이다.

한국의 대표적인 무조설화인 바리공주 이야기는 진오기굿 말미거리에서 장고를 세워놓고 치고 방울을 흔들어가면서 서너 시간 구송한다.[4] 바로 소도에서 벌이던 굿판의 전승이다. 한민족과 인연이 깊은 에벤키 무당의 굿판에도 소도에 있던 큰 나무(大木)가 있다. 에벤키 무당의 천막의 한가운데는 투루turu라는 이름의 나무 한 그루가 서 있다. 그 끝은 천막 꼭대기의 연기구멍을 뚫고 삐죽 나와 있는데, 이 나무가 신령계와 인간계를 연결해 주는 우주목이다.[5]

공공족의 '공工'자는 바로 신성한 터(壇)에 큰 나무를 세운 것을 상형한

---

4) 조흥윤, 『巫』, 민족사, 1997, 194쪽.
5) 조흥윤, 『巫』, 민족사, 1997, 259쪽.

[도판 2] 소전의 '무(巫)'자   [도판 3] 공공족의 족휘

글자이다. 바로 삼한의 문화에 보이는 소도를 상형한 글자라고 볼 수 있다. 소도(工)를 만들어 놓고 하늘을 받들던 사람들이 바로 공공족이다. 글자 그대로 풀이했을 때 공공은 '공工을 받드는(共)' 사람들이라는 의미를 가진다(도판 1). 즉 신성한 제단(소도)에서 하늘을 섬기던 사람들이다. 그들이 받들던 하늘의 중심에 바로 하느님(환인)이 사시는데 그곳이 북두칠성으로 둘러싸인 북극성이다. 칠성신앙은 바로 이들 공공족과 함께 동북으로 이동했다.

동북아시아 선도仙道의 뿌리도 공공족과 무관하지 않다. '무巫'자의 소전, 즉 진나라 때의 글자를 보면, 땅의 중심에서 북극성(북두칠성)을 연결하는 큰 나무를 상형한 것이 '공工'자인 것을 알 수 있다(도판 2). 소전에 보이는 '무'자는 '공'자를 사이에 두고 두 사람이 서 있거나 춤추는 모습이다. 이 글자는 하늘과 땅 사이의 통로(큰 나무) 아래에서 무사가 무술을 행하면서 신명계와 소통하고 있는 장면을 묘사한 것이다. 도교가 무속에서 천계의 중앙으로 생각하던 북두칠성 관념을 계승하여 칠성신앙을 성립시켰다면,[6] 중국 도교의 뿌리도 바로 공공족의 우주생명관과 연결된다.

---

6) 정재서, 『한국 도교의 기원과 역사』, 이화여자대학교출판부, 2006.

풍류도의 뿌리는 공공족의 신앙에 있다

여기서 잠시 최치원이 설명한 풍류도를 언급하고 넘어가자. 공공족을 환웅족으로 이해했을 때만이 풍류도가 포함삼교할 수 있는 근거를 설명할 수 있다. 단군신화에 나오는 곰부족이나 호랑이부족은 아직 천신 개념이 확립되지 않은 모계중심 사회였다. 즉 그들에게는 산신과 대지모신의 관념이 주류를 이루고 있었다. 때문에 일부에서 주장하듯이 중국의 동북지역에서 기원한 신선도의 뿌리가 중원으로 확산되었다는 가설을 따르기 어렵다.

최치원은 난랑비鸞郎碑 서문에서 "국유현묘지도, 왈풍류, 포함삼교國有玄妙之道, 曰風流, 包含三敎", 즉 "나라에 현묘한 도가 있으니, 그것을 풍류라고 하며 유불선 삼교를 포함하고 있다"고 했다. 지금까지 학자들은 풍류도를 중국의 유불선의 영향 아래 해석해왔다. 다시 말하면 중국의 유불선의 영향으로 풍류도가 형성되었다고 보았다.

그러나 그것은 상고시대 유라시아 대륙의 역사 흐름을 잘못 이해한 결과이다. 우리 고유의 풍류도는 공공족이 가지고 있던 신교神敎적인 전통에 그 바탕을 두고 주변 지역의 샤먼의식을 수용한 체계였다. 샤머니즘은 사실 유라시아 대륙 전역에 걸쳐 있으며 더 나아가 세계 모든 지역의 고대 문화에 스며 있다. 하지만 그러한 일반론적 시각으로 한민족 고유의 풍류도를 설명할 수는 없다. 공공족이 가지고 있던 우주생명관과 동북지역에 살던 곰과 호랑이부족의 그것, 그리고 고아시아족의 그것이 결합되어 한민족의 풍류문화를 형성했다.

그러나 그 풍류문화의 중심에는 공공족의 문화유산이 자리하고 있다. 공공족의 문화유산은 우리 민족의 정신사에 가장 근원적인 영향을 끼쳤다. 그중 가장 강력한 힘을 가지고 있는 것이 칠성신앙이다. 칠성신앙은 곰 부족의 그것이 아니다. 그렇다고 고아시아족의 그것도 아니다. 바로 공공족의 신앙이자 단군시대의 중심 신앙이었다.

따라서 최치원이 말하고자 했던 핵심은 우리 고유의 풍류도에는 이미 중국의 유교나 도교, 인도의 불교정신이 스며 있다는 것이다. 공공이 중원에 심어 놓은 칠성신앙, 즉 북극성을 중심으로 우주생명이 순환하고 교류한다는 의식은 중원에서 남쪽으로 확산되었다가 도교의 칠성신앙으로 부활한다. 또한 일부에서 주장하듯이 산동을 비롯한 발해만에서 태동한 신선도도 결국은 공공족의 확산과 무관하지 않다.

고인돌에 묻힌 칠성의 아들

그와 같은 우주생명관을 가진 공공족, 즉 환웅족의 신앙이 곰신앙을 누르고 주도적인 신앙이 됨으로써 웅녀의 곰신앙은 차차 그 힘을 잃게 되었던 것이다. 일부 학자들은 칠성신앙은 도교신앙 중에서도 가장 오랜 연원을 지니고 있다고 하면서 우리의 칠성신앙을 도교와 연결한다. 그러나

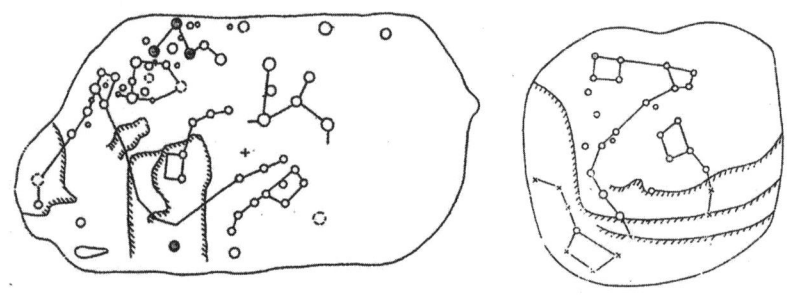

[도판 4] 함경남도 함주군 지석리와 평원군 원화리(오른쪽) 고인돌 덮개돌

[도판 5]
포항시 흥해읍 영일민속박물관 내 비석

앞에서 설명한 대로 칠성신앙은 우리 고유신앙이다.

칠성신앙은 공공족이 중원에 있을 때부터 신앙하던 것으로 삼국시대에 도교가 한반도로 유입되기 이전부터 있었다. 그 흔적을 고인돌이나 암각화에서 찾아볼 수 있다. 북한에서 기원전 30세기와 25세기경에 만들어졌다(함주군 지석리 고인돌)고 주장하는 고인돌 덮개돌에도 칠성이 새겨져 있으며, 북한의 주장에 의하면 이들 별자리가 고조선이 태동하기 전에 만들어졌다(도판 4). 그들은 이들 고인돌의 축조연대를 세차운동을 이용해 추정했다고 한다. 그러나 연대를 추정한 방식이 과학적이지 못하기 때문에 앞으로 더 연구가 되어야 할 것이다.[7]

사실 고인돌 위에 새겨진 알터는 상당히 후대에 새겨진 것도 있어서 그 연대를 고증하기 힘들다. 고인돌이나 돌 위에 구멍을 새기고 기도하는 행위는 최근까지도 이어졌다. 포항시 흥해읍 영일민속박물관 마당에는 명나라 숭정崇禎(1628~1644년) 시기에 세운 군수공덕비가 있다(도판 5). 그 비석의 받침돌에 알터가 새겨져 있는데 이는 그 알터가 비석을 세운 이후에 만들어졌음을 의미한다. 고인돌 덮개돌의 알터도 그와 같이 고인돌이 조성된

---

7) 박창범, 『하늘에 새긴 우리 역사』, 김영사, 2002, 94쪽.

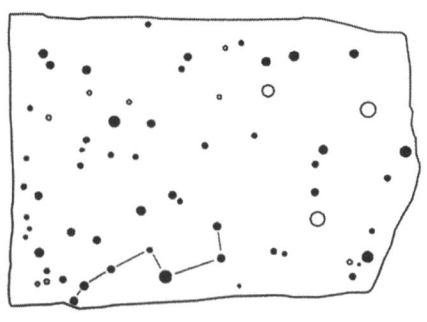

[도판 6] 아득이 마을에서 발굴된 돌판

[도판 7] 안동시 수곡리 암각화에 보이는 윷판 모양 암각화

이후에 생겼을 수 있다.

　따라서 고인돌과 함께 묻힌 칠성이 있다면 그것은 훌륭한 증거자료가 될 것이다. 다행히 그러한 조건에 맞는 칠성이 새겨진 돌이 발견되었다. 충북 청원군 문의면 아득이 마을에서 발견된 청동기시대의 고인돌 옆에 묻혀 있던 돌판에 북두칠성이 새겨져 있다(도판 6). 이 돌판은 청동기시대의 작품이다. 이 자료는 우리 조상들의 생사관을 읽을 수 있는 단서가 될 수

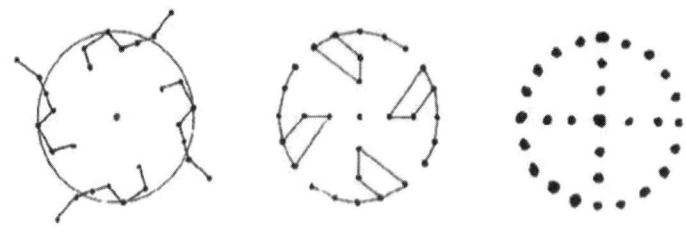

[도판 8] 북두칠성 주천운동에서 윷판형 바위그림으로 정형화되는 과정

[도판 9] 길림성 집안 우산하 고분

있다. 최근까지도 이어지는 칠성판의 연원이 멀리 단군시대까지 올라갈 수 있음을 보여준다. 죽음을 표현하는 말 중에 "칠성판을 지고 간다"는 말이 있다. 이는 전통 상례喪禮에서 관 위에 혹은 바닥에 칠성판을 까는 풍습에 빗대어 하는 말이다. 조상들이 무덤에 칠성판을 넣은 이유는 사람의 얼(혼)이 그곳에서 비롯되었기 때문이다. 육신의 넋(백)은 땅으로 돌아가고 얼은 고향인 북두칠성으로 돌아간다고 생각했다.

이외에도 청동기시대로 추정되는 암각화에는 윷판 모양의 알터가 많이 발견되고 있는데, 이 또한 칠성의 운행을 형상화한 것으로 보는 것이 학계의 일반적인 시각이다(도판 7, 8, 9).

제2장 | 단군시대의 중심 종교인 칠성신앙이 곰신앙을 약화시켰다 69

도교사상의 영향을 받은 칠성도

칠성신앙은 단군시대부터 내려오던 민족의 주 신앙이었다. 칠성신, 칠성님으로 불리며 사람들 사이에서 민간신으로 굳어져 있던 것이 불교가 들어와 널리 퍼지면서 불교신앙에 포섭되어, 사찰에 칠성각이 생기고 부처님 모습을 한 칠성여래가 나타나게 된다. 이론상 치성광여래가 칠성탱화의 주존불이라 해도, 조상들이 마음속으로는 칠성여래나 칠성불로 불리는 북두칠성을 더 친근하게 여긴 것도 그것이 우리 고유의 신앙이기 때문이다.

도교는 7세기 전반에 고구려에 '오두미교五斗米敎'가 들어와 민간에 확산되면서 전파되기 시작한다. 당시 당 고조는 고구려에 천존상과 도사를 보내 도덕경을 강론케 했다. 『후주서後周書』나 『주서周書』에는, 백제에는 '복술'이나 '관상'은 있어도 '도사道士'는 없다고 했다. 이는 중국의 도교가 공식적으로 수입되지는 않았던 정황을 말한다. 기록으로만 볼 때 신라에서는 김인문이 도가 서적을 섭렵했다는 기록이 보이며, 8세기 초에 활동한 김지성이란 인물이 노자와 장자의 소요함을 사모하며 『도덕경』을 읽었다고 한다. 이러한 사실만을 놓고 볼 때 중국식 도교사상은 신라 하대까지도 별 영향력을 행사하지 않은 것으로 보인다.

기록상으로 볼 때 중국 도교와 관련하여 북두칠성을 모신 것은 고려시대에 와서였다. 고려 예종(1105~1122년 재위) 때, 송나라에서 도교가 전래된 이후로 '북두초北斗醮'라고 하여 북두칠성에 공식적인 제사를 지냈다. 그 이전인 문종(1046~1083년 재위)도 북두초를 내전에서 친히 지냈다. 이로 보아 고려왕실에서 도교적 북두칠성을 모신 것은 11세기 중엽 이후이다. 고

[도판 10] 조선전기(1569년)에 그려진 치성광여래도의 북두칠성

려시대에 수입된 도교적 칠성신은 조선시대에는 소격서에 모셨다.

이와 같이 도교와 관련된 북두칠성은 11세기 이후 나라에서 모시게 된다. 이후로 불교와 습합된 북두칠성이 그려진 불화가 등장한다. 고려시대에 시작된 '치성광여래도熾盛光如來圖'가 그것이다. 치성광여래도의 원형은 중국 당나라에 있으며, 그 전통이 송나라로 전승되고, 이것이 다시 고려와 조선으로 이어진다. 때문에 치성광여래도에 묘사된 북두칠성은 도교식 복장을 하고 머리는 피발被髮(풀어헤친 머리)을 하고 있다(도판 10).

단군시대의 모습을 되찾은 칠성님

불화 속의 칠성여래는 처음에는 도교의 영향을 받아 머리를 길게 늘어

[도판 11] 칠성도, 1700년대, 서울

뜨리고 조복朝服을 입은 도교의 신선 모습이거나 화려한 보살의 모습이다. 북두칠성신은 조선전기를 기점으로 하여 대중적 인기를 누리며 차츰 부처님의 모습으로 바뀌어간다. 특히 조선후기에 오면 칠성불이나 칠성여래라는 기층민중과 가장 친근한 부처님으로 모셔지며 오늘에 이르고 있다.[8]

그런데 도교가 전래된 후 처음 고려의 불화 속에 나타난 북두칠성은 독립적인 주인공이 아니라 북극성을 형상화한 치성광여래의 수행자였다. 그러던 것이 조선시대에 들어오면 치성광여래를 받들기는 하지만 칠성여래라는 명칭을 획득한다. 이는 단군시대 이래 한민족이 가진 의식과 관련이 있다. 단군시대의 주 종교가 칠성신앙이라고 했을 때, 칠성신앙의 핵심은 북극성 신앙이었다. 당시 민중들의 의식에서 칠성신앙은 곧 북극성 신앙이었던 것이다. 따라서 민중들의 관점에서는 치성광여래와 북두칠성은 동격이었다. 북두칠성님은 치성광여래를 수행하던 도교의 신선이나 불교의 보살에 머물 수 없었다. 하여 민중들은 칠성님을 칠성여래의 반열에 올려놓았던 것이다.

치성광여래도 또한 시간이 지나면서 칠성탱이라는 명칭으로 바뀌어간다. 불화를 연구한 강소연이 "상호보완적 성격을 지닌 치성광여래와 칠성

---

8) 강소연, 『잃어버린 문화유산을 찾아서』, 부엔리브로, 2008, 152쪽.

[도판 12] 무속 12거리도에는 제석(맨 왼쪽)만이 고깔모자를 쓰고 있다.(서울대박물관 소장)

여래는 훗날 신앙적 기능에서도 겹치면서 서로 동일시되는 현상이 나타난다"[9]고 지적한 것에서도 알 수 있듯이 단군 이래의 신교정신을 잇고 있는 민중들은 두 대상을 동일하게 인식하고 있었다.

북두칠성에 대한 관심은 유라시아 대륙의 거의 모든 민족들이 가지고 있지만, 칠성각은 한국에만 존재한다. 중국이나 일본 같은 다른 나라 불교에서는 찾아볼 수 없는 우리만의 독특한 문화이다.[10] 왜 유독 한민족의 민중들은 칠성님께 의존했을까? 그것은 필자가 환웅세력의 유라시아 이동사를 정리한 책에서 설명했듯이 북극성과 칠성신앙의 개념을 창안하고 신앙해온 한민족의 영혼의 무의식적 울림 때문이 아닐까 한다.

우리 민속신앙에서 칠성신앙이 차지하는 비중은 산신이나 용왕신앙보다 강하다. 그것은 산신각과 칠성각이 독립적으로 조성되기도 하고, 칠성각이나 산신각에 칠성여래나 산신을 함께 봉안하기도 하지만, 함께 봉안할 경우 칠성여래(치성광여래)가 중앙을 차지하는 것으로도 알 수 있다.

불교문화의 관점에서 보면 고유의 칠성신앙과 도교의 그것이 불교와 습

---

9) 강소연, 『잃어버린 문화유산을 찾아서』, 부엔리브로, 2008, 152쪽.
10) 강소연, 『잃어버린 문화유산을 찾아서』, 부엔리브로, 2008, 149쪽.

합했으며, 처음에는 불교와 도교가 습합한 것이 우세한 모습을 보인다. 그러나 시간이 지나면서 점점 민간이 가지고 있던 칠성신앙이 반영된다. 하지만 조선후기의 무속신앙에서는 그동안 힘을 잃었던 북두칠성과 북극성이 부분적으로 본래의 모습을 되찾는다. 조선후기 무속화에는 단군 이래 신앙되던 그들의 초기 모습이 그려진다. 바로 고깔모자를 쓴 칠성과 제석이 그 모습이다(도판 11, 12).

일본 천황의 명칭도 북두칠성신앙에 뿌리를 두고 있다

앞 장에서 곰신앙과 칠성신앙이 진인들의 이동과 함께 일본으로 건너갔다고 했다. 진인들의 의식, 즉 단군신화의 의식이 일본 천황제에도 영향을 미쳤다. 일본학자 사이카와 마코토는 "일본에서 천황이라는 칭호가 선택된 첫째 근거는, 천황대제가 하늘의 최고신인 호천상제라고 믿었던 까닭이다. 두 번째로는 '천황대제=북극성'이 현재의 정치질서가 자연과 우주의 질서에 근거하여 겹쳐져 있었기 때문"이라고 했다.[11] 그는 『주례周禮』에서 '종백례관지직宗伯禮官之職' 중 태종백이 지내는 제사의 대상인 '호천상제昊天上帝'를 한나라 때 학자 정현이 "호천상제는 하늘의 중심인 '천황대제', 즉 '북극성'을 가리킨다"고 해석한 데서 천황이란 호칭의 근거를 찾고 있다.

그는 천황제를 중국식 정치사상을 반영한 제도의 도입이라고 하지만,[12]

---

11) 사이카와 마코토 지음, 조양욱 옮김, 『천황을 알면 일본이 보인다』, 다락원, 2001, 41~42쪽.
12) 사이카와 마코토 지음, 조양욱 옮김, 『천황을 알면 일본이 보인다』, 다락원, 2001, 62쪽.

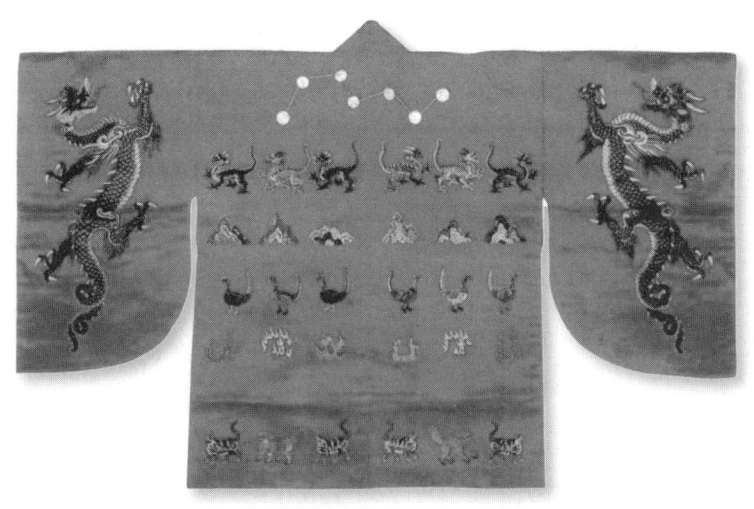

[도판 13] 효명천황이 즉위식 때 입은 옷에 새겨진 북두칠성

역사와 문화 흐름의 내면을 자세히 들여다보면 그렇게만 볼 수 없다. 천황이란 개념 자체는 북극성을 천황대제라고 칭한 정현의 설에서 가져왔을 수 있다. 하지만 일본 천황가에는 이미 칠성신앙과 관련된 북극성 신앙, 즉 환인 하느님에 관한 신앙이 있었다고 볼 수 있다. 다만 그 북극성에 관한 명칭으로 천황대제를 차용했을 뿐이다. 그러한 정황은 효명천황(1846~1866년 재위)이 즉위식 때 입은 곤룡포의 등에 수놓은 북두칠성으로도 알 수 있다(도판 13). 천황가는 칠성님의 후예였던 것이다.

또한 정치체제의 측면에서도 중국과 일본은 차이가 있다. 중국은 천황대제의 대리자인 황제가 직접 백성을 통치한다. 그러나 일본은 왕조 교체가 아닌, 후지와라 씨족의 정권 교대와 같이 '왕조=율령국가' 내부의 신하에 의한 정권 교대였다.[13] 그렇기 때문에 천황가는 살아남을 수 있었다. 이

---

13) 사이카와 마코토 지음, 조양욱 옮김, 『천황을 알면 일본이 보인다』, 다락원, 2001, 56쪽.

것은 단군제도의 연장선상이다. 즉 북극성이 우주의 중심에서 움직이거나 변하지 않고 뭇별들과 지상의 생명계를 이끌듯이 그 수장의 혈통은 변할 수 없는 것이다.

또 다른 측면에서도 천황제도의 발생과 북두칠성과의 관련을 상정해볼 수 있다. 바로 일본에서는 천황 명칭을 사용한 이후에 국가적 차원에서 칠성신앙을 부활시킨다. 일본에서 천황 칭호는 6세기 말에서 7세기 초에 사용되기 시작했다. 그리고 8세기 중반부터는 천황의 주도로 조정의 귀족들도 해마다 칠석날이 되면 스모를 즐기며 놀았다. 훗날 칠석은 점차 독립된 명절로 발전해 설(원단)과 단오, 중양절과 함께 4대 명절로 자리 잡게 되었다.[14]

우리 고유의 별자리와 칠성신앙의 우위

한민족은 중국과 다른 독자적인 천문관을 가지고 있었다. 그것은 환웅족이 가지고 있던 천문관을 반영하고 있다. 고구려 고분벽화에 나타나는 북두칠성과 그 주변 별자리는 중국의 그것과 다르다. 따라서 한반도를 거쳐 일본으로 건너갔을 것으로 추정되는 북극성과 북두칠성에 대한 일본의 천문관도 중국의 그것과 차이가 난다고 보는 것이 합당하다.

별자리를 연구한 김일권 교수에 따르면, 동아시아 역사상 최초의 문헌 기록으로 기재된 한대의 천극성天極星은 북극성 자체를 의미하기도 하지만 주변에 있는 세 개의 별을 합친 천극사성이란 의미를 지니기도 한다. 그런데 중국인들은 당나라 때부터 한 개의 별을 더 추가한 북극 5성좌를 자

---

14) 모로 미야 지음, 허유영 옮김, 『에도 일본』, 일빛, 2006, 141쪽.

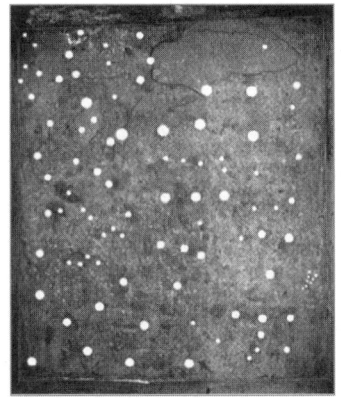
[도판 14] 대동강 남쪽 진파리 고분의 북두칠성과 삼성

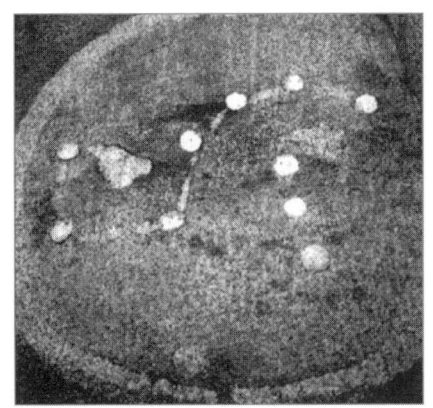
[도판 15] 경기도 파주시 진동면 서곡리, 고려 말 권준의 무덤에 보이는 북두칠성과 삼성

[도판 16] 전남 화순군 운주사 칠성바위와 칠층석탑

제2장 | 단군시대의 중심 종교인 칠성신앙이 곰신앙을 약화시켰다 77

신들의 북극성 별자리로 인식하기 시작하여 현재에까지 이른다.

반면에 당나라의 둔황성도보다 몇 백 년 앞서 그려진 고구려 벽화의 별자리에는 북두칠성과 나란히 묘사한 삼성三星 별자리가 그려졌으며 이 전통은 고려시대까지 이어진다(도판 14, 15). 우리에게 삼성 별자리는 북극성좌였으며, 그 중앙별이 북극성이다. 이는 중국과 다른 눈으로 하늘을 바라본 우리 고유의 시각이 있었음을 반증하는 것이다.[15]

야외에 조성된 칠성신앙의 흔적으로 전라남도 화순군 운주사 칠성바위를 들 수 있다(도판 16). 이 칠성바위는 운주사가 창건된 10세기 말에서 11세기에 제작된 것으로 추정한다. 운주사에서 발굴된 수막새에는 '옴마니반메훔'이라는 밀교 진언이 새겨져 있다. 이로 보아 이곳에는 불교가 토착신앙과 결합된 대일여래大日如來 신앙이 성했을 것으로 추정할 수 있는데, 이곳에 새겨진 칠성바위는 우리민족의 가장 뿌리 깊은 토착신앙을 표현한 것이다.

칠성신앙에 밀린 곰신앙

이와 같이 단군시대부터 이어져온 한민족 고유의 칠성신앙과 북극성신앙은 우리 고유의 것으로 우리 민족의 집단무의식 속에 가장 강력하게 자리 잡고 있다. 조상들이 신앙하던 칠성신앙은 환웅이 가져온 것으로 단군신화의 또 다른 주연인 웅녀가 가지고 있던 곰신앙을 약화시켰다. 그것은 문화 충돌의 자연적인 결과이기도 하다. 우월한 지위를 가지고 있던 환웅

---

15) 김일권, 「고구려의 천문 자연관과 하늘사상」, 동북아역사재단 편, 『고구려의 문화와 사상』, 2007, 227~228쪽.

의 신앙이 웅녀족의 그것을 약화시켰던 것이다. 때문에 한반도에서 곰신앙은 약화될 수밖에 없었다. 반면에 호랑이신앙은 단군신화가 성립될 당시부터 먼저 동으로 이동했고, 한반도에서는 백두대간의 입지 조건을 배경으로 서식하던 많은 호랑이로 인해 호랑이 산신신앙은 그 명맥을 유지할 수 있었다.

이러한 관점으로 이해할 때만이 단군신화 여주인공이 호랑이 토템일 가능성이 있다는 가설을 극복할 수 있다. 또한 한반도에서 곰신앙은 약화된 반면 호랑이 산신신앙은 그 위세를 떨치고 있는 배경도 설명된다.

| 제3장 |

고구려의 문장은 삼족오가 아니다

앙소문화의 삼족오

최근 들어 중국에서 고구려 역사를 자국사의 일부로 편입하려는 시도가 일자 각 방송국에서 고구려 관련 대하드라마를 제작 방영하였다. 그런데 그 영상물들을 보면 마치 삼족오가 고구려의 문장인 것처럼 사용되고 있다. 때문에 많은 국민들이 삼족오가 고구려의 독자적인 문화유산이며 고구려의 문장인 것처럼 오해한다.

과연 삼족오가 고구려의 문장인지, 아니면 415년에 만들어졌다는 경주 호우총 출토 청동그릇에 보이는 궁륭(#처럼 보이는 문양)이 고구려의 문장이었는지를 3장과 4장에서 확인해보려고 한다.

현재까지 드러난 자료만 놓고 보면 삼족오는 황하 중류지역의 앙소문화(기원전 5400~2460년) 지역에서 가장 먼저 등장한다. 다음으로는 산동지역의 대문구문화에서 세 발 달린 맹금류 도기가 보인다. 상대에는 봉황의 모습을 갖춘 형태로 변형된 삼족조三足鳥가 보이며, 서주시대에는 청동으로 만든 삼족조가 보인다. 춘추시대에도 많지는 않지만 삼족조가 만들어진 것이 확인된다.

그러다가 전국시대가 되면 삼족오가 와당에 자주 등장한다. 진나라 이

[도판 1] 앙소문화기의 채색도자기에 보이는 태양새로서의 까마귀

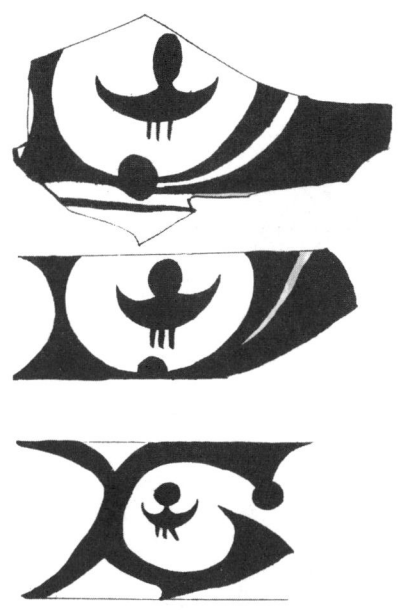

[도판 2] 앙소문화 채색토기의 삼족오   [도판 3] 산동 대문구문화 만기의 청동 삼족조

[도판 4] 상대 청동기에 보이는 삼족오

제3장 | 고구려의 문장은 삼족오가 아니다 83

[도판 5] 서주 중·만기의 청동 삼족오상

[도판 6] 전국시대 와당에 보이는 삼족오

후의 유물에는 세 발 달린 까마귀가 상당히 여러 점 발견되며, 『산해경』에 나오는 서왕모가 신선사상과 결합하면서는 서왕모의 심부름을 하는 새로서 삼족오가 등장한다. 신선사상에서는 삼족오를 보통 삼청조三靑鳥라고 부르며, 꼬리가 아홉 개 달린 구미호와 함께 서왕모의 심부름꾼으로 나온다.[1] 서왕모류의 신화는 서한 중기 이후 신선설의 중심을 이루며 중원에서

---

1) 우실하, 『동북공정 너머 요하문명론』, 소나무, 2007, 347쪽.

[도판 7] 진나라 이후 태양조 까마귀

널리 유행하였다.[2]

무서운 서왕모, 아름다운 신선으로 변하다

그러나 『산해경』 「해내북경」에 나오는 '삼청조'가 과연 삼족오인지는 확인하기 어렵다. 후대의 주석서에서 삼청조를 삼족오라고 했을 뿐이다. 『산해경』의 서왕모 전설이 신선사상의 영향을 받아서 삼족오가 탄생했음을 보여주는 자료가 있다.

[도판 8]은 서한의 소제(기원전 87~49년)시기에 조성된 낙양의 복천추卜千秋묘에 그려진 것으로 신선이 하늘로 오르는 모습이다. 이 그림이 속해 있는 전체 그림의 왼쪽 끝 부분에는 여왜와 달이 그려져 있고, 오른쪽 끝 부

---

2) 서정록, 『백제금동대향로』, 학고재, 2001, 404쪽.

[도판 8] 서한 말기 낙양의 복천추묘 벽화 부분

분에는 복희와 해가 그려져 있는데, 해 속에는 까마귀가 날고 있다. 이 그림은 복희의 바로 왼쪽에 그려져 있다.

그림 위쪽을 보면 머리가 셋이고 몸은 하나인 새를 여성 신선이 타고 있는데, 신선은 가슴에 까마귀를 안고 있다. 그런데 서왕모 전설이 신선사상과 결합하기 시작하는 한대 화상석에는 구미호와 함께 삼족오가 등장한다(도판 9). 어쩌면 서왕모의 사자로서의 삼족오는 복천추묘에서 보는 바와 같이 여성 신선의 탈 것으로서의 '머리가 셋이고 몸은 하나인 새'와 그녀가 안고 있는 '까마귀', 그리고 서왕모 신화에 나오는 '삼청조'가 결합해서 탄생했을 가능성이 있다.

서왕모 신화의 삼족오는 『산해경』 「서산경」에 나오는 '사람 같지만 표범의 꼬리에 호랑이 이빨을 하고 하늘의 재앙과 다섯 가지 형벌을 주관'하는 무서운 서왕모에서 서방에 사는 아름다운 신선의 모습으로 변화하는 과정,

[도판 9] 한대 화상석에 보이는 삼족오와 구미호

즉 새로운 서왕모 상을 만들어가는 과정에서 만들어졌다고 볼 수 있다.

[도판 9]에는 삼족오가 그려진 동일한 화폭에 태양 속에 태양새가 그려진 것도 함께 있다. 따라서 초기에 그려진 서왕모 그림에서 삼족오가 가지는 의미는 애매하다. 다시 말하면, 서왕모 그림에 나오는 삼족오는 삼청조의 기능, 즉 서왕모의 음식을 나르는 심부름꾼인지 아니면 태양새인지 분명하지 않다. 따라서 이 시기는 아직 서왕모 그림에 나타나는 삼족오에 대한 개념이 확실하게 정립되지 않았다고 볼 수 있다.

한참 후인 4세기의 자료를 보면 삼족오의 개념이 정립되었음을 알 수 있다(도판 10). 감숙성 주천면에 있는 정가갑丁家閘 5호묘(4세기)에 그려진 서왕모 그림에는 삼족오와 구미호가 서왕모 그림에 (태양 없이) 독립적으로 그

제3장 | 고구려의 문장은 삼족오가 아니다 87

[도판 10] 감숙성 주천면에 있는 정가갑 5호묘의 서왕모 그림

려진다. 이때의 삼족오는 태양새의 의미를 가진다. 구미호는 변화와 재생을 상징하는 달 동물이며, 그에 대응하여 삼족오는 태양새의 역할을 맡고 있다.

신석기시대 동북지방에는 삼족오가 없다

위와 같은 자료들을 보면 삼족오 혹은 삼족조에 대한 관념은 이미 신석기시대부터 진한에 이르는 시기에 중국대륙에 면면히 이어져오던 것임을 알 수 있다. 따라서 동북지방에서 이들보다 이르거나 혹은 비슷한 시기에 삼족오 혹은 삼족조가 없었다면 고구려의 삼족오는 문화 전파와 교류의 산물로 이해해야 한다. 이와 같은 이유로 우실하 교수나 이형구 교수는 고구려의 삼족오는 중원과 요서지역의 교류를 통해서 탄생한 것으로 본다.

중국에서 삼족오는 앙소문화 시기부터 전국시대까지 근근이 그 맥을 이어오다가, 전국시대에 체계화된 음양론이나 신선사상, 복희-여와신화와 연결되면서 부활한다. 그러나 삼족오에 대한 관심이 중국에서는 후한 이후에는 서서히 사라

[도판 11] 원나라 시대 삼족오

진다. 한대 이후의 자료는 위에서 살펴본 4세기의 정가갑 5호묘 삼족오와 요녕성 조양지구 원나라 태자 벽화묘에서 발견된 삼족오가 보일 뿐이다(도판 11).

고구려에서 화려하게 부활하는 삼족오

한나라 이후 거의 사라진 삼족오는 고구려에서 화려하게 부활한다. 부활한 삼족오는 고구려 벽화무덤에서 오랜 세월 잠자다 깨어났다. 벽화무덤과 금동 베개모 장식에 등장하는 삼족오는 예술적으로도 그 완성도가 높다. 생동감 있는 디자인과 그 세련된 모습에서 동북아의 한 축으로 성장했던 고구려의 자신감을 엿볼 수 있다. 빛의 아들로 태어난 주몽의 후예답게 태양을 하늘 높이 날게 하는 원동력으로서의 삼족오를 통해 자신들의 웅혼한 기상을 드러내고 있다.

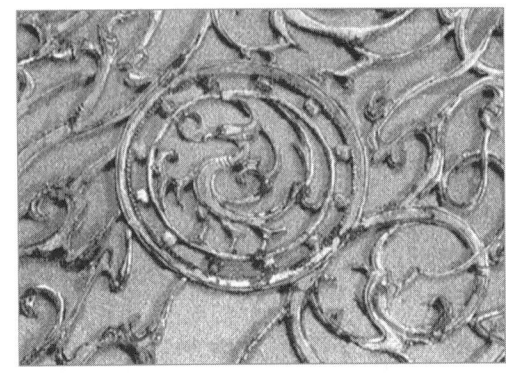

[도판 12] 평남 진파리 1호분 금동 베개 장식에 표현된 삼족오(6세기)

하지만 한반도에서도 삼족오는 고구려가 멸망하면서 그 모습이 점차 사라진다. 삼족오는 고려 초기의 대각국사 의천의 가사에 잠시 나타났다가 조선시대 중엽의 서산대사의 마음속에 살아난다. 서산대사의 시 속에 나타난 삼족오를 음미하고 넘어가자.

금강산 미륵봉에서 우연히 읊다(金剛山彌勒峰偶吟)

천지가 어찌 큰 쓰임을 다 거두리요(天地豈能籠大用)
귀신도 심오한 도리를 찾을 길 없네(鬼神無處覓玄機)
누가 아는가! 천 갈래 헤어진 누더기 속에(誰知一衲千瘡裏)
세 발 가진 금까마귀 한밤중에 나는 줄을(三足金烏半夜飛)[3]

특이하게도 고구려 이후의 삼족오는 승려들의 의식 속에서 그 명맥을 잇고 있다. 그것은 한민족의 정신에 흐르는 태양 관념과 불교의 대일大日여래가 만났기 때문인지도 모른다. 고려 중기에 선교 통합을 제창한 지눌에게 '불일보조佛日普照'라는 시호를 내린 것도 그런 맥락에서 읽을 수 있다.

그렇다면 한대 이후 중원에서는 사라진 삼족오가 고구려에서 화려하게

---

3) 휴정 지음, 법정 옮김, 『선가귀감 : 서산대사집(한국사상사대전집 22)』, 양우당, 1988, 271쪽.

부활했다가 한반도를 거쳐 일본으로 들어가 강한 생명력을 이어오는 까닭은 무엇일까? 그것을 단순히 중국의 삼족오가 요서와 요동을 거쳐 고구려로 전파되고 다시 일본으로 전파된 흐름만으로는 설명할 수 없다.

고구려 벽화에 나타나는 삼족오를 분석하면 그것이 중국의 영향을 받았다는 사실은 의심의 여지가 없다. 고구려 고분에서 발견되는 삼족오는 음양론과 결합되어 양의 상징인 태양 속의 삼족오와 음의 상징인 달 속의 두꺼비로 그리거나, 양과 음을 대표하는 상징으로 복희와 여왜를 그리면

오회분 4호묘 삼족오

오회분 5호묘 삼족오

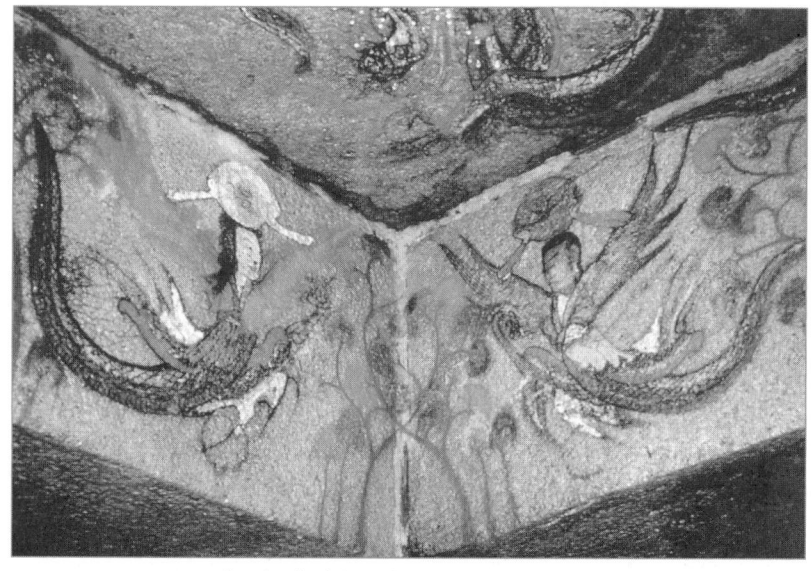
[도판 13] 집안 오회분 4호묘, 복희 여왜상

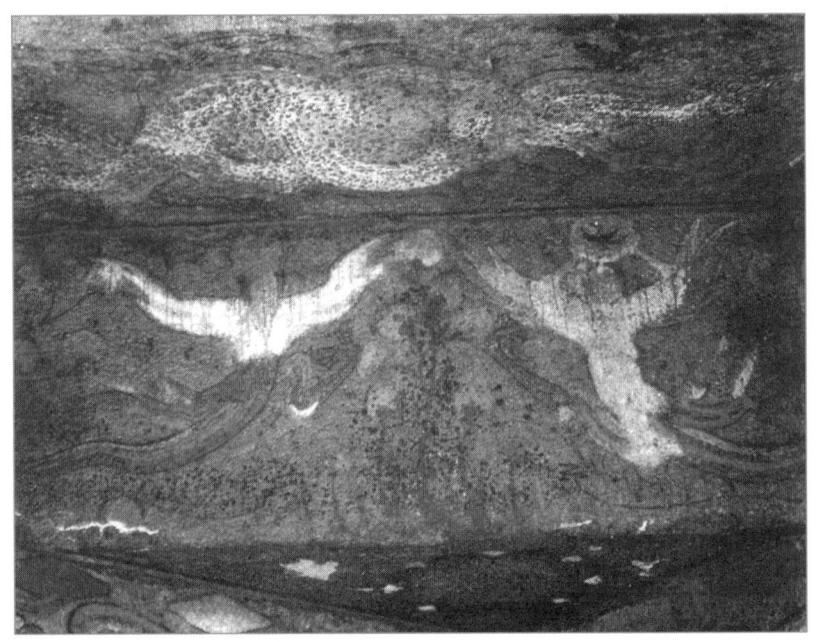

[도판 14] 집안 오회분 5호묘, 복희 여왜상

서 복희는 삼족오가 들어간 태양과, 여왜는 두꺼비가 들어간 달과 함께 그린 것에서 그러한 사정을 알 수 있다(도판 13, 14).

고구려의 복희여왜도를 보면, 서한 시기 낙양의 복천추묘의 복희여왜도가 시간이 지나면서 변형되고 삼족오가 삽입되었음을 알 수 있다. 복천추묘에서는 복희의 오른쪽에 태양을, 여왜 오른쪽에는 달을 그렸는데, 고구려 고분에서는 복희가 삼족오가 들어간 태양을 머리에 이고 있다. 또한 서한의 복희도에 그려진 태양새는 삼족오인지 확실하지 않지만 고구려 벽화에서는 삼족오가 확실하다.

이러한 정황들을 고려하면 고구려 고분의 삼족오는 중국의 영향을 받았음이 분명하다. 하지만 그것만으로는 중국에서 이미 사라진 삼족오를 고구려에서 매우 중요한 주제로 삼은 이유를 설명하기는 역부족이다.

태양신이나 영웅의 길 안내자인 까마귀

그렇다면 중국에서 힘을 잃게 된 삼족오를 고구려에서는 왜 그렇게 중요하게 생각했을까? 그 이유는 중국문화와 관계없는 어떤 이유가 있었기 때문일 것이다. 즉 중원지방이 아닌 고구려 독자적 혹은 다른 루트를 통해 들어온 문화 전파와 관련이 있을 것이다. 고구려 독자적인 것으로는 태양새에 대한 관념을, 문화 전파로는 초원의 길을 따라 들어온 까마귀에 대한 관념을 생각해볼 수 있다.

그중 삼족오가 고구려와 일본에서 오랫동안 생명력을 얻었던 것은 북방 초원루트를 통해 전파된 태양신의 사자로서의 까마귀에 대한 관념 때문이다. 북방유라시아 문화에서 바라보는 까마귀에 대한 관념은 일반적인 중국의 시각, 즉 삼족오는 양陽(3수)의 상징으로서의 '태양새'라는 시각과는 다르다. 고구려를 거쳐 일본에 전파된 삼족오에는 서쪽에서 동으로 확산된 북방문화의 요소가 들어 있다. 고구려 고분벽화에 북방 샤머니즘적 요소가 강하게 나타나는 것도 그러한 흐름이 반영되었기 때문이다.

까마귀는 페르시아에서 발생하여 로마에서 그 전성기를 맞았던 미트라교에서 '태양신'의 길 안내자 역할을 했다. 또한 그리스 신화에 등장하는 아폴론을 수행한 아리스테나스도 까마귀의 모습을 하고 있었다. 알렉산더 대왕과 관련된 일화에도 까마귀가 등장한다. 기원전 1세기 그리스 역사가 디오도로스의 『세계사』에는 알렉산더가 기원전 313년 사하라를 여행할 때, 모래언덕에서 길을 잃고 헤매고 있었는데 돌연 나타난 까마귀 두

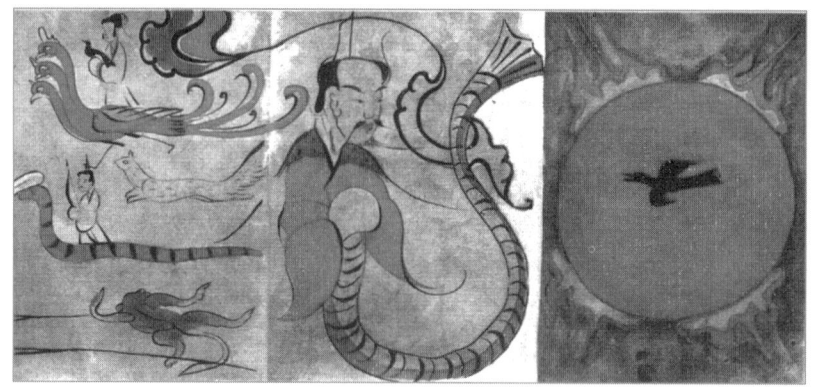

[도판 15] 서한 복천추묘 복희(가운데)와 까마귀가 그려진 태양

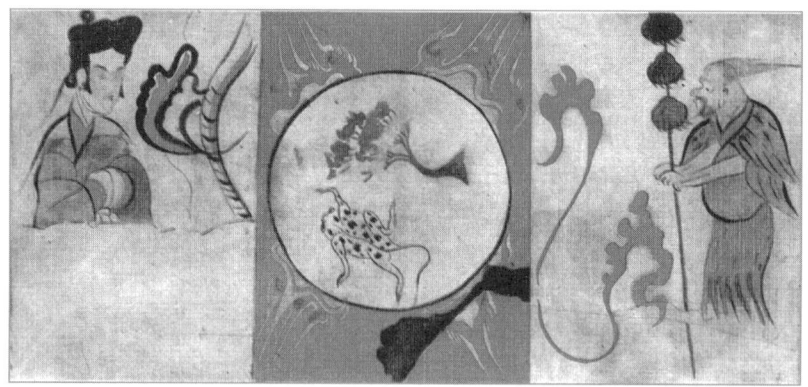

[도판 16] 서한 복천추묘 여왜(왼쪽)와 두꺼비가 그려진 달

마리의 길 안내를 받아 신전으로 가는 길을 찾았다는 기록이 있다.[4] 또한 북유럽 신화에서 전쟁의 신인 오딘에게 세상의 모든 정보를 수집해서 보고하는 임무를 맡은 후긴과 무닌도 까마귀이다.[5]

---

4) 김영균·김태은, 『탯줄코드』, 민속원, 2008, 230쪽.
5) 케빈 크로슬리-홀런드 지음, 서미석 옮김, 『북유럽 신화』, 현대지성사, 1999, 157쪽.

이와 같이 알타이산과 천산 너머의 세계에서 까마귀는 태양신 혹은 영웅의 길 안내자로 인식되고 있었다. 이러한 생각들이 한민족을 구성한 일부 엘리트 종족들의 동진과 함께 만주지역으로 전해진다. 필자는 부여족의 핵심 엘리트 종족이 프리기아인이었고, 신라 김씨 왕족도 몽골리언과 혼혈된 사카족이라고 주장한 바 있다. 이들의 동방이주 혹은 초원루트를 통한 문화 전파로 고

[도판 17] 아폴론이 칠현금을 타면서 헌주하는 모습, 기원전 470년

구려 지역에 까마귀가 태양신의 아들 혹은 영웅의 길 안내자란 의식이 전파되었다. 신채호도 일찍이 고구려의 문화가 페르시아의 문화에 닿아 있다고 간파한 바 있다.

유라시아 초원루트를 타고 동으로 전해진 까마귀에 대한 관념은 주몽을 수행했던 오이烏伊, 온조를 수행했던 오간烏干으로 이어진다. 잘 알다시피 주몽은 유화부인이 낳은 알에서 탄생한다. 그는 태양(알)의 아들이었다. 그런 주몽은 북부여의 왕자 대소의 시기와 질투를 피해 남쪽으로 달아난다. 그때 세 사람의 중요한 인물이 동행하는데, 그중에 오이烏伊라는 인물이 있다.

또한 고구려 초기 주몽이 북부여에 있을 때 낳은 아들인 유리가 와서 태자가 되자 배다른 형제인 비류와 온조는 태자가 자신들을 해칠까 두려워 남쪽으로 피한다. 이때 동행한 인물 중에 오간烏干이란 자가 있다.[6]

이들 오이·오간은 무리가 이동할 때 길을 안내하는 역할을 하기도 하

---

6) 『삼국사기』 「백제본기」·「고구려본기」.

[도판 18] 북유럽 신화의 오딘과 까마귀

고 어려운 상황에 봉착했을 때 하늘에 뜻을 묻는 샤먼의 역할도 했을 것이다. 실제로 유라시아 초원에서 까마귀는 사냥꾼의 길을 안내한다고 한다. 까마귀와 사냥꾼은 초원의 동업자인 셈이다. 초원에서 사냥꾼이 총을 들고 사냥을 나서면 까마귀는 하늘로 날아올라 사냥감이 있는 곳으로 날아간다고 한다. 그러면 사냥꾼은 그 방향으로 가 사냥감을 잡고 그 보상으로 까마귀에게 내장을 꺼내준다. 그들이 동업자임이 분명한 것은, 만약 사냥꾼이 총을 들고 나서지 않으면 까마귀는 사냥꾼에게 관심을 두지 않는다는 데서 알 수 있다.[7] 아마도 초원에서의 이러한 경험이 까마귀를 길 안내자로 인식하게 된 동기가 되었을 것이다.

일본으로 건너간 삼족오

이러한 태양신의 사자로서의 까마귀는 일본으로 건너간다. 신무천왕이 구마노(熊野)에서 야마토국을 침공하러 갈 때, 태양신인 천조대신(아마테라스 오미가미)이 보낸 세 발 달린 까마귀인 팔지오八咫烏가 천왕의 진군로를

---

7) 한스 요하임 파프로트 지음, 강정원 옮김, 『퉁구스족의 곰의례』, 태학사, 2007, 126~127쪽.

[도판 19] 일본 구마노 나지대사의 삼족오

안내해서 무사히 야마토에 들어갈 수 있었다(도판 19). 그 공로로 일본에서 삼족오는 천황가를 수호하는 새가 된다.

그런 연유로 지금까지도 일본 황실의전에는 까마귀 장대가 등장하는데, 그 유래가 『속일본기』「문무기文武紀」에 다음과 같이 기록되어 있다(도판 20). "701년 설날에 일본 왕궁 대문 앞의 왼쪽, 즉 동쪽에는 햇님기·청룡기·주작기를 세우고, 오른쪽에는 달님기·백호기·현무기를 세우고, 그 중앙에는 까마귀 장대(烏形幢)를 세우고, 문무백관과 신라 사신이 좌우에 서서 신년 축하식을 하니 그 식이 비로소 제대로 되었다."

태양새이자 태양신의 길 안내자인 삼족오는 일본으로 건너가 고구려보다 더 중요한 대접을 받고 있다. 일본에서는 황실뿐만 아니라, 일본 삼족오 신앙의 기원지인 구마노 지역의 신궁대사新宮大寺, 본궁대사本宮大寺, 나지대사那智大寺에서도 신사의 상징문양으로 삼족오를 사용한다.[8]

그 외에도 많은 신사에서 삼족오를 상징으로 삼을 뿐 아니라, 가문家紋으로도 사용한다. 일본에서는 지금도 축구협회의 엠블럼뿐만 아니라 각종 상품의 상표로도 삼족오를 사용한다. 이러한 사정을 모르고 2001년 『동아일보』는 "고구려 대표 상징물 삼족오, 일본축구협회 엠블럼 둔갑"이

---

8) 우실하, 『동북공정 너머 요하문명론』, 소나무, 2007, 360쪽.

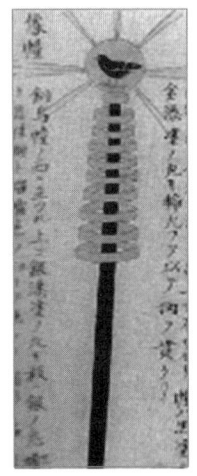 

[도판 20] 천황즉위식 때 사용한 일상당日像幢의 삼족오

[도판 21] 명치천황(1867~1912년 재위)이 즉위식 때 입은 곤룡에 보이는 삼족오

라는 제목의 기사를 냈다. 이는 물론 삼족의 발생과 전파의 흐름을 오해한 기사였다.

앞에서 살펴본 대로, 삼족오 문화는 중원에서 동북으로 전파된 문화와 서쪽에서 초원을 타고 동으로 이동한 문화가 고구려에서 만나 화려한 꽃을 피우고 다시 바다를 건너 일본으로 날아갔다고 보는 것이 타당하다. 따라서 삼족오를 고구려의 전유물처럼 생각하는 것은 잘못이다.

삼족오 다리는 왜 세 개일까?

현재까지의 고고학 자료만 놓고 볼 때, 삼족오는 황하 중류지역의 신석기문화인 앙소문화기에 나타나서 상나라, 주나라를 거쳐 전국시대까지 그 맥을 유지했다. 그러나 전한 시기가 되면 태양새로서의 까마귀의 다리가

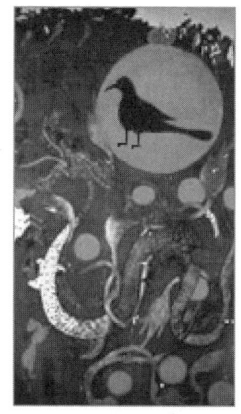 

[도판 22] 마왕퇴 비단그림의 삼족오 　[도판 23] 전·후한 교체기인 신나라 때의 벽화

두 개인 것이 많이 나타난다. 단순히 태양새로서 표현한 것을 알 수 있다. 전한 초기의 무덤인 호남성 장사시 마왕퇴 유적에서 나온 비단에 그려진 까마귀도 다리가 두 개이고(도판 22), 앞에서 제시했던 전한의 복천추묘에 그려진 까마귀도 삼족을 강조하지 않은 일반 까마귀이다(도판 15). 전·후한 교체기인 신나라 때의 낙양 무덤벽화에 그려진 까마귀도 다리가 두 개다(도판 23).

　이는 당시까지도 삼족오에 대한 개념이 정확하게 정립되어 있지 않았음을 말한다. 그렇다면 중국에서 삼족오란 명칭은 언제부터 사용했을까? 문헌상으로는 전한시대에 나온 것으로 추정되는 『춘추원명포春秋元命包』라는 책에서이다. 음양론의 논리에 따라서 '양陽 가운데 가장 큰 양'인 태양太陽을 상징하는 까마귀에 '양의 수'인 세 개의 다리를 붙여 놓았다고 한다. 태양이 양陽이고, 3이 양수陽數이므로 까마귀의 발이 세 개라는 것이다.[9]

---

9) 우실하, 『동북공정 너머 요하문명론』, 소나무, 2007, 379쪽.

[도판 24] 둔황의 삼위산

[도판 25] 『칠교도보』에 보이는 봉우리가 세 개인 삼신산

그러나 그것은 음양론을 반영하여 설명한 것이다. 삼족오는 음양론과 상관없이 신석기시대의 앙소문화기에 이미 나타나고 있다. 따라서 삼족오의 기원은 다른 데서 찾아야 한다.

삼족오의 다리가 세 개인 이유는 태양의 운행에 초점을 맞추어야 할 것 같다. 단군신화에 보면 환웅이 하강한 곳은 삼위태백이다. 그 삼위태백에서 삼족오의 비밀을 찾을 수 있다. 『중문대사전』에는 삼위태백을 다음과 같이 설명한다. "삼위는 이적夷狄이 삼봉을 일컫는 말이다."[10] 즉 삼위태백이란 봉우리가 세 개인 태백산이라는 것이다. 실제로 둔황에 있는 삼위산은 멀리서 보면 봉우리가 세 개다(도판 24). 상나라 주나라의 청동기에 새겨진 금문에도 삼봉산이 보인다(도판 26). 그런데 조선후기 『칠교도보』라는 장난감 책에 보이는 삼신산도 봉우리가 세 개다(도판 25).

이 삼신산은 필자가 환웅족이라고 지적한 공공족이 활동하던 앙소문화의 채색토기에도 보인다(도판 27). 삼봉산을 삼위산으로 부른 이적夷狄 집단은 바로 요임금 말년에 북경으로 밀려난 공공족의 교화대상이었다.

10) 『中文大辭典』, "三危夷狄謂山有三峰者."

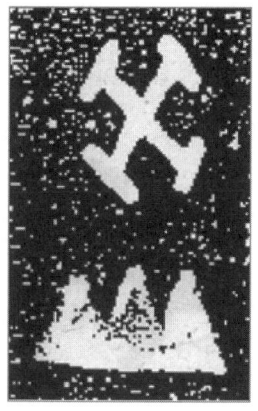

[도판 26] 금문의 삼봉산   [도판 27] 앙소문화 채색도자기

이러한 자료들을 검토해보면 삼위태백산이자 삼신산은 공공족이 이동하면서 남긴 문화코드일 가능성이 매우 높다.

삼신산에서 떠오르는 태양새

이제 결론을 내려보자. 삼족오는 바로 삼신산을 이동하면서 떠오르는 태양을 세 마리 까마귀로 상징한 것이다. 다시 말하면 관찰자 혹은 신시神市가 있는 공간의 동쪽에 삼신산이 있다고 가정했을 때, 제일 오른쪽 봉우리에서 동지 해가 뜬다면, 중앙 봉우리에서는 춘분과 추분의 해가 뜨고, 왼쪽 봉우리에서는 하지 해가 뜬다. 이러한 순환은 매년 반복된다.

이것을 관찰자의 관점에서 합치면 세 봉우리에서 세 마리의 까마귀 태양이 떠오른다고 가정할 수 있다. 이러한 관념이 반영된 것이 삼족오라는 것이 필자의 견해이다. 즉 삼족오는 영원히 삼신산을 순환하며 떠오르는 태양을 의미한다.

지금까지 살펴본 내용을 토대로 판단했을 때 삼족오는 고구려를 상징하는 문장이라고 볼 수 없다. 삼족오는 유라시아 문화의 흐름 속에서 그 맥을 읽어야 하며, 고구려에서 화려하게 부활한 측면은 강조할 수 있지만 그렇다고 그것이 고구려 독자적인 문화의 산물은 아니었음을 이해해야 한다. 필자의 생각으로는 경주의 호우총에서 나온 궁륭을 나타낸 기호가 고구려의 문장이었을 가능성이 높다.

| 제4장 |
궁륭은 하늘을 숭상한 고구려의 문장이다

나라마다 국기가 있다

각 나라나 왕실마다 자신들을 나타내는 상징적인 기를 사용한다. 일본의 일장기, 중국의 오성홍기, 영국의 유니언 잭, 미국의 성조기, 몽골의 소욤보 등은 모두 그 기 안에 상징을 담고 있다. 일본의 일장기는 다른 말로 '히노마루'라고도 부르는데, 이는 '해의 원'이란 뜻이다. 해가 뜨는 나라 일본이라는 국가 이미지와 일본 창세신화에 나오는 태양 여신의 이미지가 담겨 있다.

중국의 오성홍기는 붉은색 바탕에 한 개의 큰 별과 네 개의 작은 별 그림으로 구성되었다. 왼쪽의 큰 별은 중국 공산당을, 네 개의 작은 별은 노동자, 농민, 학생 및 지식인을 나타낸다. 붉은색은 공산주의와 혁명, 별의 노란색은 공산주의의 밝은 미래와 중국인의 종족성을 나타낸다. 오성홍기의 다섯 별은 당나라 때부터 중국인들이 하늘의 중심별로 생각한 북극 오성에서 아이디어를 차용한 것이다.

미국의 성조기는 초기 연방에 참여한 13개 주를 나타내는 13개의 붉은색 선과 최종적으로 연방에 참여한 50개 주를 나타내는 흰색 별로 구성되었다. 곧 여러 주가 연합해서 나라가 탄생했음을 상징한다. 영국의 유니언

[도판 1] 중국 오성홍기

[도판 2] 미국 성조기

[도판 3] 영국 유니언 잭

[도판 4] 몽골 국기의 소욤보

잭은 연방에 참여한 잉글랜드, 스코틀랜드, 아일랜드를 상징하는 십자가들을 조합한 것이다. 역시 여러 집단이 연방해서 나라를 세웠음을 나타낸다.

몽골 국기의 소욤보는 맨 위에 몽골민족의 번영을 상징하는 불꽃을 상징화했고, 그 아래에 "몽골 백성들의 아버지는 젊은 달님이고, 그들의 어머니는 황금의 태양이다"라는 설화를 반영한 해와 달을 표현하고 있다. 삼각형은 창이나 화살을 가리키며 적을 방어하는 상징이 있으며, 사각형은 '모든 사람에게 성실히 봉사하라'는 의미이고, 태극형의 두 마리 물고기는 남자와 여자를 상징하는 동시에 물고기가 지닌 수호신적 성격을 반영하여 몽골의 영원성을 바라는 것이다.[1]

대한민국의 국기인 태극기는 흰 바탕의 한가운데에 진홍빛과 푸른빛의 음양태극을 그리고, 사방 대각선상에 검은빛 사괘를 그린다. 태극기는 아쉽게도 역易에 바탕을 둔 것으로 대한민국의 역사문화 전통이나 대한민국의 이념을 담기에는 아쉬운 점이 있다. 중국의 음양론과 주역사상이 지나치게 강조됨으로써 한민족 특유의 정신문화를 상징한다고 보기 어렵다. 따라서 앞으로 맞이하게 될 통일한국은 한민족의 정신유산과 미래의 희망을 담은 새 국기를 만들었으면 한다.

---

1) 장장식, 『몽골민속기행』, 자우출판, 2002, 346~347쪽.

치우족의 문장

이와 같이 각 나라의 국기에는 그 나라를 대표하는 상징이나 국가 기원을 알 수 있는 상징들이 조합되어 있다. 이것은 고대에도 마찬가지이다. 고대 중국에서는 각 부족마다 다양한 형태의 족휘, 즉 그 부족을 나타내는 기를 사용했다. 그래서 '족族'자는 같은 기치 아래 많은 사람이 모인 대집단이란 뜻을 가지고 있다. 상나라 갑골문의 족자는 큰 기치 아래 여러 사람이 있는 형상이다.[2] 그러한 족휘에는 그 집단의 연원을 알 수 있는 상징들이 그려져 있다.

한국사람들이 많은 관심을 가지고 있는 치우족의 족휘를 보면 그 종족의 연원을 이해할 수 있다(도판 5). 그림은 치우족을 나타내는 족휘인데, '아亞'자형 단 안에 발자국과 뱀을 그리고 있다. 여기서 우리는 세 가지 단서를 얻을 수 있다. 먼저 아자형 단인데, 이는 북극성을 중심으로 한 천단을 나타내는 기호이다. 따라서 치우집단은 오래전부터 북극성 신앙을 모시던 집단과 연결되었음을 알 수 있다.

두 번째는 발자국이다. 이는 전설시대에 치우 씨족의 조상이 어떻게 탄생하였는가를 가르쳐주는 단서이다. 발자국을 밟고 태어난 최초의 전설상의 인물은 복희이다. 전설에 따르면 화서華胥라는 처녀가 뇌택雷澤이라는 곳에서 놀다가 거인의 발자국을 발견하고는 자기도 모르게 따라갔다고 한다. 그 발자국은 뇌택의 주인인 뇌신雷神의 것이었다. 발자국을 따라간 처녀는 뇌신과 사랑을 나누고 복희를 낳았다. 치우의 족휘에 나타나는 발자국은 바로 치우족이 복희계 전설의 계승자임을 나타낸다. 복희여왜도를 보

---
2) 허진웅 지음, 홍희 옮김, 『중국 고대사회』, 동문선, 1993, 516쪽.

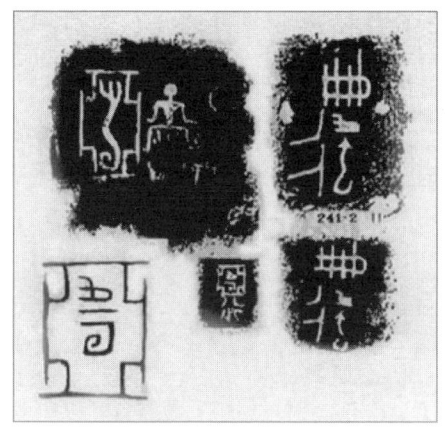

[도판 5] 치우족을 나타내는 족휘

[도판 7] 공공족 족휘

[도판 6] 7세기 중국 이스타나 고분 복희여왜도

면 뇌택의 주인이 뱀이었음을 알 수 있다(도판 6).

세 번째는 족휘에 보이는 뱀 형상이다. 이는 치우계가 뱀(구렁이)을 숭배하던 집단이었음을 의미한다.

이를 종합하면 많은 사람들이 한민족의 조상이라고 믿는 치우족이 가지고 있던 의식세계를 읽을 수 있다. 족휘에 나타난 치우족은 북극성 신앙을 하던 집단이며, 복희를 계승한 집단이자 뱀을 숭배(토템으로 믿던)하던 사람들이었음을 알 수 있다. 치우에 관해서는 5장에서 다시 자세히 다룬다.

제4장 | 궁륭은 하늘을 숭상한 고구려의 문장이다 107

또한 필자가 환웅족이라고 주장하는 공공족 족휘를 보아도 그 집단의 의식과 토템 동물을 이해할 수 있다. 공공족 족휘에도 아자형 제단이 보이고, '공工'자형의 우주목이 보이며 그 사이에 태양과 뱀이 있다. 이는 공공족이 북극성(북두칠성)을 신앙하던 집단이며 우주목을 통해서 북극성과 소통했으며, 태양과 뱀(구렁이)을 숭배하던 집단이라는 것을 말한다.

경주에서 고구려 때 제작한 호우 발견

앞 장에서 고구려의 삼족오는 중원에서 동북으로 전파된 문화와 서쪽에서 초원을 타고 동으로 이동한 문화가 고구려에서 만나 탄생한 것이며, 삼족오는 한반도를 거쳐 바다를 건너 일본으로 날아갔다고 했다. 따라서 두 길로 들어온 태양새인 까마귀가 고구려에서 부활했지만, 그것을 고구려의 문장으로 보기는 어렵다고도 했다.

그렇다면 고구려에 왕실 문장은 있었을까? 있었다면 어떤 것이었을까? 왕실 문장이 있었다면 그것은 자신들이 천손족임을 나타내는 상징기호였을 것이다. 『삼국사기』「고구려본기」에는 주몽이 천제의 아들인 해모수의 아들이라 했으며, 그가 부여를 떠나 남으로 도망치다 강을 만나 위급할 때도 "나는 천제의 아들이요, 하백의 외손"이라고 외치자 강에서 물고기와 자라가 나타나 그를 구해주었다고 했다. 광개토대왕 비문에도 주몽이 천제의 아들(天帝之子)이라 기록되어 있다. 고구려에서 문장을 채택했다면 이러한 의식을 반영한 도안을 사용했을 것이다. 다행히도 고구려의 문장으로 추정되는 것이 경주에서 발굴되었다. 경주의 호우총에서 출토된 광개토대왕 호우壺杆가 그것이다.

[도판 8] 경주시 노서동 고분군에 있는 호우총 전경

호우총은 사적 제39호로 지정되어 있는 노서동 고분군에 속하는 무덤으로, 1946년 발굴되었다(도판 8). 호우총은 광복 이후 국립중앙박물관이 한국 최초로 정식 발굴한 고분이다. 호우총에서는 당시 고구려와 신라의 교섭관계를 짐작할 수 있는 중요한 유물들이 많이 출토되었다.

그중 대표적인 것이 청동호우이다. 청동호우는 덧널 안에서 출토되었는데, 고구려에서 광개토대왕을 기념하여 415년(장수왕 3년)에 만들었다는 명문이 밑바닥에 새겨져 있다. 때문에 학자들은 이 그릇이 광개토대왕을 기념하기 위하여 장수왕 3년에 고구려에서 제작하였을 것으로 추정한다. 고구려에서 만들어져 신라에 보내졌던 것이다.

광개토대왕 시절의 신라는 삼국 중에서도 가장 약한 나라였다. 백제는 나름 고구려와 대결하고 있었고, 신라는 왜인들의 침탈에 힘들어 하고 있

제4장 | 궁륭은 하늘을 숭상한 고구려의 문장이다

었다. 이러한 구도 속에서 광개토대왕의 고구려와 신라는 상당히 친밀한 관계를 유지했다. 그 자세한 사정이 광개토대왕 비문에 전한다.

'임나일본부설'의 빌미가 되었던 광개토대왕 비문에 의하면 왕이 즉위하던 신묘년(391년)에 왜를 해상전에서 물리쳤으며, 그 후에도 왜가 백제와 연합하여 신라를 공격하자 광개토대왕은 몸소 신라를 돕기 위해 군대를 끌고 내려오기도 한다. 그해가 396년이다. 그 일이 있은 지 3년 뒤에는 신라왕이 고구려에 구원을 요청한다. 다음 해인 경자년(400년)에 왕이 보병과 기병을 합쳐 5만 명을 보내 신라를 구하게 하였다. 당시 신라는 고구려의 도움으로 나라를 보위할 수 있었음을 보여주는 대목이다. 이러한 역사적 상황을 이해하고 보면 왜 광개토대왕을 기념하기 위해 제작한 호우가 신라의 수도에서 발견되었는지를 가늠할 수 있다.

[도판 9] 청동호우의 명문 위 중앙에 # 문양이 보인다.

호우에 보이는 #의 비밀

호우의 바닥에는 명문이 새겨져 있는데 그 상단에 무언가를 상징하는 문양이 보인다. 바로 궁륭(#)처럼 보이는 문양이다. 이 문양은 다른 고구려계 유물에도 자주 등장한다. 청동호우에 새겨진 위치로 보아 그것은 무언가 중요한 의미를 담고 있었던 것으로 추정할 수 있다. 고구려에서는 이 문양을 왕실 문장으로 사용한 것 같다.

대부분의 사람들은 이 문양을 우물 정井자로 이해하고, 그것이 주몽신화에 등장하듯이 물의 신 하백河伯의 자손임을 나타낸다고 본다. 소설가 최인호는 『왕도의 비밀』(1995)에서 고구려계 유물에 보이는 # 문양의 비밀을 찾아 나선다. 그는 '#'은 만주지방과 요하지방부터 중국의 발해만 지역에 폭넓게 나타나는 동이족의 신화, 즉 '여왜와 복희'의 신화에 기반을 둔 기호로 이해했다. 즉 '#'는 '여와'의 달을 표시한다는 것이었다. 최인호는 다양한 추적 끝에 이 문양이 호태왕의 문장인 것을 확인한다. 그는 호태왕, 즉 광개토대왕의 충실한 신하였던 모두루의 묘실 벽에 새겨진 "天帝之子 河伯之孫 東明聖王"이란 글에서 답을 찾았다. 그는 호우총에서 나온 청동그릇에 보이는 '#' 문양을 '하늘의 아들이며, 하백의 손자'임을 내세우는 표지라고 했다. 즉 하늘과 물의 신의 직계 후손임을 강력하게 내세우던 문양이라는 것이다.

과연 그런가? #이 하늘의 자손임을 나타내는 것은 분명하다. 그러나 그 의미는 최인호가 해석한 것과 약간 차이가 난다. 그것은 고구려인들의 북두칠성을 포함한 하늘 숭배의식과 관련 있다. 고구려인들의 칠성숭배는 2장에서 말했듯이 필자가 환웅족이라고 가정한 공공족이 가져온 신앙이다. 2장에서 설명했듯이 고구려인들은 중국 중원 사람들과 다른 독자적인 하늘사상과 별자리 신앙을 가지고 있었다. 고대 천문도를 연구한 김일권 교수에 따르면 고구려의 무덤벽화에는 북두칠성과 나란히 묘사한 삼성三星 별자리가 있으며 이 전통은 고려시대까지 이어지는데, 이와 같은 양식의 천문도는 중국에는 없다고 한다. 이는 환웅족이 가지고온 천문의식이 독자적으로 계승된 결과이다.

#은 광개토대왕의 문장으로 천손임을 나타낸다

그렇다면 고구려 왕실 혹은 광개토대왕이 궁륭(#) 문양을 자신의 문장으로 사용한 배경은 무엇일까? 그 비밀은 칠성신앙과 관련된 우리 무속에 잘 보존되어 있다. 무속화에는 칠성, 환인제석, 삼불제석만이 고깔모자를 쓰고 등장한다. 그런데 이들 이외의 신령들은 고깔을 쓰지 않는다. 왜 이들만 고깔모자를 쓸까? 그것은 그들의 문화사적 뿌리와 관련 있다.

무속에서 고깔모자를 쓰는 신령들은 삼한시대 별읍으로 하늘과 귀신을 섬기던 소도에 세워진 우주나무을 타고 하늘에 올랐을 때 만날 수 있는 동일한 하늘 주인의 다른 이름이다. 우리 무속에 보이는 고깔모자는 유라시아 문명사에 두루 보이는 고깔모자와 동일한 기원을 갖는다. 바로 그 고깔모자와 광개토대왕을 기념하는 청동호우의 궁륭 문양은 북극성을 중심으로 하는 하늘을 섬기던 사람들의 우주생명관과 관련 있다. 즉 호우의 궁륭(#)은 하늘의 궁륭을 받드는(廾) 사람들이 자신들이 칠성님 즉 환인(천제)의 자손임을 나타내기 위해서 사용한 문양이다.

이는 '고깔 변(弁)'자가 어떻게 만들어졌는가를 보면 알 수 있다. 아래 도표에서 대만계 캐나다 학자인 허진웅은 '고깔 변'자와 '명령할 령'자가 만들어지는 과정을 잘 설명하고 있다(도판 10). 갑골문과 금문에 보이는 고깔 변弁은 양쪽에 뿔과 같은 장식이 있고 중앙이 높은 첨두형의 모자를 상형하고 있다. 그리고 진나라 때의 소전체로 표기된 변弁자는 손으로 삼각형 모양의 하늘을 받들거나, 손으로 궁륭형穹隆形의 하늘을 받드는 모습을 하고 있다. 이때 궁륭은 북극성을 중심으로 하늘의 중앙은 높고 사방은 낮은 것을 상형한 것이다. 이러한 형태의 궁륭을 두 손으로 떠받들

商 甲骨文	周 金文	秦 小篆	漢 隸書	現代 楷書
 (그림)	 (그림)	 (그림)	 弁	覚 弁 머리에 장식이 있는 변弁형을 쓰고 있다. 손으로 삼각형의 변弁형을 받들고 있다. 손으로 궁륭형의 변弁형을 받들고 있다.
 (그림)	 (그림)	 令	 숙 令 令	令 모자를 쓴 사람이 호령을 내릴 수 있다는 뜻을 나타내고 있다.

[도판 10] '고깔 변자'와 '령'자의 형성과정

고 있는 형상을 글자로 표현한 것이 고깔 변弁자이다. 따라서 고깔 변자는 고깔모자를 쓰고 하늘을 받드는 사람, 즉 제정일치 시대의 군주나 제사장 등의 모습을 상형한 것으로 이해할 수 있다.

두 손으로 북두칠성을 받들던 사람들

또한 이 변자는 크게 보아 하늘을 받드는 것을 상형한 것이지만, 좁게는 하늘의 중심에 있는 북두칠성(북극성)을 받드는 것이다. 중국의 서법과

문자사를 연구한 모작무牟作武는 '두 손으로 관을 받드는 것을 변(雙手擧冠爲弁)'이라고 했다(도판 11). 모작무가 관이라고 설명하면서 그린 것을 보면 하나는 뱀을 상형한 것이고, 두 번째는 삼각형의 궁륭을 상형한 것이며, 세 번째의 것은 뱀을 상형한 것인데 활 궁(弓)형으로 그렸다. 이는 이들 세 요소가 동일한 것을 상징하고 있다는 것을 말한다.

이러한 상징을 담고 있는 변관을 쓴 사람들은 중국 고대사회에서 신의 뜻을 전달하던 사람들로 백성들을 이끄는 지도자였다. [도판 10]에 보이는 '령(令)'자의 형성과정을 보면 알 수 있다. A자처럼 보이는 것은 고깔모자로, 령(令)자는 그것을 쓴 사람을 상형한 것이다. 허진웅은 령(令)자는 고깔모자를 쓴 사람이 호령을 할 수 있다는 뜻을 나타낸다고 설명한다.[3] 즉 명령을 내리는 사람은 '하늘님'의 대리자인 것이다. 우리 무속에서 신령(하늘님)의 뜻을 전달하는 고깔모자를 쓴 무당이 공수를 하는 장면을 생각하면 이해가 될 것이다. 호우의 #은 바로 하늘을 나타내는 궁륭이었던 것이다. 그것은 하늘의 자손이자 칠성의 자손이라는 한민족의 원형적인 의식을 담고 있는 상징이다.

우리는 무당이 굿을 할 때 쓰는 고깔이나, 스님들이 승무를 출 때 쓰는 고깔모자가 갖고 있는 상징성에 대해서 잘 모르고 있었다. 그러나 위와 같이 이해하고 보면 그 모자가 가지고 있던 비밀 속에는 우리 민족의 뿌리를 추적할 수 있는 단서가 들어 있었던 셈이다.

환웅과 마찬가지로 단군도 하늘의 뜻을 잘 섬기면서 널리 인간을 이롭게 하고자 했던 무리의 지도자였다. 천지간의 소통, 보이는 것과 보이지 않는 것의 소통, 모든 생명이 하나의 고리로 연결되어 있음을 자각한 바탕에

---

3) 허진웅 지음, 홍희 옮김, 『중국 고대사회』, 동문선, 1993, 52쪽.

双手举冠为"弁" —

[도판 11] '고깔 변'자의 상형문

[도판 12] 궁륭을 받드는 모습

[도판 13] 중국의 미술사학자 왕대유는 전설시대의 인물인 염제(왼쪽에서 네 번째)가 고깔을 쓴 것으로 설명하고 있지만, 이는 공공의 상이어야 옳다.

서 서로 상생하고자 하는 정치, 그것이 단군이 바라던 정치였다.

고깔모자는 중원에서 공공족 지도자가 쓰던 모자다. 이 전통은 그들이 동북지역으로 이주해서 맥족인 웅녀족과 만나 형성한 단군시대로 이어졌고, 그들의 북두칠성 숭배와 관련한 하늘 숭배 전통은 맥족이 주류를 이룬 고구려에 전달되었다. 바로 이러한 전통을 상징으로 도상화한 것이 청동호우에 보이는 궁륭형 문양(#)이며, 고구려 왕실은 이것을 왕실의 문장 혹은 광개토대왕의 문장으로 사용했던 것이다.

| 제5장 |

바위에 새겨진 발자국은 치우의 흔적

담시선인이 노닐던 김해 초선대

한민족의 뿌리를 문화코드로 풀어보기 위해 필자는 꾸준히 선사유적지를 답사하고 있다. 문헌자료가 부족한 선사시대 연구에 있어 암각화나 선사인들의 종교 흔적은 매우 중요한 자료이다. 그것들은 선사인들의 정신세계를 읽을 수 있는 상징언어다. 한반도에 머물던 선사인들의 정신세계를 엿볼 수 있는 상징코드 중 하나가 '장수 발자국'이다. 우리나라에서 제일 큰 장수 발자국을 따라 김해 초선대로 가보자.

초선대를 가기 위해 부산에서 낙동대교를 건너면서 오른쪽으로 고개를 돌리면 금정산 고당봉이 보인다. 강을 건너면 오른쪽이 신어산이다. 신어산의 신어는 수로왕릉 정면에 새겨진 두 마리 물고기를 뜻하며 그 신어는 가락국의 상징이다. 신어산에서 내려오는 강줄기와 시내 방향의 14번 국도가 만나는 초선대 삼거리에서 남쪽으로 400여 미터를 가면 나지막한 봉우리가 하나 나온다. 담시선인이 노닐었다는 초선대招仙臺다. 『동국여지승람』은 가락국의 2대왕인 거등왕이 칠점산의 선인 담시를 이곳으로 초대하여 거문고와 바둑을 두며 서로 즐겼다고 적고 있다.

지금은 초선대가 육지에 나지막하게 솟아오른 봉우리 형태를 하고 있지만, 거등왕과 담시선인이 노닐 때는 바다 속에 떠 있는 일점 봉우리로 선경의 모습을 하고 있었다. 그곳에는 김해지역에서 찾아보기 힘든 우람한 바위들이 약 200~300평 정도의 공간에 흩어져 있다. 돌들은 모두 화강암으로 그 모양이 둥글고 아름답다. 고대인들이 바위를 신성하게 생각했다는 점을 고려하면 이곳은 아주 이른 시기부터 종교적 공간으로 활용되었을 것이다.

초선대 입구에는 커다란 바위가 하나 우뚝 솟아 있는데, 그 서쪽 면에

[도판 1] 초선대 입구의 아미타불, 앞에 보이는 바위에 발자국이 있다.

고려시대에 새긴 것으로 보이는 아미타불이 있다(도판 1). 서방극락세계의 주불인 아미타불이 서쪽을 바라보며 중생들을 맞이한다. 아미타불의 발 앞에는 제법 큰 바위가 하나 있다. 그 바위 위에 인공으로 판 것이 분명한 커다란 발자국이 있다. 이 발자국이 언제 새겨졌는지 현재로서는 정확히 알 수 없지만 아미타불보다는 이른 시기에 조성되었음이 분명하다.

초선대 바위에 새겨진 발자국은 우리나라 선사시대 발자국 중 제일 크다. 발의 길이는 1미터 7센티미터, 폭은 55센티미터이다(도판 2). 거인의 발자국이다. 조상들은 어떤 목적으로 이와 같은 거대한 발자국을 바위에 새겼을까? 선사시대의 암각화에 표현된 그림이 가지고 있는 상징들을 이해하면 한민족 초기 공동체의 구성원들의 의식을 이해할 수 있을 뿐 아니라 그 구성원의 뿌리도 가늠해볼 수 있다.

필자는 10여 년 전 초선대를 처음 답사했다. 그때의 추억이 지금도 생생하다. 그곳에 장수 발자국이 있다는 정보를 가지고 찾아갔다. 그러나 30분 이상 조그만 동산을 샅샅이 뒤졌지만 발자국이 보이지 않았다. 실망한 나머지 돌아가려고 하는데 50대 초반으로 보이는 남자가 점퍼를 입고 바위무더기 입구의 반대쪽에서 올라왔다. 눈이 마주치자 나는 가볍게 눈인사를 했다. 그런데 그 남자가 대뜸 "장수 발자국 바위"를 보러왔는데 찾을 수 없다고 했다. 순간 나는 몸에 전기가 오른 것처럼 찌릿한 느낌을 받았다.

[도판 2] 초선대 장수 발자국

그에게 장수 발자국에 대해 물었다. "바위에 선명하게 장수 발자국이 있었어요. 내가 초등학교 그러니까 6·25가 막 끝났을 무렵 이곳에 소풍을 왔었어요. 그때 기억이 오늘 아침에 문득 떠올라 40여 년 전의 그 장수 발자국을 보러왔는데 보이질 않네요." 정말 재미있는 일이다. 답사여행을 다니면서 가끔씩 경험하는 일이지만, 생각지도 않은 우연으로 중요한 유물이나 유적을 접할 때가 종종 있다.

그 남자는 이야기보따리를 계속 풀어놓았다. "당시 내가 4~5학년이었는데 하도 신기해서 그 발자국 크기를 손으로 재어도 보고 그 위에 누워보기도 했어요." 그 남자는 소풍을 다녀와서 할머니에게 장수 발자국에 대해서 물어 보았다고 했다. 할머니는 "옛날 장수 한 분이 여기 초선대에 한 발자국을 딛고, 송산에 한 발자국 딛고는 명지 쪽으로 갔다"고 말씀하

120 바람 타고 흐른 고대문화의 비밀

셨단다. 그는 나에게 옛날에 있었던 이야기를 전해주고는 돌아갔다. 그의 말에 확신을 가지고 한참을 헤맨 끝에 장수 발자국을 찾았다.

장수 발자국

완도지역에 전해지는 고인돌 전설에도 고인돌에 새겨진 발자국에 관한 것이 있다. 그 전설에 따르면 '어떤 장수가 여수서 제주도로 건너가려고 그 바위를 디뎌 한 발로 건너가려다 실패해서 떨어졌는데 그 발자국이 바위에 새겨졌다'고 한다.[1] 이 장수 발자국 이야기는 후대에 만들어진 것으로 판단된다. 그것은 본래 뇌신이 머물고 있음을 나타내는 것이다.

바위에 새겨진 발자국은 선사시대 암각화에 많이 보인다. 경주 석장리나 포항 칠포리, 안동 수곡리 발자국은 다른 암각화들과 함께 그려져 있으며 작은 편이다. 필자는 초선대의 발자국과 같이 단독으로 새겨진 발자국도 여럿 확인하였다. 충북 괴산군 청천면에 있는 공림사의 장수 발자국, 청도 풍각면의 장수 발자국, 경남 진주시의 장수 발자국, 경남 울산시 언양읍 작천정 부근의 장수 발자국, 경주 소금강산 백률사 법당 앞의 발자국 등이 그것들이다(도판 3).

백률사 법당 앞, 비스듬하게 생긴 큰 바위의 윗부분에 발자국 두 개가 새겨져 있다. 백률사는 경주 시내의 북쪽에 위치한 소금강산에 있다. 법흥왕 14년(527년)에 불교의 전파를 위하여 이차돈이 왕과 상의하여 순교를 자청했을 때, 그의 목을 베자 젖이 한 길이나 솟았고, 하늘에서는 꽃비가 내렸다고 한다. 그의 잘린 목이 하늘 높이 솟구쳐 올랐다가 떨어진 곳이 지

---

1) 주강현, 『마을로 간 미륵(1)』, 대원정사, 1995, 239~240쪽.

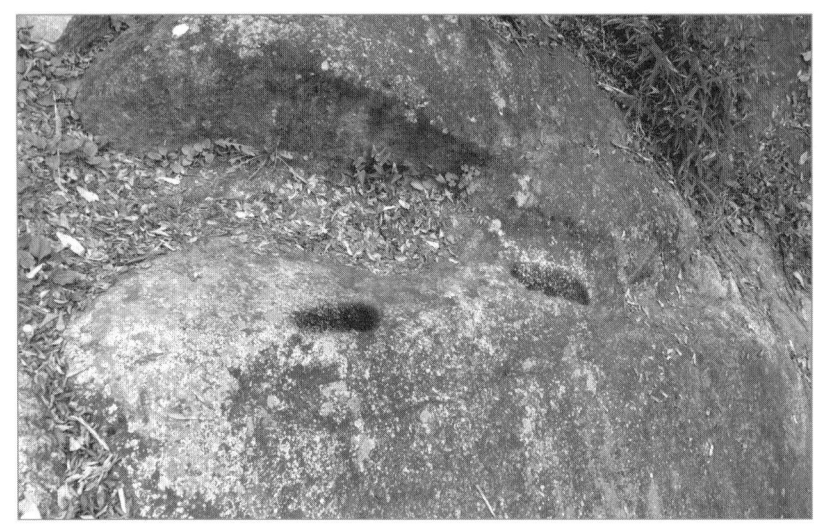

[도판 3] 경주 소금강산 백률사 마당 바위에 새겨진 발자국

금의 백률사 자리였다고 한다. 이차돈이 순교한 다음 해인 법흥왕 15년에 그곳에 절을 세우고 자추사라 했는데, 훗날 백률사로 이름이 바뀌었다. 헌덕왕 9년(817년)에 새워진 그의 순교비는 지금 경주박물관에 전시되어 있다(도판 4).

당시 이차돈이 순교한 배경은 토착종교와 불교의 갈등 때문이었다. 그런 정황을 고려하고 보면 이차돈의 머리가 소금강산 중턱에 떨어진 것이나, 그곳에 절을 세운 데는 그만한 연유가 있었을 것이다. 전설의 행간에서 우리는 그곳이 토착신앙의 성지였을 가능성을 읽을

[도판 4] 백률사에 있던 이차돈 순교비

[도판 5] 안동 수곡리 발자국, 청동기시대

수 있다. 이차돈이 죽음으로써 신이한 이적을 보여 토착신앙을 제압하고자 한 의도를 전설로 전하고 있는 것이다. 그러한 터에 있는 '발자국'은 불교 이전 토착신앙의 신앙 대상이었음이 분명하다.

일연 스님은 『삼국유사』에서 그 발자국에 관한 전설을 다음과 같이 전한다. 세간에서 말하기를 "백률사에 모셔진 관음보살이 언젠가 도리천에 올라갔다가 돌아와 법당으로 들어갈 때 밟았던 돌 위의 발자국이 아직도 지워지지 않고 남아 있다." 혹은 말하기를 "효소왕 때의 국선 부례랑이 지금의 원산 통천 지역으로 유람을 갔다가 말갈족에게 잡혔는데, 관음보살이 그를 구하여 돌아올 때 보였던 자취이다."[2]

이 기록에서 우리는 두 가지 정보를 얻을 수 있다. 첫째, 일연스님이 활동하던 13세기 후반에는 이미 '장수 발자국'이 가지고 있던 본래의 상징성

---

2) 일연, 「백률사」, 『삼국유사(하)』.

제5장 | 바위에 새겨진 발자국은 치우의 흔적 **123**

이 사라지고 불교적 의미로 둔갑해 있었다는 것이다. 둘째, '장수 발자국'이 13세기 후반 이전에 만들어졌다는 것이다. 그렇지만 토착종교와 불교의 갈등을 고려할 때 발자국은 이차돈 순교 이전에 만들어진 신앙 대상물로 보아도 큰 무리는 없다.

산에도 강 절벽에도 신의 발자국이

백률사의 발자국과 그 크기가 비슷한 것이 백률사에서 멀지 않은 석장리 암각화에도 보이는데(도판 6), 석장리 암각화는 선사시대 조상들이 남긴 것이다. 석장리 암각화의 발자국은 면을 쪼아 만든 것으로 선으로 그린 암각화보다 시간이 앞선다. 학자들은 대체로 이 발자국이 안동 수곡리(도판 5)의 발자국과 함께 청동기시대에 조성된 것으로 생각한다(임세권, 송화섭, 김길웅).

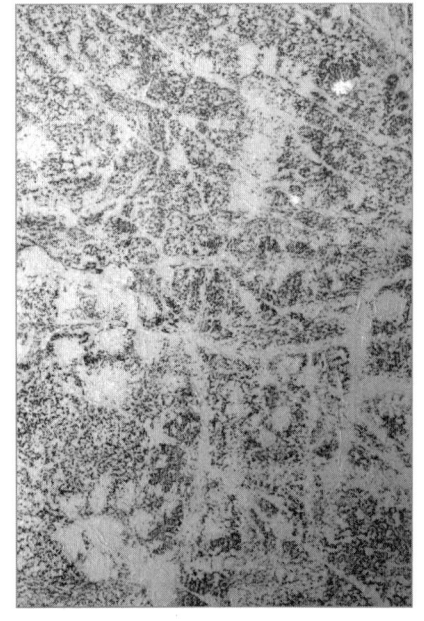

[도판 6] 경주 석장리 암각화 탁본 부분

그렇다면 한반도 도처에 보이는 이 발자국은 어느 시대 어떤 사람들이 어떤 목적으로 새겼을까? 문화사에서는 일반적으로 발자국은 성자의 표시나 그의 방문을 의미한다고 해석한다. 초기 불교미술에서도 석가모니의 존상을 직접 표현하지 않고 보리수, 보좌, 법륜, 불탑, 부처님 발자국 등 상징적으로 표현했다(도판 7). 즉

[도판 7] 서기 1세기 인도에서 제작된 부처님 발자국(대영박물관 소장)

부처의 발자국으로 부처를 표현한 것이다.

이들 발자국이 어떻게 바위에 그려졌는지를 연구하면 조상들의 의식세계와 혈맥에 대해서 가늠할 수 있다. 초선대 전설처럼 그것이 장수발자국일까? 아니다. 그것은 후대에 만들어진 이야기이고 이 발자국은 동이족의 이동과 관련해서 풀어야 한다.

동이족의 기원이 되는 중국 전설상의 복희의 탄생신화에 '거인의 발자국'이 나타난다. 앞 장에서 살펴보았듯이 '화서라는 처녀가 뇌택에서 놀다가 거인의 발자국을 따라가서 뇌신과 사랑을 나누고 복희를 낳았다.' 복희는 여왜와 함께 인류를 창조하고 혼인제도를 만들었다는 전설상의 인물이다. 그러한 복희의 문화를 계승한 동이족 수장 치우족도 발자국과 뱀이 그려진 족휘를 가지고 있었다. 이는 그가 복희의 문화를 계승했음을 의미한다.

그런 치우족이 북경 서북쪽에 있는 판천 들에서 황제와의 전투에서 패했을 때, 그들의 일부가 동으로 이동했을 수 있고, 하북이나 산동지역에 머무르던 치우의 후예들이 후대에 동북으로 이주해서 한반도로 들어왔을 수도 있다.

이러한 관점으로 보면 선사시대 바위에 새겨진 발자국은 동이족인 치우족의 성소로 뇌신이 강림하는 곳으로 볼 수 있

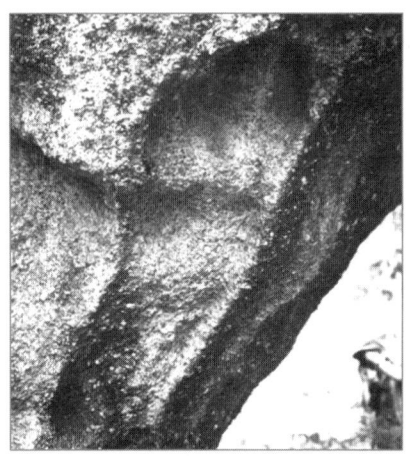
[도판 8] 충북 괴산군 청천면 공림사 장수 발자국

다. 그 발자국이 뇌신의 것이었다면, 그곳에서 우리 어머니들은 명석하고 훌륭한 아이를 낳게 해달라고 빌었을 것이다. 치우처럼 말이다.

동이의 '이夷'자는 큰 뱀(구렁이)을 상형한 것

필자가 환웅족으로 생각하는 공공족과 웅녀가 결합한 사람들, 즉 단군숙신(기존의 단군조선)의 후예들이 진한지역의 선주민이라고 했을 때, 자장스님은 그들을 '동이공공東夷共工'이라고 표현했다. 즉 진인辰人들의 무리에는 공공족과 동이족이 섞여 있었다는 것이다.

복희에서 치우로, 치우에서 소호로 이어지는 동이계는 동일한 혈족으로 보기는 어렵다. 치우를 이해할 수 있는 단서로 그의 족휘(종족의 문장)나 그가 그려진 화상석을 들 수 있다. 상고시대의 문화 흐름으로 볼 때, 복희는 동북 시베리에서 남하하여 산동지방을 거쳐 서쪽으로 이동한 세력으

로 볼 수 있다. 그리고 치우는 남쪽 동정호 부근에서 북상하여, 발해만 지역에서 태동한 소호세력과 산동지역에서 연합하였다. 이들이 중국 고대문헌에 나오는 범 동이족이라고 할 수 있다.

우리는 동이란 말을 자연스럽게 사용하고 있다. 그러나 동이가 정확히 어떤 집단인지에 대해서는 논란이 많다. 과연 동이란 어떤 문화코드를 가지고 있던 종족일까? 먼저 동이의 '이夷'가 가진 원래의 의미부터 알아보자.

서울대 동양사학과 이성규 교수는 '이'에 대해서 다음과 같이 지적했다. 『설문해자說文解字』에서 '夷'를 "大와 弓이 결합된 형태로 동방의 人을 의미한다"고 해석한 이래 소수맥의 특산 맥궁, 그리고 명궁이었다는 고구려 시조 이름 주몽이 '활을 잘 쏜다'는 의미였다는 것 등과 연결하여 '이'는 활을 잘 쏘는 동방 민의 특성을 표현한 것으로 흔히 해석하는 것은 잘못이라고 지적했다. 또한 상고 동이의 군장으로서 활을 잘 쏜 것으로 유명한 예와 결부시켜 예의 동이와 고구려의 동이를 동계로 주장하는 사람도 있지만 이 또한 잘못이라고 지적했다.

그 이유로 그는 갑골문과 금문의 '夷'는 모두 사람이 허리를 앞으로 굽히고 쪼그리고 앉아 있는 형태, 즉 '尸' 또는 '人'과 비슷하며, 갑골문과 금문의 석독은 모두 '시尸'로 표기한다는 점을 들었다.

이성규 교수는 '이'가 동이를 지칭하는 문자로 사용되기 시작한 정확한 연대는 알 수 없지만, 빨라도 전국 중기 이후의 일이라고 분석했다. 따라서 선진 문헌에서 동이를 의미하는 '시'는 전국 중기 이후 모두 '이'로 고쳐졌을 것이다. 그러므로 '이'가 동이의 '활을 잘 쏜다'는 특성을 표현한 문자라는 전제 아래 상고 동이 문제를 논하는 것은 금물이다.[3] 필자도 동의한

---

3) 이성규, 「중국 고문헌에 나타난 동이관」, 이성규 외 지음, 『동북아시아 선사 및 고대사

다. 그러나 아직도 많은 사람들은 동이가 '활을 잘 쏘는 사람'들의 후손인 것처럼 오해하고 있다.

이성규 교수의 주장에 따르면 동이의 '이夷'자는 '큰(大)+활(弓)'과는 아무 상관이 없다. 그렇다면 '이'자가 가리키고자 한 본래의 뜻은 무엇일까? 그것은 전국시대 이전 '이'자에 해당하는 '시尸'자에서 그 실마리를 풀어야 한다. '시'자에는 시동尸童의 의미가 있다. 즉 제사 지낼 때 신위 대신에 신주를 모시는 의자에 앉히는 어린아이를 가리키기도 했다. 이는 '시'자에 죽은 자의 영혼을 상징하는 의미가 있음을 말한다.

'죽은 자의 영혼'을 상징하는 '시'가 중원의 동쪽에 살던 사람들의 문화 코드였다. 그들은 바로 '시'라는 조상의 영혼 혹은 만물의 영혼을 숭배하던 집단이었던 것이다. 이렇게 이해하고 '이夷'자를 새로운 눈으로 풀이하면 답이 나온다. '夷'를 파자 하면 '大+弓'이 된다. 여기서 대는 크다는 의미이고, 궁은 뱀(구렁이)을 가리킨다. 따라서 '夷'는 '큰 뱀(구렁이)'을 상형한 것이다. 4장에서 '고깔 변자'를 설명할 때 모작무가 설명한 '변'자에서 '弓'자가 뱀을 가리킨다고 한 것을 참고하기 바란다(4장 도판 11). 이夷, 즉 큰 뱀은 복희를 임신시킨 뇌신의 신체이기도 하고, 치우의 족휘에 보이는 큰 뱀이기도 하다. 즉 동이는 뱀을 대표 토템으로 하는 집단을 가리키는 말이다.

치우는 동이 인방의 뱀 토템족

시베리아 샤머니즘에서 뱀은 사람의 영혼을 상징한다. 이는 복희에서 출발한 동이족에도 그대로 적용된다. 뱀을 생명의 영혼을 상징하는 동물

연구의 방향』, 학연문화사, 2004, 15쪽 각주 4.

[도판 9] 복희의 후예인 수修족 족휘

로 생각했음은 그림에 보이는 다른 동이족 족휘에도 표현되었다(도판 9).

치우라는 이름에도 그가 어떤 종족인가를 알 수 있는 정보가 들어 있다. 중국 미술사학자 왕대유는 치우蚩尤 두 글자 모두 뱀을 상형한 것이라 주장한다.[4] 치우의 '치蚩'자는 '아亞'자 속에 있는 치우 족휘를 모사한 글자다(도판 10). 그리고 그 족휘의 아랫부분은 사람의 대퇴골을 그린 것으로 그 족휘가 나타내는 것은 '뇌택에 찍힌 신룡神龍의 발자국'이다. 또한 『황제사경黃帝四經』「십대경十大經」에는 치우를 '之尤'로 칭했는데, 이때 '지之'는 고문에서 '지止'로 쓰며 그 뜻은 '용의 흔적(龍迹)' 혹은 '용의 발자국(履龍迹)'이라는 의미가 있다(참고로 용이라는 개념이 성립되기 이전에는 뱀이 용의 역할을 하였다).[5]

다음으로 그의 이름자인 '우尤'자를 보자. '우'자는 뱀이 신목을 감싸고 오르는 모습을 상형한 것이다(도판 9 참고). 그런데 그 모양이 상징하는 것은 동이 인방의 뱀족 집단의 토템이다.[6]

이와 같이 복희로부터 시작하여 동이족에게 면면히 내려오는 문화코드

---

4) 王大有, 『三皇五帝時代』, 中國社會出版社, 2000, 184쪽.
5) 王大有, 『中華龍鳳文化』, 中國社會出版社, 2000, 92쪽.
6) 王大有, 『三皇五帝時代(上)』, 中國社會出版社, 2000, 187쪽.

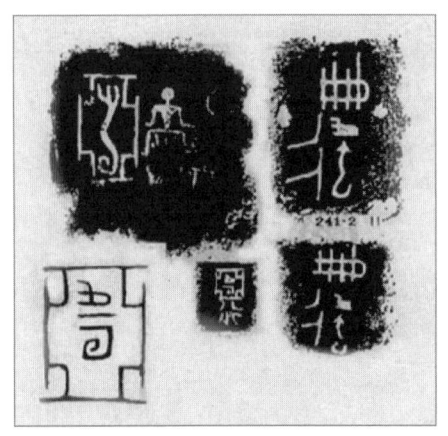
[도판 10] 치우족의 족휘(문장)

는 뱀 토템이다. 뱀을 주 토템으로 했던 동이족에게 뱀은 곧 조상과 사람의 영혼이었던 것이다. 그래서 전국시대 중기 이전에 이夷를 나타냈던 '시尸'가 후대까지 '시동'의 의미를 갖게 된 것이다. '이'자에 사용된 '궁'자가 뱀이자 조상의 영혼을 나타내고 있음은 한자 '조甪'자로도 알 수 있다. 조자는 죽은 조상의 영혼이 신목을 타고 오르는 모습을 상형한 것이다.

최남선은 "어느 설문을 읽어보아도 夷의 진의는 밝혀지지 않은 듯하다"고 하면서, "夷의 자형은 거의 대시大尸(尸자 속에 두 二자를 넣은 글자)에서 온 것이다. 대시大尸는 즉 대인大人으로 중국 고전에 동방에 대인大人국이 있다고 한 것도 실은 동이를 가리킨 것이다"라며 '이'자의 원형이 '시'자에 있음을 인정했다.[7] 그리고 서진 말기부터 동진 때의 학자인 곽박郭璞은 『산해경』「해외동경海外東經」에 나오는 '사비지시奢比之尸'의 시를 신으로 해석했다.[8]

이러한 견해들을 종합해보면 전국시대 이전의 '尸'는 곧 조상의 영혼을 나타내는 동시에 그것은 당시 동쪽에 살던 사람들의 의식에서 뱀을 의미했고, 최남선이 생각한 '大尸'는 곧 큰 영혼(뱀)인 셈이다. 큰 영혼을 가지고

---

7) 최남선, 「불함문화론」, 이홍규 엮음, 『바이칼에서 찾는 우리 민족의 기원』, 정신세계원, 2005, 29쪽.
8) 정재서 역주, 『산해경』, 민음사, 1993, 252쪽. '奢比之尸', '肝楡之尸'.

있는 사람이 '大人'이다. 큰 영혼(뱀)을 다르게 표현한 것이 바로 '큰(大)+영혼(뱀, ㄹ)'으로 '夷'인데, '夷'자는 왕대유의 주장처럼 큰 나무을 타고 천상으로 오르는 조상의 영혼을 상형한 글자로 보는 것이 옳다.

복희의 호랑이 토템도 계승한 치우

치우계는 복희계의 문화전통을 계승했음이 분명하다. 그러나 그가 복희계의 혈맥을 계승했는지는 앞으로 더 많은 연구가 필요하다. 대부분의 중국학자들이 주장하듯이 치우가 남방에서 올라온 사람들이라 하더라도 복희계와 결합하여 복희의 문화뿐만 아니라 그의 성姓까지 이어받은 것으로 보아 그는 복희의 진정한 계승자다. 치우가 복희의 계승자임은 그가 황제에게 잡혀 죽은 후 그의 차꼬와 수갑을 버렸더니 풍목楓木이 되었다는 『산해경』의 기록으로도 짐작할 수 있다. 그것은 그의 조상이 풍씨 성이라는 것을 말하는데, 태호복희씨의 성이 바로 풍성風姓이다.

치우가 풍씨 성이였다는 사실은 중국의 묘족에게 전승되고 있다. 지금도 중국 호남성 성보현에 사는 묘족사람들은 풍신楓神(곧 치우)에게 제사지낸다. 뿐만 아니라 귀주성의 묘족이 부르는 『묘족고가苗族古歌』「풍목가楓木歌」에 실린 "풍수楓樹가 매망을 낳았네, 풍수가 매류를 낳았네……"라는 노래는 곧 그들이 치우를 조상으로 보고 있음을 의미한다.

어찌되었든 복희문화의 뱀 토템을 계승한 치우족은 중원문화에 지대한 영향을 미쳤다. 중국에 남은 치우족은 묘족의 조상이 되었고, 동쪽으로 이동한 치우족은 한민족의 초기 구성원의 일부가 되었다.

서장에서도 말했듯이 민족의 역사가 만세일계식으로 계승되었을 것으

[도판 11] 남북조시기의 진강화상전鎭江畵像磚에 보이는 천신 치우상

[도판 12] 귀주성 묘족의 자수에 보이는 치우상

로 볼 필요는 없다. 물론 사실도 그렇지 않다. 각각의 종족은 교류와 흐름이라는 물결을 타고 자연스럽게 섞여 살았다. 지구의 평균 기온이 3~5도 정도의 변화를 보일 때마다 북에서 남으로, 남에서 북으로, 또는 동서로 사람들이 이동했다는 사실을 인정해야 한다. 오늘날 중국의 저 많은 인구 대부분이 한족이라고 하는데, 과연 한족이 동일한 혈통일까? 한족은 그야말로 잡탕 혼혈족이다. 크게 보아 서쪽에서 천산을 넘어온 사람들, 동북지

역에서 서남으로 이동한 사람들, 남방에서 북으로 이동한 사람들이 섞여서 지금의 한족을 형성하고 있다.

후대의 치우상을 보면 그도 여러 종족의 연합세력이었음을 알 수 있다. 자료를 보자. 남북조시기의 진강에서 나온 벽돌에 치우상이 그려져 있다(도판 11). 이 그림을 보면 치우가 호랑이 형상의 얼굴을 하고 적의 목으로 보이는 사람을 매달고 있다. 또한 귀주성 묘족의 자수에 표현된 치우상에도 호랑이가 있다(도판 12). 왜 그가 호랑이 모습을 하고 있을

[도판 13] 하남 복양시 서수파 무덤

까? 그것은 그가 계승한 복희가 호랑이와 뱀을 토템을 하고 있었기 때문이다.

고고학 자료를 하나 더 보자. 1987년 산동성과 경계지점에 있는 하남성 복양시濮陽市 서수파西水坡 앙소문화 유적지 1호묘에서 놀랍게도 기원전 4400년경의 용과 호랑이 형상물이 발견되었다(도판 13). 서수파의 묘에는 묘 주인을 가운데 두고 동쪽에는 용 형상물(길이 1.78미터)이 서쪽에는 호랑이 형상물(길이 1.39미터)이 배치되어 있었다.[9] 왕대유는 이 무덤의 주인에 관해서 매우 재미있는 주장을 한다. 그에 따르면 이 무덤은 탁록전쟁에 참

---

9) 中国考古学會, "濮阳县西水坡仰韶文化蚌图遗址",『中国考古学年鉴』, 1989年; 濮阳市文物管理委员会·濮阳市博物馆·濮阳市文物工作队, "濮阳西水坡遗址试掘简报",『中原文物』, 1988年, 第1期.

여했던 용족 사람들이 치우의 시신을 수습하여 비밀리에 조성한 것이라고 한다.[10] 또 다른 중국학자 이계생李繼生은 이 무덤을 '복희를 수령으로 하는 용족과 호족이 서쪽으로 이동하여 중원으로 향한 증거'로 보기도 한다.

용호문화의 주인공 복희·치우

왕대유가 황당한 주장을 한 것일까? 필자도 그의 주장을 읽으면서 처음에는 반신반의했다. 그러나 그럴 가능성이 전혀 없는 것은 아니다. 그 무덤이 치우의 무덤은 아닐지라도 복희계 혹은 그의 문화를 계승한 치우계 수장의 무덤일 가능성은 얼마든지 있다.

우리도 단군이 특정한 한 사람이 아니라 단군조선 임금의 호칭이라고 알고 있다. 치우도 특정한 사람을 가리키는 것이 아니고 구려족의 수장을 가리키는 이름이었다. 『사기정의史記正義』에는 "구려의 임금 칭호가 치우다"라고 나온다. 따라서 그 무덤의 주인공이 탁록대전을 이끌었던 치우는 아니더라도 구려족의 임금이었던 다른 치우일 가능성은 있다. 그 지역이 구려족의 강역이었기 때문이다.

과연 그럴 수 있는지 한번 따져보자. 그 무덤이 치우의 무덤일 가능성을 추정해볼 수 있는 근거가 있다. [도판 14]를 보면 무덤 주인공의 좌우에 용과 호랑이를 배치하고 있다. 이는 마치 풍수지리에서 좌청룡, 우백호를 배치한 듯한 인상을 준다. 중국학자 이학근은 이 유적의 연구를 통해서 사신도의 기원이 서수파에서부터 기원했다는 논문을 발표하기도 했다.[11]

---

10) 王大有, 『三皇五帝時代(上)』, 中國社會出版社, 2000, 218쪽.
11) 李学勤, "西水坡 '龙虎墓' 与四象起源", 『中国社会科学院研究生院学报』, 1988年, 第5期.

[도판 14] 용호준龍虎罇, 상나라시대

서수파 무덤 주인공은 용과 호랑이가 자신들을 보호하는 신령한 존재라고 믿었음이 분명하다. 그렇다면 무덤의 주인공은 용과 호랑이를 토템으로 하는 집단에 속했을 것이다.

필자는 여기서 아주 중요한 관점 하나를 제시하고자 한다. 신석기 초·중기의 어느 시기에 중국의 동부지역과 동북지역에는 흔히 우리가 자주 사용하는 '용봉문화'에 대응하는 '용호문화'가 있었다. 그 문화의 주인공 혹은 창시자가 바로 복희일 가능성이 있으며, 서수파 무덤은 바로 그 '용호문화'의 산물일 것이다.

일반적으로 복희여왜도가 '사람머리에 뱀의 몸'을 한 남녀가 서로 엉켜 있는 것을 보고 복희가 뱀(용) 토템족일 것이라고 생각한다. 그러나 복희의 또 다른 토템은 바로 호랑이였다. 『열자列子』에는 복희가 뱀의 몸에 사람 얼굴, 소의 머리에 호랑이 꼬리를 한 모습이라고 기록하고 있다. 왕대유도 복희는 여왜씨족 중에 서쪽으로 이동한 한 지파인 호족虎族이었다고 주장

[도판 15] 감숙 채도 덮개(마가요문화 반산 유형, 기원전 3300~2050년). 왕대유는 사진에서 볼 수 있는 마가요문화의 채도 그림을 '인면호·사人面虎·蛇 복합문'이라고 본다.

한다.[12)]

호족인 복희가 중국 서부와 서남지역의 문화에 면면히 이어져오는 것도 그들이 서쪽으로 이동했음을 반증한다. 중국 감숙지구 채도문화에 관한 책인 『홍황수영』에는 복희와 호랑이가 관련이 있음을 보여주는 내용이 많이 담겨 있다. 그 내용 중 일부를 보자.

서부지역에 복희·여왜 전설이 많이 있다. …… 감숙 동부에 있는 위하 중류의 천수天水 지구는 사서에 기록된 '복희의 고향'이다. 그곳에는 지금도 복희가 팔괘를 그렸고, 여와가 흙으로 사람을 만들었다는 전설이 민간에 다량으로 전해지고 있다. 또한 그 일대의 지명중에 복희와 밀접한 관계에 있으면서 호랑이와 관계 있는 지명이 있다. 복희·여왜에 관한 신화전설은 총체적으로 호랑이와 밀접한 관계가 있다. 그와 같은 관계는 감숙 채도나 민속학적 재료에서 상당히 많이 증명된다(도판 15). 마가요 채도 중에 호

---

12) 왕대유 지음, 임동석 옮김, 『용봉문화원류』, 동문선, 1994, 18쪽.

랑이 머리장식이 많이 있다. 고고학상 마가요문화의 분포구역이 바로 후래의 사서에 기재된 강인姜人들의 활동지역이다. …… 강족의 후예인 장족藏族은 지금도 축제나 제의 때 쓰는 가면에 호랑이를 표현하고 있고, 강족의 후예인 이족彛族에서 분화한 나시족納西族 부조장식에도 호랑이가 있다.[13]

호랑이 등에 타고 있는 복희는 산신도의 기원

또한 서부지역 복희족의 주 활동지역이었던 천수지역의 복희상은 일반적으로 양손으로 팔괘를 잡고 앉아 있으며, 복희는 호랑이의 등에 올라타고 있다. 이는 그가 호랑이와 밀접한 관계가 있음을 암시한다.[14] 9세기경 둔황지역의 그림 중에 호랑이 등에 타고 있는 인물상(구법승)이 있다(도판 16).[15]

호랑이 등에 올라타고 있는 신령스러운 인물 하면 한국사람의 머릿속에 저절로 떠오르는 것이 있다. 바로 절에 가면 흔히 볼 수 있는 산신도다(도판 17). 필자는 호랑이 등에 타고 있는 복희상이 바로 한민족의 산신상과 동일한 기원을 가질 것으로 짐작한다. 이 두 문화는 과거 수천 년 전에 중국의 동북지역에서 발생해서 두 갈래로 갈라졌다. 한반도에서 아직도 그 세력을 잃지 않고 있는 산신의 뿌리가 흐릿하게 보이지 않는가? 눈을 감고 영화 필름을 빨리 돌리듯 과거로 돌아가보자. 대륙의 동쪽 숲에서 내려온

---

13) 林少雄, 『洪荒燧影』, 甘肅敎育文化出版社, 1999, 193쪽; 운남의 이족문학을 연구하는 이들은 복희의 원생 토템이 호랑이라고 주장한다. 왕대유 지음, 임동석 옮김, 『용봉문화원류』, 동문선, 1994, 182쪽.
14) 林少雄, 『洪荒燧影』, 甘肅敎育文化出版社, 1999, 194쪽.
15) 국립중앙박물관, 『중앙아시아 미술』, 1986, 33쪽.

[도판 16] 구법승도, 호랑이를 타고 있다. 둔황 9세기

[도판 17] 도당 산신, 1800년대

한 무리가 남으로 내려가 산둥반도로, 서로 이동해 감숙·청해로, 다시 남으로 이주해 운남·귀주성으로 들어가는 모습이 보일 것이다. 한 무리는 일찌감치 한반도로 혹은 산동으로 갔던 무리가 역으로 동북을 거쳐 한반도로 이동했을 것이다.

만주의 호랑이 산신이 한반도로

앞에서 최남선이 '夷'자는 대시大尸에서 온 것이며, 대시는 즉 대인大人으로 중국 고전에 동방에 대인국이 있다고 한 것도 실은 동이를 가리킨 것이라고 한 것을 기억할 것이다.

『산해경』「해외동경」을 보면, 대인국 북쪽에 군자국이 있는데, 군자국 사람들은 두 마리의 무늬 호랑이를 부려 곁에 두고 있다고 했다.[16] 최남선은 군자국의 이러한 모습을 우리 민속의 산신 혹은 독성의 자태를 묘사한 것으로 보았다.[17] 『산해경』에 나오는 군자국은 지금의 요동지역으로 비정된다. 이 호랑이가 주민들과 함께 동해 바닷가로 이사를 가 예濊에 살았다고 가정하면 무리일까? 그곳이 동예이니 그들의 조상은 서쪽 어딘가에 살았을 것이다. 『삼국지』「예전」에, 예인들은 "호랑이에게 제를 올리고 신으로 모셨다"고 한 것은 군자국 사람들의 이동과 관련 있을 가능성이 있다.

이렇게 가정하고 보면 단군신화를 그냥 지나칠 수가 없다. 단군신화에 나오는 호랑이부족, 그들은 어쩌면 탁록대전에서 패하고 동북으로 이주해서 요서지역의 홍산문화 주변에서 곰부족과 이웃하며 살던 치우족일 가능성이 있다. 연구해볼 가치가 있다.

만약에 복희 족속이 동방에서 발흥해서 서방으로 이주했다면 동방에도 그들의 호랑이문화가 남아 있을 것이다. 그 실례가 바로 앞에서 본 서수파 신석기시대 묘에 보이는 호랑이다. 그리고 치우나 묘족으로 전승된 호랑이문화도 그 증거이다.

또한 홍산문화와 한국문화와의 연계성을 다루는 입장에서 좀 더 추론해 보면 복희씨의 문화는 원래 동시베리아의 어렵·수렵문화인들의 남하와 관련이 있을 가능성을 고려해야 한다. 그 지역은 호랑이와 뱀을 가장 일찍 숭배한 지역 중의 하나다. 이들 북방인들이 남하하여 발해만 지역과 그 이남지역으로 이주했을 가능성은 최근의 고고학적 발굴과 유전학적

---

16) 정재서 역주, 『산해경』, 민음사, 1993, 252, 286쪽.
17) 정재서 역주, 『산해경』, 민음사, 1993, 252쪽.

조사를 통해서 뒷받침되고 있다.

하지만 아직은 그 가능성을 증명할 수 있는 고고학적 유적이 많지 않다. 다만 복희나 치우의 토템 중 하나인 용(뱀) 토템상이 가장 일찍 조성된 지역이 요서지역을 비롯한 동북지역이란 점과 동시베리아 삼림지역을 비롯한 동북아시아 지역이 호랑이 토템의 요람지라는 점은 시사하는 바가 크다.

호랑이와 뱀 토템의 치우가 새 토템과 결합

한·중 학계에는 치우의 발상지와 이동에 관한 다양한 견해가 있다. 먼저 중국학자들의 견해를 보자. 1930년대에 몽문통은 염제계, 치우, 곤을 양자강 지역 문화를 주도한 동이계로 보았다. 1940년대의 서욱생은 동이집단은 태호와 복희, 그리고 치우집단을 말하는데 이들은 산동과 하남, 그리고 강소운하의 동쪽에서 활동했다고 보았다. 1990년대의 하신은 절강, 강소지역의 하모도, 마가빈, 양저문화 등 남방계 문화에 속하는 족속이라고 보았다.

최근까지 북경대 교수를 역임한 전백찬은 치우는 묘족이라고 하면서 그들은 서남쪽에서 중원으로 이주했다고 보았다. 왕대유는 치우족의 발상지가 산동지역이긴 하지만 그들이 동이족이라고 단정하지는 않는다. 그는 치우민족은 동이족과 융합 혹은 연맹한 후에 비로소 고도의 문명과 강력한 군사력을 갖게 되었다고 본다. 이와 같이 치우에 대한 중국학자들의 견해는 다양하다. 한국에서는 김상기나 송호정은 치우를 묘족으로 보고 있으며, 재야의 대부분은 동이계로 본다.

[도판 18] 남북조시기 진강화상전에 보이는 치우상

[도판 19] 남북조시기 강소성 진강화상전의 치우상

위와 같은 다양한 견해가 있다는 것은 그만큼 치우족을 정확하게 이해하기 힘들다는 것을 의미한다. 문헌자료가 부족한 상태에서 치우를 정확하게 이해하기는 힘들다. 그러나 문화사적인 관점에서 그를 이해하면 조금 더 진실에 다가갈 수 있다.

앞에서 살펴본 대로 치우는 복희의 문화를 계승했음이 분명하다. 그가 북쪽에서 내려왔건, 산동이나 회하지역에 자생했건, 아니면 남쪽에서 올라왔건 그가 동이의 전통을 계승한 세력임에는 틀림없다. 그런 그가 또 다른 동이인 소호족과도 융합했음을 보여주는 자료가 있다. 남북조시대 강소성 진강에서 나온 벽돌 그림의 치우는 새의 모습을 하거나, 새와 뱀을 조합한 형상이다(도판18, 19). 이 그림은 어떻게 이해해야 할까?

이는 가장 이른 시기의 용호문화가 소호세력의 부상으로 용봉문화로 넘어가는 시기에 치우세력이 새 토템족인 소호세력과 연합했음을 의미한다. 『월절서越絕書』 외기인 「계아내경」에 "옛날 소호씨가 서방을 다스릴 때 치우가 보좌했다"는 내용이 전한다. 이는 신석기시대 후기에 오면서 각 지역에서 성장한 세력들이 중원에서 만나면서 인종적·문화적 교류가 심해졌던 상황을 반영한다.

치우에 대한 새로운 견해

치우는 복희의 후예로 뷔름 빙기의 마지막 시기에 동시베리아에서 남하한 사람들의 후예일 가능성이 있다. 초기에 시베리아를 떠난 이들은 따뜻한 땅을 찾아 남으로 내려가 호남의 동정호 부근에 정착한다. 뒤이어 기온이 상승하는 시기에 발해만 인근에서 세력을 확장한 또 다른 세력인 소호계가 산동반도를 중심으로 활동하고 있을 때, 동정호 주변에 머무르던 치우계가 북상하여 산동반도 지역에서 소호계와 융합 또는 연합하였을 수 있다. 그리고 시간이 지나면서 이들 연합부족의 지도자가 된 치우계는 동방의 맹주로서 서북방에서 동남진하는 황제세력을 저지하기 위해 탁록으로 향하고, 그곳에서 전설적인 전쟁인 탁록대전이 벌어졌을 것이다.

결국 탁록전투에서 패배한 치우세력은 그 중심이 무너지면서 여러 지역으로 흩어졌을 것이다. 일부는 황제세력에 편입되었을 것이고, 많은 이들은 중원을 거쳐 서남으로 이주해 묘족의 조상이 되었고, 일부는 연산산맥을 넘어 요하나 난하지역으로 이주했을 것이며, 일부는 산동의 본거지로 되돌아갔을 것이다.

동북으로 이주한 치우계 주민이 가지고 있던 호랑이와 뇌신의 발자국에 관한 의식은 그 후 요동을 거쳐 한반도로 유입되었을 것이고, 그 문화유산이 한반도에 지금도 살아 있는 호랑이 산신일 수 있으며, 바위에 단독으로 그려진 발자국이나 암각화에 그려진 발자국일 수 있다. 이러한 결론은 필자의 추론적 가설이지만 앞으로 연구해볼 가치가 충분히 있다고 생각한다.

| 제6장 |

금정金井의 유래와 신선도

황금물고기가 사는 금정

부산의 진산인 금정산은 고래로 이 지역 주민들이 신령스런 산으로 숭배해왔다. 그러나 요즘 사람들은 옛사람들처럼 산을 신성시하지 않는다. 그보다는 건강증진을 위한 휴식공간쯤으로 생각한다. 육체적 건강에 더하여 정신적 풍요로움을 산에서 찾았으면 한다.

산은 한민족에게 아주 중요한 의미를 가진다. 단군신화에 나오는 태백산이 그렇듯이 산은 하늘의 신이 하강하고 땅에 살던 신령이 하늘로 승천하는 장소이다. 그렇기 때문에 산은 신과 인간이 접속하는 신성한 공간이다. 금정산도 예외는 아니다. 금정산에는 우리 고유의 신선사상을 가늠할 수 있는 이야기가 남아 있으며, 우리가 잃어버린 많은 문화유산의 상징코드를 가지고 있다. 금정산에 남아 있는 그러한 상징코드를 풀어보면서 조상들이 가지고 있던 의식세계로 여행을 떠나보자.

산 정상에서 동쪽으로 뻗은 줄기의 바위들에는 여러 개의 석정石井이 있다. 그중에서 금정金井으로 불리는 석정이 있어 금정산이라는 이름이 생겼다는 것은 다 아는 사실이다(도판 1). 그러나 금정을 비롯한 여러 개의 석정 주변에는 석정만이 아니라 남근석과 여근석 등 고대인들의 신앙유적이 많이 있다(도판 2). 조상들의 그러한 신앙 흔적을 조사하고 이해하는 것은 매우 중요하다. 그렇게 함으로써 우리들의 무의식에 살아 있는 생각들을 이해할 수 있기 때문이다. 그런 중요한 문화유산을 우리는 지금껏 방치하고 있었던 셈이다. 등산을 하면서 아무 생각 없이 그런 유적을 발로 밟고 다닌다. 다시 한 번 생각해볼 일이다. 그 유적들은 바로 조상들의 의식세계와 우리의 뿌리를 이해할 수 있는 단서를 제공하는 것들이다.

[도판 1] 금정산 금정

우선 가장 흥미로우면서도 아직 그 의미를 제대로 파악하지 못하고 있는 금정을 탐색해보자. 금정은 과연 언제 누가 무엇 때문에 파놓은 것일까? 전해오는 자료를 분석해보면 금정은 신선이나 불교와 관련 있다.

『동국여지승람』이나 『여지도서輿地圖書』에는 "동래 금정산 산마루에 세 길 높이의 바위가 있고, 그 머리에 우물이 있다. 가뭄에도 줄지 않고 물색이 황금과 같다. 금색 물고기가 오색구름을 타고 내려와서 살았다. 그로 인하여 금정산이란 이름을 짓고 범어사란 절을 지었다"고 적고 있다.

또한 영조 22년(1746년)에 동계스님이 쓴 『범어사창건사적』은 다음과 같이 설명한다. "금정산 산정에는 높이 50여 척이나 되는 바위가 우뚝 솟아 있는데 그 바위 위에 우물이 있어 금색으로 사시사철 언제나 가득 차고 마르지 않는다. 그곳에는 범천에서 오색구름을 타고 온 금어金魚가 헤엄치며

제6장 | 금정金井의 유래와 신선도 147

[도판 2] 금정산의 남근석. 끝에 구멍을 파놓았다.

놀고 있다." 이와 같이 금정에 관한 기록에는 불교적인 윤색이 가해져 있다.

동계스님은 직접 금정을 보지 않고 이 글을 썼음이 분명하다. 금정은 금정산 정상 부분에 있지 않고 정산에서 동으로 뻗은 줄기의 8부 능선쯤에 있다. 또한 금정이 있는 바위가 수직으로 높기는 하나 50척에 훨씬 미치지 못하며 물은 오래 고여 있지 않는다. 앞의 책에서 그 높이가 세 길이라고 한 것도 사실과 다르다. 범어사에서 잠시 산책 삼아서도 다녀올 수 있는 거리인데 스님에게는 그 길도 멀었던 모양이다.

『동국여지승람』이나 『범어사창건사적』을 쓸 당시에는 이미 금정에 대한 진정한 의미는 사라졌던 모양이다. 다만 금정에 물고기가 산다는 이야기는 전해지고 있었음이 분명하다. 이 대목은 매우 중요하다. 실제로 금정은 물고기가 산다는 신화적 사고가 있었던 공간일 가능성이 높기 때문이다.

다만 이들 기록은 금정을 불교문화로 윤색하여 전하고 있다. 더 정확하게 말하면 힌두교문화에 등장하는 금어가 산다고 적고 있다. 불교문화로 윤색하였다고 주장할 수 있는 근거로는 전국 명산에 있는 석정들을 들 수 있다. 다른 명산의 석정들에는 물고기가 산다는 전설이 끊어지고 대신 용들이 살았다고 한다. 그들 석정에도 원래는 물고기가 산다는 전설이 있어

[도판 3] 요녕성 천산千山의 석정

야만 하는데 언젠가부터 물고기가 용으로 바뀌었다. 다만 금정에는 물고기가 산다는 전설이 오랫동안 전승되고 있었던 모양이다. 다행한 일이다. 비밀의 문에 다가갈 수 있는 단서를 제공하기 때문이다.

석정은 전국에 대단히 많이 분포하고 있다. 금정산과 가까운 양산 천성산만 해도 금정보다 더 큰 석정이 있으며, 통도사 자장암에도 석정이 있다. 뿐만 아니라 속리산 문장대, 영암의 월출산 구정九井, 장흥의 천관산 구정, 남해의 금산의 구정, 서울의 북한산의 수많은 석정 등 전국 도처의 명산에는 대부분 석정이 있다. 이 석정은 한반도를 넘어 요동에서 제일 높은 산인 천산千山에도(도판 3), 요하 상류지역의 청산青山에도 있음을 확인하였다.

이렇게 많은 석정이 모두 불교와 관련하여 조성되었을 리 없다. 이 석정들은 불교가 한반도에 들어오기 이전부터 있었다. 그것은 조상들이 믿던 종교적 성소였던 것이다. 과연 금정은 어떤 종교의식을 행하던 곳일까?

고마할머니와 신어

그 해답을 조심스럽게 추론해보자. 금정산 최고봉인 고당봉 아래에는 고모姑母할머니가 산신으로 계신다(도판 4, 5). 고당봉 안내판에는 "정상부분이 거대한 화강암 덩어리로 이루어져 있는 이 봉우리는 하늘에서 천신인 고모할머니가 내려와 산신이 되었다 하여 그 이름이 유래하였는바, 이는 고대 신선사상에 기초하였다고 볼 수 있다"고 적고 있다. 안내판에서는 금정산지역이 고래로부터 신선사상과 결부되었다고 말한다. 그렇다면 그 신선사상은 우리 고유의 신선사상일까 아니면 중국의 도교가 유입되어 형

[도판 4] 고모신상 아래에 있는 고모당

[도판 5] 고당봉 고모할머니. 자연석으로 임신한 여신상을 하고 있다.

성된 신선사상일까 묻지 않을 수 없다.

금정산지역에 전해오는 신선사상은 우리 고유의 선도와 관련 있다고 보아야 한다. 그렇게 단정하는 이유는 두 가지다. 하나는 '고모할머니 전설'이 단군신화와 맥이 닿아 있을 가능성이 있기 때문이고, 둘은 금정을 비롯한 석정 또한 단군시대 주민들의 신앙의식이 반영되었다고 보기 때문이다.

먼저 '고모할머니가 내려와 산신이 되었다'는 전설부터 살펴보자. 고모할머니는 단군신화의 '고마', '곰' 할머니일 가능성이 있다. 고모와 고마가 그 음이 비슷할 뿐 아니라, 한자로 '姑母'도 신할머니, 무당할머니를 의미하기 때문이다.

다음으로 금정을 비롯한 석정 또한 한민족 고유의 신앙유적인 동시에

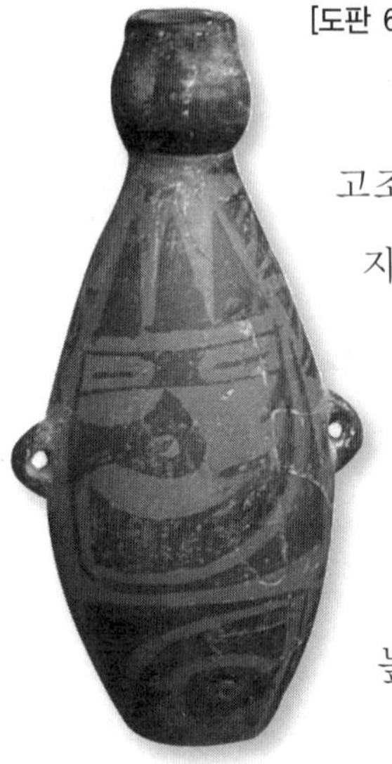

[도판 6] 고깔모자형으로 표현된 앙소채도의 삼신산

고조선문화의 핵심일 가능성이 매우 높다. 앞에서 지적한 대로 석정은 요하 상류와 요동반도, 그리고 한반도지역에 주로 분포한다. 이러한 지리적 분포 이외에도 중국의 신선전설에서는 석정이 탄생할 문화적 배경을 찾아볼 수 없기 때문에 석정은 우리 고유의 신선사상과 결부될 가능성이 높다.

중국 도교에서 말하는 신성한 산에는 석정이 없다. 다시 말하면 신선이 산다는 오신산이나 삼신산, 또는 곤륜산에는 석정이라고 할 만한 것이 없다. 도교 경전에 따르면 오신산은 "발해로부터 동쪽으로 몇 억만 리 인지도 모르게 멀리 떨어져 있는 곳에 엄청나게 커서 바닥이 없는 골짜기가 있고, 그 골짜기 가운데 대여·원교·방장·영주·봉래라고 하는 다섯 개의 높은 산이 있다"고 한다. 경전은 이어서 그 산들의 정상에는 선인이 사는 황금어전이 있다고 하면서 그 주변 경관을 설명하고 있는데, 석정에 비유될 만한 것은 없다.

또 다른 도교 신산으로 서왕모가 사는 곤륜산도 마찬가지이다. 그 산에는 서왕모의 궁전이 있으며 궁전 왼쪽에는 요지瑤池라는 연못이 있고 오른쪽에는 취수翠水라는 강이 있으며 산 밑에는 약수라는 강이 흐르고 있다고 한다. 여기서 요지가 석정의 탄생 배경이 될 수도 있으나 문화사적으로 보았을 때 그 가능성은 희박하다. 중국의 중원이나 동쪽 지역의 명산에는 석정이 없기 때문이다.

그렇다면 한반도의 주요 산 정상 부분에 어김없이 나타나는 석정의 문화사적 배경은 무엇일까? 그것은 필자가 환웅세력으로 상정한 공공족의 앙소문화 유산에서 찾을 수 있다. 앙소채도를 보면 금방 이해하겠지만 그들은 삼신산에 생명수가 있다는 생각을 가지고 있었다(도판 6).

앙소채도에는 삼신산 위에 물동이를 따로 마련하고 있다. 이 도상에서 삼신산을 금정산이라고 생각하고 물동이를 석정으로 표현했다고 가정해 보자. 그러면 바로 금정산의 금정이 된다. 그들이 요서를 거쳐 한반도로 이동해오면서 명산에 석정을 파고 아이를 낳게 해달라거나 농사가 잘되게 해달라고 기도했을 것이다. 이것이 조상들이 금정金井을 파놓은 진짜 이유이다.

금정산 금어의 원향을 찾아서

그렇다면 이 석정은 어떤 상징적인 구조로 만들어진 것일까? 석정에 관한 몇 가지 견해를 들어보자.

노중평은 '석정은 북두칠성의 정기가 고인 우물'이라고 하면서 칠성신앙과 연결한다. 이 견해는 앞에서 설명했듯이 단군시대의 종교가 칠성신앙이었다는 점과 고당봉의 전설이 곰신앙, 즉 웅녀신앙과 관련이 있을 것으로 보인다는 점을 고려하면 가능성이 전혀 없지는 않다. 하지만 필자가 아래에서 설명하는 이유로 받아들이기 어렵다.

또한 조선시대의 유명한 예언가인 남사고南師古는 석정을 생명선이라고 하면서 '석정이 몸속으로 흘러 마음의 생명수를 이룬다'고 하였다. 남사고는 나름대로 정신적인 자각을 하고 석정에 관한 견해를 피력한 것으로 보인다.[1] 실제로 석정은 삼신산의 생명수가 흐르는 우물을 상징하고 있었기 때문이다.

민속연구를 한 조자용은 '용알바위' 신앙과 연결시킨다. 그가 1972년에 수집한 자료에 의하면, 큰바위 속 구멍에 물이 고여 있는 바위를 용알바위라고 하는데, 아기를 원하는 어머니들이 용알바위를 빙빙 돌면서 기도를 드렸다고 한다.[2] 그래서 그는 석정에 '용알터'라는 이름을 붙였다. 한편 그는 석정을 한민족이 본래 가지고 있던 '한우물(큰 우물)' 사상과 관련 있다고도 했다.

조자용과 함께 전국의 석정을 연구한 노승대는 "민족의 성산인 백두산 천지에서 생명수가 사계절 내내 흐르며, 한라산 백록담 또한 천지의 축소판처럼 생각한 조상들의 생각을 고려하면, 명산에 흩어져 있는 용알터(석정)는 기우제천의 신단으로 볼 수 있다"고 했다.[3] 그러나 이런 단순한 추정으로는 초기에 석정을 만든 조상들의 의식세계를 정확히 이해할 수 없다.

어쨌든 이들 모두 석정이 생명수나 기자신앙과 관련 있음을 지적하고 있다. 옳은 말이다. 그러나 그 생명수가 칠성과 관련되었는지 아니면 삼신산에 있다고 상상한 감로수와 관련 있는지 알아볼 필요가 있다. 이 부분에 대해서 아직까지 진지하게 접근한 사람이 없다. 맥이 끊어진 고대문화에 새로운 생명력을 불어넣기 위해서는 당시 구성원들이 어떤 사람들인지, 그들이 생명의 순환에 대해서 어떤 생각을 했는지 알아야만 한다. 그러나 알다시피 한국상고사에 대한 정확한 정보가 별로 없는 현실에서

---

1) 노중평, 『유적에 나타난 북두칠성』, 백영사, 1997, 313쪽.
2) 조자용, 『삼신민고』, 가나아트갤러리, 1995, 87쪽.
3) 노승대, 『바위로 배우는 우리 문화』, 무한, 1999, 41쪽.

자세한 내용을 알기란 쉽지 않다. 그래서 필자도 우리의 고대종교와 고대문화를 이해하기 위해서 독자적으로 상고사를 연구할 수밖에 없었다. 그 결과로 이제 나름의 해석이 가능해졌다. 물론 가설이라는 점은 인정한다.

석정은 삼신산의 생명수와 관련 있다

석정은 삼신산의 생명수가 지상으로 올라오는 상징적인 장소로 조성했을 가능성이 높다. 먼저 석정에 대한 다른 명칭이 있었는지 알아보고 그 명칭과 연결해서 새로운 추론을 해보자. 석정은 여러 곳에서 구정九井이라고 부른다. 그렇다면 구정이라는 이름은 어떻게 해서 생긴 것일까?

공공족과 이웃하며 중국 중원에 살았던 염제와 관련된 전설 중에 다음과 같은 이야기가 전한다. 농업의 신인 염제가 막 탄생했을 때 그 주위의 대지에는 인간이라곤 전혀 존재하지 않았고 오직 아홉 개의 샘만이 그를 반겨주었을 뿐이었다. 이 아홉 개의 샘은 서로 연결되어 있어서, 만일 샘 하나에서 물을 길어 올리면 나머지 여덟 개의 샘물도 함께 출렁거렸다.

이 구정신화가 후대에 한국으로 수입되어 우리의 용알신앙, 즉 정월 대보름 우물에 비치는 달을 보고 용알이라고 부르며 그 용알을 먼저 마시는 사람이 행운의 아기를 얻는다는 민속과 결합되면서 석정을 구정九井이라고 부른 것 같다. 월출산이나 천관산, 그리고 남해 금산의 구정이라는 명칭은 그렇게 해서 탄생했을 것이다(도판 7, 8, 9). '아홉 마리 용이 노닐다가 승천했다'는 구정전설로 볼 때 구정은 용과 관련된 신앙 공간으로 이해할 수 있다. 평양『대성산신당사적비』에는 "흰 용이 만든 구십구처의 연못이

[도판 7] 남해군 금산의 상사바위에 있는 석정들, 아래는 상주해수욕장

[도판 8] 영암군 월출산 구정봉의 석정

[도판 9] 전남 장흥의 천관산 구정

[도판 10] 월출산 구정봉 거북바위, 글자가 새겨져 있다.

[도판 11] 속리산 문장대와 문장대의 석정들

있다"는 내용이 있다. 용은 기본적으로 물과 관련된 상상의 동물이므로 석정은 물과 관련된 신앙터였음은 분명하다.

그것은 구정에서 기우제를 지냈다는 기록으로도 확인된다. 월출산 구정봉을 오르는 마지막 길목에는 거북이 형상을 한 바위가 있다(도판 10). 그 바위에 "하늘에 제사를 드렸다"는 한자가 새겨져 있으며, 영암 향교에는 구정봉에서 기우제를 지낼 때 쓰던 축문 4종이 보관되어 있다. 이는 그곳에서 기우제를 지냈음을 말한다. 그런데 구정봉(705미터)은 월출산 최고봉이 아니다. 최고봉은 구정봉과 마주보고 있는 천황봉(809미터)이다. 그럼에도 구정봉에서 기우제를 지냈다는 것은 석정이 있는 곳이 물과 관련된 의례를 행하던 곳이라는 것을 말한다.

삼신산에 파놓은 물고기 우물

그렇긴 하지만 석정이 초기에 만들어졌을 때는 구정이라는 명칭을 가지지 않았을 것이다. 그 단서는 금정에 살았다는 용이 아닌 금어金魚에서 찾을 수 있다. 석정에는 원래 물고기가 살고 있었다. 과연 그런가? 그 물고기의 원형을 찾아가보자.

앞에서 제시한 중원의 앙소채도(도판 6)에서 삼신산과 석정의 원형을 보여주었다. 바로 그 앙소채도의 다른 도상에서도 물고기와 삼신산이 연결된 그림을 볼 수 있다(도판 14). 이 그림은 생명수인 지하의 감로수에 사는 물고기와 그곳에 산다고 상상한 신을 표현한 것이다. 그가 지상으로 올라오면 물고기 모양의 고깔모자를 쓴 메소포타미아 지역의 신인神人이 된다(도판 15).

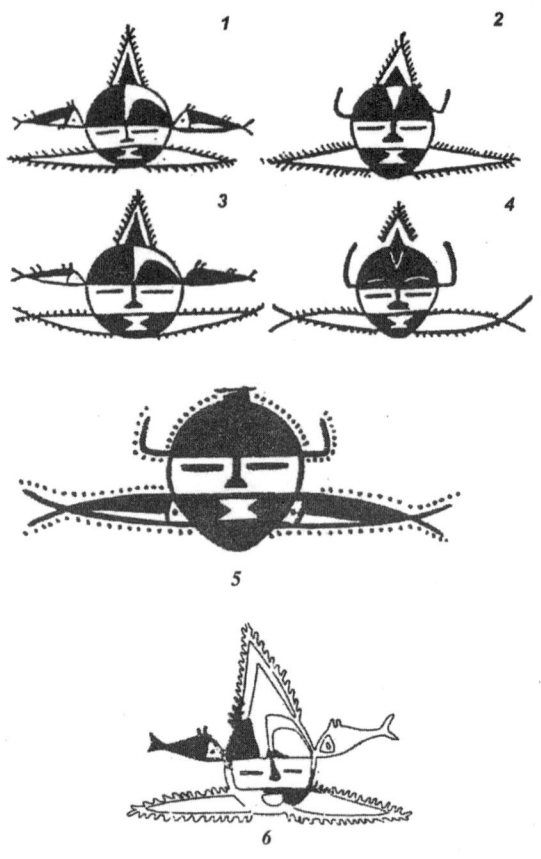

[도판 12] 앙소채도에 나타난 쌍어문이 그려진 사람 얼굴

[도판 13] 앙소채도에 나타난 쌍어문 신상

[도판 14] 중국 섬서성 임동에 발굴된 앙소채도에 보이는 물고기와 물동이

모든 생명을 낳는 생명수가 나오는 석정

석정에 사는 물고기의 원향은 메소포타미아와 수시아나에 형성되었던 초기 신석기문화에 있다. 그곳은 공공족의 조상이 중원에 들어와 앙소 채도문화를 일구기 전에 살던 곳이다. '수메르 왕명록'이나 '바빌로니아 서사시'에 의하면 인류가 세운 최초의 도시인 에리두에는 '엔키Enki'라는 신이 살고 있었다. 그 엔키가 인류를 창조한다. 수메르 서사시에는 엔키의 인류 창조를 다음과 같이 기술하고 있다. 엔키는 "그 생물에게 신들의 형상을 부여하라. 심연 위에 있는 찰흙으로 심장을 만들어라. 솜씨 좋고 훌륭한 너희 장인들은 찰흙으로 형태를 지으라"고 명령한다. 엔키가 인류를 창조했다는 이야기는 「창세기」에서 "하느님이 자신의 형상대로 사람을 창조하셨다"고 한 것과 유사하다. 많은 학자들이 「창세기」의 인류창조의 모델이 수메르신화에 있다는 점을 인정한다.

신화학자 조철수는 지하에 있는 생명수의 신이며 구원의 신이고 치유의 신인 엔키를 단군신화의 환웅과 비교하면서 그가 환웅과 가장 가까운

[도판 15] 엔키가 삼신산을 밟고 있고, 물고기와 물이 솟아오르고 있다.

모델이라고 주장한다.[4] 그 엔키의 도상에서 우리는 삼신산 위로 솟아오르는 생명수를 볼 수 있다(도판 15). 그 생명수를 타고 노니는 물고기가 바로 금정산 금정에 노닌다는 물고기의 원형이다.

석정은 바로 삼신산과 지하의 생명수 그리고 물고기가 결합된 구조로 생명의 원향이자 모든 생명의 발원지라는 상징성을 가진다. 금색 물고기(金魚)는 힌두교에서 구세주인 비슈누 신이 제1의 화신으로 나타나 인간을 홍수에서 구했으며, 홍수에서 최초의 인간 마누를 구했던 물의 신 바루나의 상징이다. 이 신화의 기원지가 메소포타미아 지역이라는 것은 수메르신화에서 우트나피쉬팀(성경의 노아)에게 대홍수를 미리 알려준 엔키가 물고기를 머리에 쓴 모습이었다는 사실을 알면 쉽게 눈치 챌 수 있다(도판 16).

이로써 금정이 불교와 용신신앙으로 변화되기 이전의 원형을 알 수 있게 되었다. 금정은 삼신산에서 솟아오르는 생명수가 나오는 곳으로, 그곳에 노닐던 금어金魚는 생명의 상징이자 생명의 전령이다. 양주군 주내면 유양리 불곡산 상투봉에 있는 석정에서 아이 낳게 해달라고 빌었다는 이야기는 바로 그곳이 생명을 얻을 수 있는 성스러운 곳이기 때문이다. 노인들의 전언에 따르면 아이를 낳지 못하는 여인들이 상투봉을 찾아 석정 위에

---

4) 조철수, 『한국 신화의 비밀』, 김영사, 2003, 101~102쪽.

[도판 16] 물고기 모자를 쓴 엔키(왼쪽)와 우트나피쉬팀(오른쪽)의 방주

앉아 아이를 낳게 해달라고 기도하곤 했다고 한다.[5]

석정은 단군시대의 종교유산

지금까지 설명한 것을 종합하면 금정산지역에 내려오는 신선사상은 중국의 도교가 수입되기 이전부터 조상들이 믿던 신앙과 관련된 것으로 판단할 수 있다. 고모당의 고모는 곰과 관련된 명칭의 음이 변한 것으로 웅녀와 관련되었을 가능성이 높다. 이는 2장에서 풍류도가 단군시대의 주신앙과 관련 있다고 한 것과 연결할 수 있다. 단군시대의 종교사상이 고모당과 금정에서 숨 쉬고 있었던 것이다.

금정은 초기 단군세력들이 가지고 있던 삼신산 아래에 있는 생명의 물 사상과 관련 있다. 흔히 말하는 감로수가 삼신산 아래 흐른다. 금어는 바로 생명수에 사는 생명의 상징으로서 생명신의 사자 혹은 전령 노릇을 하

---

5) 노승대, 『바위로 배우는 우리 문화』, 무한, 1999, 67쪽.

는 존재였다.

　조철수도 수메르의 엔키가 환웅에 가장 가깝다고 했듯이 엔키이자 환웅인 생명신은 삼신산(태백산)에서 생명을 관장했다. 금정산 금어가 가지고 있던 숨은 비밀을 필자가 밝힌 것을 긍정적으로 수용하면, 무속에서 제물로 왜 명태 두 마리를 쓰는지, 혹은 산신제에 왜 명태를 쓰는지를 이해할 수 있다. 물고기는 원래 신의 아들이자 신의 사자였던 것이다.

| 제7장 |

두 길로 이동한 신어神魚, 한반도에서 만나다

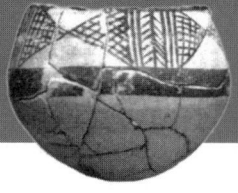

고대의 국제결혼

『삼국유사』「가락국기」에는 수로왕의 왕비 허황옥이 자신을 소개하는 장면이 나온다. "저는 아유타국의 공주로 성은 허씨이고 이름은 황옥이며 나이는 열여섯이옵니다." 이 기록이 사실이라면 가야를 개국한 수로왕은 외국에서 온 처녀와 국제결혼을 한 셈이다. 여기서 그녀가 말하는 아유타국, 즉 아요디아Ayodhia는 갠지스강 중류에 흐르는 사라유 강변에 자리 잡은 고대도시로 코살라국의 수도였다.

이제는 여러 연구자들이 노력한 결과 당시에 국제결혼이 성사된 상황을 어느 정도 이해하게 되었지만, 예전에는 그 옛날에 무슨 국제결혼이냐며 터무니없는 이야기라고 했다. 우리가 오해하고 있었던 것 중의 하나가 고대인들은 특정한 공간에 갇혀서 살았을 것이라는 생각이다. 인류문명사를 공부하다 보면 그것이 얼마나 잘못된 편견인가를 알 수 있다. 메소포타미아 지역과 인도의 인더스강 유역 사람들은 이미 기원전 3000~2000년경에 무역을 하고 있었다. 최근 고고학 연구에 의하면 중남미의 고대문화에 중국의 고대문화가 시대별로 전파된 흔적이 나타난다. 한국사람들은 기초교육 과정의 영향으로 단일민족이라는 생각을 많이 하고 있지만, 실은 우리도 상고시대부터 끊임없는 혼혈의 과정을 겪어왔다. 좀 솔직하게 말하면 한민족도 혼혈민족이다.

수로왕과 허황후가 국제결혼을 할 수 있었던 정황은 충분하다. 인도와 중국 그리고 한반도와 일본으로 연결되는 해상 실크로드는 상당히 일찍 조성되었다. 『한서』「지리지」는, 기원전 3세기 진시황제가 천하를 통일하고 나서 남양 각지와 해상교역을 했다고 전한다. 또한 기원전후에는 부남(베트남)으로부터 인도 동남단의 황지黃支(칸치푸람)까지 해로가 개척되어 11개월이면 오갔다.[1] 또한 기원전 2세기에 전한의 사절이 외국선을 갈아타며 인도에 갔다는 기록도 보이며, 반대로 로마시대에 그 지배 아래 있던 오리엔트의 배들이 인도, 실론을 넘어 캄보디아까지 진출했다는 기록도 있다.[2]

그리고 『후한서』에는 120년경에 로마의 곡예사들이 중국에 도착했다는 기록이 있는데, 당시 로마인들이 중국에 도달하는 경로는 인도를 거쳐 동남아시아를 경유하는 바닷길이었다.[3] 로마가 이 루트를 통하여 교역하였음은 인도나 베트남의 항구도시에서 로마의 금화가 발견되는 것으로도 확인된다.[4]

언어와 유전학적 근거

진시황 때부터 기원을 전후한 시기에 인도에서 중국으로 연결되었던 뱃길이 한반도 남해안까지 이어졌다고 가정해도 크게 무리는 아닐 것이다. 그러한 해상 실크로드를 통해 동남아시아의 문화와 주민이 한반도 남쪽에 이주하였을 가능성은 얼마든지 있다. 한반도 남부지역에 인도의 드라비다어가 그 흔적을 남기고 있는 것도 이주민의 영향 때문일 것이다.

이러한 역사적 정황들을 고려하고 수로왕과 허황후의 국제결혼을 이해하면 어느 정도 수긍이 간다. 허황후와 김수로왕의 국제결혼은 사실일 것이다. 한 일간지의 보도에 따르면, 2004년 8월 17일 열린 한국유전체학회

---

1) 정수일, 『한국 속의 세계(상)』, 창비, 2009, 80쪽.
2) 나가사와 가즈도시 지음, 민병훈 옮김, 『동서문화의 교류』, 민족문화사, 1993, 31쪽.
3) 조철수, 「정보의 발생과 그림문자」, 울산광역시, 『암각화국제학술대회』, 2000, 69쪽.
4) KBS 다큐멘터리 〈유라시아로드(4)-로마제국〉.

[도판 1] 김해 수로왕릉 납릉정문

모임에서 한림대·서울대 연구팀은 허황옥의 인도 도래설과 관련해 흥미로운 연구 결과를 발표했다. 미토콘드리아 유전물질을 추출해 분석하는 방법으로 "허황옥의 후손으로 추정되는 김해 예안리 고분 등에 묻힌 왕족 유골을 분석한 결과 우리 민족의 기원으로 분류되는 몽골의 북방계가 아닌 인도의 남방계라는 결론을 내렸다"는 것이다.[5] 지금도 한반도에는 많은 동남아시아 여성들이 이주해오고 있다. 예나 지금이나 생존을 위한 이주는 인류문명사의 큰 흐름이다.

수로왕의 국제결혼 기록의 사실관계를 확인하고자 하는 사람은 많았다. 그중 아유타국을 아요디아와 공개적으로 처음 연결시킨 사람으로 아동문학가 이종기가 있었다. 그가 주목한 것은 김수로왕릉의 정문에 그려진 쌍어문雙魚文이다. 쌍어문은 탑을 사이에 두고 두 마리 물고기가 마주

---

5) 정수일, 『한국 속의 세계(상)』, 창비, 2009, 84쪽.

[도판 2] 김해 수로왕릉 납릉정문의 쌍어문

보고 있는 그림을 말한다(도판 1, 2). 그는 아요디아를 직접 방문하여 수로왕릉 정문에 새겨진 물고기 문양의 장식판·연꽃·코끼리·활(라마의 상징)·물고기·흰 탑 각인은 인도의 아요디아 지역에서 발견되는 문양과 일치한다는 것을 확인했다.[6] 이 같은 유사성은 아요디아풍의 건축문화가 수로왕의 재임 전후 가야에 유입된 것일 가능성을 암시한다.[7]

그를 이어 가야의 문장과도 같은 쌍어문을 집요하게 추적한 사람은 고고학자 김병모이다. 그에 따르면 아요디아 지방에는 신어상들이 힌두교 사원의 대문 위에 빠짐없이 새겨져 있으며, 박물관 정문에도, 자동차 번호판에도 신어상이 그려져 있다고 한다.[8]

---

6) 이종기, 『가야공주 일본에 가다』, 책장, 2006, 49쪽.
7) 정수일, 『한국 속의 세계(상)』, 창비, 2009, 83쪽.
8) 김병모, 『김병모의 고고학 여행(2)』, 고래실, 2006, 137쪽.

김병모 교수는 아요디아국의 신어사상이 어떻게 김해지역으로 전파되었나를 추적했다. 그에 따르면 코살라국은 기원전 70년 박트리아를 중심으로 한 쿠샨왕조의 침입으로 붕괴된다. 이때 아요디아에 살던 왕족 중 일부가 중국의 사천성 안악安岳지역으로 이주했다. 안악지역에 지금도 허許씨 성을 가진 사람들의 집성촌이 있을 뿐 아니라 그 지역의 청동제 유물이나 한漢대의 벽돌에도 쌍어문이 나타나는 것으로 그러한 정황을 확인할 수 있다. 『후한서』에 따르면 안악에 살던 허씨성을 가진 사람들이 후한에 반기를 들었다가 실패한 후 양자강 하류의 무창武昌으로 강제 이주 당한다. 그의 결론은 허황옥은 그들의 정착지인 무창지방을 떠나 바다를 건너 한반도 김해의 가락국으로 왔다는 것이다.[9]

쌍어문의 발상지와 두 갈래의 전파루트

그렇다면 아요디아가 쌍어문의 발상지인가? 그건 아니다. 쌍어문의 발상지는 다른 데 있다. 김병모 교수는 유라시아 대륙에서 신어사상을 믿는 사람들의 이동루트를 다음과 같이 정리했다. 처음에 아시리아(기원전 2700년)에서 발생해 페르시아를 지나 스키타이에게 전달되었고, 이것이 간다라 지방을 거쳐서 인도로 들어와 아요디아에 이르렀으며, 다시 동진하여 중국 운남성에 도달했다. 그는 이것이 무창을 거쳐서 가야에 도착했다고 보았다.[10] 문명사가 정수일은, 원래 쌍어문은 거의 3,000년 전 바빌로니아인

---

9) 김병모, 『김수로 왕비의 혼인길』, 푸른숲, 1999.
10) 김병모, 『김병모의 고고학 여행(2)』, 고래실, 2006, 175쪽.

들이 신앙의 상징으로 삼은 무늬라고 했다.[11]

과연 신어사상은 김병모나 정수일의 주장처럼 남방루트를 통해서만 한반도에 들어왔으며, 그 발생시기가 바빌로니아나 아시리아시기일까? 그렇지 않다. 신어사상은 메소포타미아 지역의 초기 농경문화를 바탕으로 발생했다. 또한 그들이 주장하는 시기보다 훨씬 오래전에 북방루트를 통해서 한반도로 전해온 신어사상이 있다.

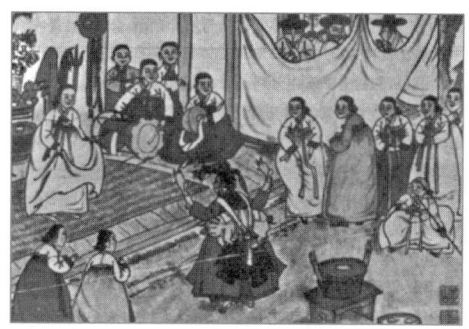

[도판 3] 시루떡과 명태 두 마리가 제물로 바쳐지고 있다.

김병모 교수가 "떡시루에 북어 두 마리를 걸쳐 놓는 우리의 고사 풍습도 신어사상에 바탕을 두고 있다"라고 한 그 풍습은 바로 북방루트를 통해 들어온 것이다(도판 3). 김병모나 정수일이 신어사상이 북방으로 들어왔을 거라고 생각하지 못한 것은 바로 우리 상고사와 상고문화사가 제대로 밝혀져 있지 않았기 때문이기도 하다. 무속에서 물고기 두 마리를 신성시하는 풍습은 필자가 환웅족이라고 주장하는 공공족의 문화유산이다. 공공족은 메소포타미아 북부지역인 이란 서남부 평원에서 천산을 넘어 황하 중·상류지역에 황하문명을 창조하는 데 중심역할을 한 사람들이다. 신어사상은 공공족을 따라 동으로 전파되어 우리 무속에 살아 있다. 그 사정을 간단히 살펴보자.

---

11) 정수일, 『한국 속의 세계(상)』, 창비, 2005, 83쪽.

기원전 5000년경의 엔키 신앙은 쌍어사상의 뿌리

신어사상은 기원전 5000년을 전후한 시기에 메소포타미아 지역에서 발생했다. 이 지역에서 신어사상이 발생했음은 두 가지 측면에서 살펴볼 수 있다. 하나는 성서의 '노아의 방주' 이야기의 모델이 된 신화에서 살펴볼 수 있고, 둘은 메소포타미아에서 이란을 거쳐 동으로 중국중원 지역으로 전파된 채색토기의 물고기 문양에서 살펴볼 수 있다.

먼저 대홍수신화를 보자. 수메르 문헌에 따르면 대홍수는 당시 최고의 신이었던 바람의 신 엔릴이 소집한 회의에서 결정된다. 엔릴은 신들의 일을 대신하도록 창조된 인간이 너무 번성하여 시끄럽고 제멋대로 행동한다면서 대홍수를 일으켜 인류를 벌하려고 한다. 이때 신들의 회의에서 결정된 사실을 인간에게 누설한 신이 있었다. 바로 물의 신 엔키였다. 그는 우트나피쉬팀에게 그 사실을 알려주어 홍수에 대비하게 하는데, 그가 바로 성서에 나오는 노아에 대응하는 인물이다. 그런데 흥미롭게도 엔키는 물고기 복장을 한 신으로 묘사된다(6장 도판 16).

이러한 엔키의 모습은 지금도 기독교에서 중요한 상징으로 사용하고 있다. 교황이 쓰고 있는 주교관은 엔키와 그의 사제들이 쓰던 물고기의 변형이다(도판 4). 이는 서양문화사에서 인정하고 있는 사실이다. 물고기는 예수를 상징하기도 하다. 로마시대 박해를 받을 때 그리스도교인들은 물고기를 자신들만의 비밀스러운 암호로 사용하면서 그리스도교의 중요한 상징으로 자리 잡았다. 당시 사람들은 물고기를 뜻하는 헬라어 ΙΧΘΥΣ(익스투스)라는 글자를 함께 사용했는데 이는 '예수 그리스도 하나님의 아들 구세주'라는 단어의 첫 글자를 모아놓은 것이다. 김병모 교수는 이를 유대인

[도판 4] 교황의 물고기 주교관   [도판 5] 수메르 인장에 묘사된 생명의 우주산과 엔키, 그리고 물과 물고기

들이 바빌로니아로 잡혀가 그곳의 신어사상을 접한 영향이라고 보았다.[12] 교황의 주교관이 물고기의 머리를 상징하는 것이나 예수와 물고기를 비유하는 전통의 뿌리는 엔키신앙에 있다.

그 엔키의 다른 모습, 다시 말하면 그가 어떤 일을 담당한 신이었던가를 묘사한 자료를 보면 그와 연관해서 쌍어문이 탄생했다는 것을 알 수 있다. 엔키를 묘사한 수메르 인장을 보자. 그가 신성한 산을 밟자 그의 양 어깨에서는 물이 흘러나오는데, 그 속에서 물고기가 생동감 있게 뛰놀고 있다(도판 5). 이 그림에 표현된 엔키의 모습이 바로 유라시아 문명사에 등장하는 신어사상의 시원이다.

김수로왕릉 정문에 새겨진 신어문은 가운데 탑을 두고 양쪽에 두 마리의 신어가 묘사되었다. 이를 앞에 제시한 수메르의 인장 그림과 비교하며

---

12) 김병모, 『김병모의 고고학 여행(2)』, 고래실, 2006, 155쪽.

[도판 6] 두 마리 물고기가 신인의 입가에 표현된 앙소 채색토기

생각해보자. 엔키가 밟고 있는 신성한 산을 수미산(탑, 탑은 우주의 중심산을 표현)으로 생각하고 양쪽에 물고기를 한 마리씩 배치하면 동일한 도안이 나온다.

지하세계의 생명수를 관장하는 엔키의 도상은 중국 중원으로 전파되어 앙소문화의 채색토기에 나타난다(도판 6). 채색토기에는 고깔모자를 쓴 수신(엔키)을, 그리고 그의 양 볼에 두 마리 물고기를 그렸다. 수로왕릉의 쌍어문은 물속의 탑 양쪽에 있다. 이들 도상들을 비교해보면 메소포타미아의 엔키, 앙소문화의 물고기 신, 수로왕릉의 쌍어문이 동일한 사고에서 출발했다는 것을 알 수 있다. 또한 정수일이 주장한 바빌로니아설(기원전 3000년)이나, 김병모가 주장한 아시리아설(기원전 2700년)보다 훨씬 이른 시기에 쌍어사상이 잉태되었음도 알 수 있다. 이렇게 이해하고 보면 쌍어사상의 기원이 어디이며 어디로 먼저 전파되었는지 알 수 있다. 그것은 두 길로 전파되어 한반도에 도착했다. 하나는 북방으로 먼저 전파되었고, 하나는 해상으로 늦게 전파되어 한반도에 만났다.

고고학 자료로 본 북방 전파

쌍어문이 남방루트로 전파되는 과정은 김병모 교수를 비롯한 여러 학자들이 많이 다루었다. 그 부분은 뒤에서 간략히 다루고, 여기서는 천산을 넘어 중원을 지나 한반도로 이동한 길을 추적해보자. 그 추적은 고고학 자료와 민속자료를 통해서 가능하다.

일반적으로 남부 메소포타미아의 최초의 고고학적 단계를 우바이드 시대라고 한다. 그런데 이 시기의 것으로 판명된 채색토기에 그려진 문양 중에 물고기를 모티프로 한 것이 있다(도판 7). 그 문양은 이란에서 발굴된 채색토기(도판 8)나 중국 앙소문화의 채색토기에서도 즐겨 쓰는 문양이다(도판 9).

관련분야를 연구하는 서구 학계나 일본 학계의 학자들 대부분은 앙소문화의 채색토기가 천산 넘어 중앙아시아나 메소포타미아 지역의 그것이 전파된 것이라고 한다.[13] 일본학자 나가사와 가즈도시는 반들반들 윤이 나고 표면에 선명한 문양이 새겨진 채색토기는 중국에서 기원한 회도보다 훨씬 진보한 것일 뿐 아니라, 그 형태·문양·색채는 완전히 서방의 오리엔

[도판 7] 우바이드 채도, 기원전 5000년경

[도판 8] 이란 수사, 기원전 2500년경

13) 정형진, 『천년왕국, 수시아나에서 온 환웅』, 일빛, 2006, 273~278쪽.

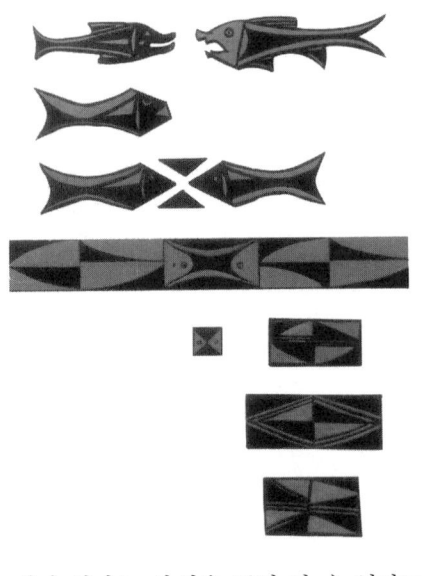

[도판 9] 중국 서안 반파 앙소문화 채도의 어문 변형도와 장구형 도안

트의 채도, 수사(수시아나), 투르키스탄의 아나우Anau 등의 그것과 일치한다고 주장한다. 그러면서 그는 이들 채색토기가 문양과 채색 등에서 연관성이 있음은 예부터 논해져 왔는데, 중국의 채색토기도 이것과 밀접한 관계가 있다는 사실은 금방 알 수 있다고 했다.[14]

이러한 견해를 수용하는 입장에서 양 지역의 물고기 문양을 비교해보면 신어사상이 북방루트를 통해 먼저 전파되었음을 알 수 있다. 앙소문화의 채색토기에 가장 많이 등장하는 것은 물고기 문양이다. 이들 물고기 문양은 여러 가지 모습으로 나타난다. 물고기 단독으로 나타나기도 하지만 사람 얼굴을 한 신인神人의 모습과 함께 나타나기도 한다. 이 신인은 앞에서 언급했듯이 수메르의 생명수의 신 엔키의 변형된 표현으로 볼 수 있다.

장구형 문양은 쌍어문

채색토기에 물고기를 그릴 때 서로 마주보는 물고기 문양을 도식화하는 과정에서 사각형을 X자로 구분한 다음 장구형으로 색을 칠한 도안이

---

14) 나가사와 가즈도시 지음, 이재성 옮김, 『실크로드의 역사와 문화』, 민족사, 1994, 22쪽.

[도판 10] 메소포타미아 보석반지에 새겨진 쌍어문

나왔다(도판 9). 중국학자들은 이 도안을 반파를 중심으로 한 앙소문화의 산물로 본다.

그러나 이러한 도안의 원형은 이미 기원전 5000년경의 메소포타미아의 초기 문화인 우바이드 시대의 채도에 보인다(도판 7). 우바이드에서 발굴된 토기의 문양을 보면 이미 당시에 두 마리 물고기가 마주보는 그림을 추상화한 문양이 그려지고 있었음을 알 수 있다. 두 마리 물고기를 추상화한 도안은 이란 지역에서도 발견된다(도판 8).

정리하면 물고기를 간략화한 이러한 도상은 남부 메소포타미아의 우바이드기에도 보이고 이란 서남부의 수시아나에도 보이며, 엘람기의 수사에서도 보인다. 그런데 이런 도상이 천산의 동쪽 멀리에 있는 앙소문화의 중심지역인 서안 반파에도 나타나고 있는 것이다(도판 9).

이러한 사실을 우리는 어떻게 받아들여야 할까? 그것을 단순한 우연의 일치로 보아야 할까? 필자는 이것 이외에도 양 지역의 많은 문화 인소들이 유사한 것으로 보아 일부 주민의 이동을 수반한 문화 전파였다고 본다. 즉 메소포타미아 지역의 신석기 농경문화인들 중 일부가 천산을 넘어 감숙성을 지나 서안을 비롯한 중원으로 이주했던 것이다.

제7장 | 두 길로 이동한 신어神魚, 한반도에서 만나다

[도판 11] 아요디아 힌두사원 정문의 쌍어문

종교적 성격의 쌍어 전파

메소포타미아의 농경사회를 바탕으로 발생한 신어사상은 이후 쌍어문의 형태로 많은 흔적을 남기고 있다. 구약성서에 '어문(Fish Gate)'이라는 단어가 나온다(「스바냐」 1:10, 「역대기 하」 33:14, 「느헤미야」 3:3, 12:39). 여기서 어문은 바빌로니아에서 신전 대문 위에 그려진 물고기를 말한다.[15] 이들 쌍어문은 성소를 가리키는 상징으로 신의 사자가 머무는 곳, 혹은 신의 성소라는 의미를 담고 있다. 이러한 문화가 허황후의 고향인 아요디아의 힌두사원에도 보인다(도판 11).

그러나 먼저 천산을 넘어 동으로 전파된 신어사상에서도 쌍어의 역할을 찾아볼 수 있다. 중국의 황하 중·상류지역으로 전파된 신어사상은 후에 갑골문의 정할 정貞자로 형상화된다(도판 12). 바로 이러한 사실에서도 우리는 신어사상의 비밀을 밝혀낼 수 있다.

『역易』의 괘사에 자주 등장하는 '정貞'자는 앙소문화를 기반으로 해서 만들어진 글자이다. 그런데 그 '정'자는 [도판 12]에서 보는 바와 같이 두 마리 물고기를 기하학적으로 표현한 것에서 시작되었다. 이는 앙소문화인들이 물고기를 종교적 의식에 사용했다는 것을 말한다. 그때 물고기는

---

15) 김병모, 『김병모의 고고학 여행(2)』, 고래실, 2006, 142쪽.

[도판 12] 앙소채도(2, 3)와 상(5)과 서주(4)
갑골문 '정貞'자

곧고 옳음을 보증하는, 즉 삐뚤고 사악한 것이 침범하지 못하도록 하는 신의 사자 역할을 했다.

앙소인들이 의례용 물고기에게 부여했던 의식은 서아시아에 전승된 엔키의 사제들이 행했던 것과 동일한 것으로 볼 수 있다. [도판 13]은 바빌론 시대에 엔키의 사제가 악령을 쫓아내는 의식을 하고 있는 모습이다. 물고기로 분장한 엔키의 사제들이 악한 귀신이 들린 환자를 치유하고 있다. 이 자료에서 우리는 엔키가 병을 치유하는 의식을 주관하는 신이기도 했다는 것을 알 수 있다.[16] 엔키의 사제가 행하던 의식

[도판 13] 오안네스(아다파)의 구마驅魔의식-바빌론

---

16) 조철수, 『한국 신화의 비밀』, 김영사, 2003, 109~110쪽 그림 설명 참고.

은 귀신과 같이 부정한 것을 몰아내는 것이다. 그 의식에서는 항상 두 사람의 사제가 함께 의식을 집전했다.

앙소문화를 배경으로 한 갑골문 '정貞'자는 이러한 문화적 배경에서 태어난 것이다. 이 '정'자가 종교행위와 관련 있었음은 상나라에 종교의식을 담당하는 정인기구貞人機構가 있었다는 데서도 알 수 있다. 정인기구에 소속된 정인들은 신의 뜻을 파악하기 위해 점을 쳤다.[17] 상나라의 정인기구는 발해만 지역에서 내려간 그들의 조상들이 중원지역에 남아 있던 앙소문화인의 종교문화를 수용한 것으로 이해할 수 있다.

뒷전풀이 때 사용하는 두 마리 명태는 신어

앞에서 설명한 두 가지 측면의 자료를 통해서 우리는 엔키신앙이 천산을 넘어 중원으로 들어왔음을 짐작할 수 있다. 메소포타미아의 천년왕국의 문화를 가지고온 공공족은 앙소지역에 한동안 머물며 중원에 새로운 신석기문화를 이식했다. 후에 공공이 북경시 밀운현 박달촌(白檀村)으로 이주하면서 신어사상은 다시 동북쪽으로 전해졌으며 공공의 후손이 이끌어온 우리 무속문화에 현재에도 살아 있다.

윤내현은 환웅이 내려온 신시에도 정인기구와 같은 종교의식에 종사하는 사람들이 소속된 기구가 있었을 것이며, 단군은 그러한 종교기구의 우두머리를 겸하고 있었을 것이라고 했다.[18] 옳은 지적이다. 상나라의 정인기

---

17) 윤내현, 「고조선의 종교와 사회 성격」, 단군학회 엮음, 『단군과 고조선 연구』, 지식산업사, 2005, 51쪽.
18) 윤내현, 「고조선의 종교와 사회 성격」, 단군학회 엮음, 『단군과 고조선 연구』, 지식산업사, 2005, 51쪽.

구는 바로 공공족이 주도했던 앙소문화의 유산이며 환웅은 공공족의 수장이었다.

신시에서 행하던 의식이 아직도 남아 있다. 떡시루에 북어(명태) 두 마리를 걸쳐놓는 우리의 고사풍습은 바로 중원을 돌아온 신어사상의 유습이다. 북어를 바치는 풍습에는 대지의 신이자 지하에 있는 생명수의 주인인 엔키(환웅)에게 죽은 자의 부활이나 환자의 병을 치유해주기 바라는 의미가 담겨 있다.

더 극적인 신어사상이 무속에 남아 있다. 뒷전거리가 바로 그것이다. 조선 말에 난곡이라는 호를 가진 사람이 서울굿의 각 거리를 그림으로 그려 설명한 책인『무당내력』은 총 13거리의 굿을 설명하고 있다. 그중 마지막 거리인 뒷전거리에 신어사상의 내력이 화석처럼 남아 있다. 뒷전거리에서 무당이 왜 두 마리 명태를 들고 굿을 하는지에 대해서는 아무도 그 뿌리 깊은 내력을 알지 못했을 것이다. 『무당내력』 뒷전에는 "치성이 끝나면 이름 없는 잡귀 일체를 풀어먹이며 안정되도록 한다. 연대는 고증할 수 없으나 전해오는 습속이다"라고 적고 있다.[19]

뒷전에서 무당이 두 마리 명태를 들고 굿을 하는 이유는 바빌론의 구나의식에서 악귀를 쫓는 의식과 맥이 닿아 있다. 바빌론의 두 물고기 사제가 우리 무속에는 두 마리 명태로 화석화되어 있었던 것이다. 그래서 뒷전거리를 하는 무당은 두 마리 명태를 들고 잡귀들을 물리치고 있는 것이다.

우리 무속이나 민속에서 북어나 명태가 저승이나 신의 세계와 관련된 예물로 사용된 이유도 그것이 신과 통하는 사자인 동시에 부정한 것을 막아준다고 믿었기 때문이다. 장례를 치를 때 고복을 마치고 사잣밥을 놓을

---

19) 서울대학교 규장각 편저, 서대석 해제, 『무당내력』, 민속원, 2005, 23쪽.

[도판 14] 조선 말 서울의 굿거리 중 뒷전거리 장면

때도 명태 세 마리를 썼으며, 산신제에도 명태는 빠지지 않는다. 정월 대보름에 답교踏橋놀이를 할 때도 짚으로 만든 자루 속에 명태나 돈을 넣어서 다리 아래로 던졌다(전북 부안). 또한 가정의 안녕과 수명을 기원하는 뜻에서 집의 대청에다 흰 실타래를 감은 명태를 묶어놓기도 했다. 심지어는 장대에 통북어를 매달아 신앙심을 나타내기도 했다.[20] 이러한 의식의 뿌리는 단군에게 있으며, 그 단군의 뿌리는 앙소문화를 주도했던 공공에 있으며, 공공의 뿌리는 서아시아 신석기문명의 창조자들과 연결된다.

 이러한 사실들은 우리의 역사문화가 유라시아 문명사와 연결되어 있음을 알게 한다. 오랜 세월 동안 굽이치며 흘러온 유라시아의 시원문명이 한반도에까지 긴 여정을 이어왔던 것이다. 그 시원지나 중간지역에서는 이미 잊혀진 문화가 한반도에서는 아직도 생명력을 가지고 있다.

---

20) 이필영, 『솟대』, 대원사, 1994, 48쪽.

허황후가 가져온 신어사상은 남방루트로

신어사상의 또 다른 전파루트는 남방루트이다. 메소포타미아의 신어사상은 인도로도 전파된다. 인도의 인더스강 유역과 메소포타미아 지역은 일찍부터 무역을 했으며, 두 지역은 물자뿐 아니라 사람과 문화도 교류하고 있었다.

인도의 대홍수신화도 메소포타미아 지역에서 전파된 것이다. 그러나 대홍수신화가 인도로 유입되어서는 인류를 구한 우트나피쉬팀(노아)은 사라지고 물고기가 그 역할을 대신한다. "인도의 신화에 큰 홍수가 있었다. 모든 인간이 물에 떠내려가고 죽음을 당했는데 겨우 몇 사람만이 커다란 물고기의 도움으로 살아남았다. 살아남은 사람 중에 '마누'라는 사람이 있었고, 마누의 70대 후손이 아요디아의 왕이 되었다. 그가 람 왕이다. 람이 다스린 코살라국에서는 조상을 구해준 물고기를 신으로 삼았다."[21]

이것이 허황옥이 떠나온 코살라국에서 쌍어문을 문장으로 삼은 신화적 배경이다. 메소포타미아의 대홍수신화에서 물고기 복장을 한 엔키가 여기서는 단순히 커다란 물고기로 변했을 뿐이다. 신어사상의 뿌리가 어디에 있는지 알 수 있는 대목이다.

김병모 교수는 아요디아에서 신어의 기능은 어떤 주신을 보좌하는 역할이었다고 했다.[22] 그는 신어의 기능을 동베를린의 페르가몬 박물관에 있는 '바빌로니아의 신어'가 새겨진 돌로 만든 수조水槽에서 찾았다(도판 15). 그 수조에는 바빌로니아의 물의 신 오안네스가 있고 물고기 옷을 입은

---

21) 김병모, 『김병모의 고고학 여행(2)』, 고래실, 2006, 138쪽.
22) 김병모, 『김병모의 고고학 여행(2)』, 고래실, 2006, 138쪽.

[도판 15] 오안네스와 두 사제(베를린 페르가몬 박물관 소장)

두 명의 사제가 양쪽에서 보좌하고 있다. 김병모 교수는 페르가몬 박물관의 신어상처럼 신어는 주신을 양 옆에서 보좌하는 보호자의 역할을 하는 것으로 이해했다.[23]

그러나 바빌론의 물의 신 오안네스는 이전 수메르문명의 엔키가 변형된 것이다. 따라서 오안네스의 원형은 초기 메소포타미아에서 대지와 생명수를 담당하던 엔키다. 두 마리 물고기는 엔키신의 사자로서 물고기 모자를 쓴 엔키 신의 사제로 출발했다. 그들이 바로 주신 엔키를 보좌하던 사제였다.

김병모 교수는 아시리아에서 발생한 신어사상이 페르시아를 지나 스키타이에게 전달되었고, 이것이 간다라 지방을 거쳐서 인도로 들어와 아요디아에 이르렀다고 했다. 하지만 앞에서 살펴본 역사전개 상황을 감안하면 신어사상이 인도에 들어간 것은 더 빠른 시기일 가능성이 있다. 또한 그는 아요디아의 신어사상이 다시 동진하여 중국 운남성에 도달했고, 그것

---

23) 김병모, 『김병모의 고고학 여행(2)』, 고래실, 2006, 142~145쪽.

이 무창을 거쳐서 허왕옥과 함께 가야로 전파되었다고 했다. 어쨌든 허왕옥이 쌍어문을 가지고 가야지역으로 들어왔다면, 그것은 남방루트를 통해 들어온 것이 분명하며, 김병모 교수가 추론한 루트를 통해서 전파되었을 가능성이 높다.

메소포타미아의 신어, 한반도로 이주

지금까지 간략하게나마 신어사상의 발생과 한국으로 전파되는 과정을 살펴보았다. 간단히 정리해보자. 수메르문명 이전의 농경문화였던 우바이드 문화기에 발생했던 신어사상은 한 갈래는 북방루트를 따라 신석기시대에 이미 중국 중원으로 전파되었다가 중국 동북지역을 거쳐 한반도로 들어왔다. 또 한 갈래는 인도를 거쳐 남방으로 전래되어 가야지역으로 들어왔다.

북방으로 전래된 신어사상은 김병모 교수가 지적한 대로 '떡시루에 북어 두 마리를 걸쳐놓는 우리의 고사풍습'에 남아 있다. 또한 뒷전 굿거리에서 무당이 두 마리 명태를 들고 잡귀를 물리치는 의식에도 남아 있다.

남으로 전래된 신어사상은 영남지역의 문화유산에 그 흔적을 남기고 있다. 지금까지도 가락국의 주변인 영남지방의 일부 사찰에는 쌍어문이 남아 있다. 쌍어문이 남아 있는 절로는 울산 개운사, 김해 은하사, 양산 통도사 삼성각, 양산 내원사 화정루(도판 16), 양산 계원사 대웅전 등이다. 합천 영암사지의 비석 바침에도 쌍어가 조각되어 있다.[24)] 양산 계원사 대웅전의 쌍어문은 아쉽게도 최근에 불사를 하면서 사라졌다. 문화유산을 보

---
24) 허균, 『사찰 100美 100選(상)』, 불교신문사, 2007, 354쪽.

[도판 16] 양산 내원사 화정루의 쌍어문

는 안목과 보존하려는 의식이 부족한 현실이 안타깝다.

김병모 교수는 한국사는 고대사로 갈수록 국제사國際史이고 근대로 올수록 국지사局地사로 변했다고 했다.[25] 너무나 옳은 지적이다. 상고시대에 기반을 둔 우리의 문화코드를 풀다보면 한국인의 얼 속에는 유라시아 대륙의 얼이 녹아 있음을 발견한다. 우리의 무의식 속에 살아 있는 얼에 잠재되어 있는 세계인으로서의 의식은 한민족의 무한한 잠재력의 원동력이 될 수 있다. 따라서 우리는 국수주의적인 이유 때문이 아니라, 세계시민으로서의 당당한 일원이 되기 위해서라도 우리가 잊었던 우리 문화코드 속에 숨어있는 의미를 되새겨볼 필요가 있다.

---

25) 김병모, 『김병모의 고고학 여행(2)』, 고래실, 2006, 225쪽.

| 제8장 |

알지신화를 그린 유리구슬의 비밀

흑해 주변에서 온 상감옥 구슬

국립경주박물관에 가면 작은 유리구슬 하나를 만날 수 있다(도판 1). 구슬에 상감된 아름다운 그림을 잘 볼 수 있도록 돋보기를 설치해놓았다. 경주시 황남동의 미추왕릉 지구에서 출토된 상감 유리구슬이 그것이다. 보물 634호다. 유리구슬은 여덟 가지 옥을 연결하여 만든 목걸이의 중심에 배치되었는데, 나무와 조류, 그리고 사람을 상감기법을 표현했다. 지름이 1.8센티미터에 불과한 구슬에 다양한 소재를 잘 소화했다. 이러한 수준의 제품은 당대 지중해 지역의 유리공예품 가운데서도 매우 우수한 작품으로 평가받고 있다. 뿐만 아니라 그러한 상감유리환옥이 한반도에서 출토되기도 처음이다.

당시 이 구슬의 가치는 아마도 오늘날 다이아몬드의 가치에 비견될 수 있을 것이다. 아직 고신라 고분이 다 발굴되지 않아서 확실히 말할 수 없지만, 이 정도 공들인 유리구슬은 그리 흔하지 않다. 이와 같은 유형의 유리구슬은 로마세계에서 1세기경부터 이집트 알렉산드리아를 중심으로 만들기 시작했다. 그것이 중국에는 흔적조차 남기지 않고 멀리 신라까지 전해진 물건이니 얼마나 값진 보물이었겠는가?[1]

그렇게 정교하고 귀한 유리구슬이 한반도 남쪽까지 들어오게 된 것은 미스터리가 아닐 수 없다. 크게 보아 상감옥의 미스터리는 두 가지이다. 하나는 그 제작지가 어디이며 누가 그 물건을 신라로 가져왔는가다. 다른 하나는 상감옥에 표현된 내용이 일반적인 것인가 아니면 특수한 내용을 어떤 목적을 가지고 만들었는가 하는 것이다.

---

1) 정수일, 『한국 속의 세계(상)』, 창비, 2009, 214쪽.

먼저 상감옥에 표현된 내용물을 검토해보자. 일반적으로 상감옥에 표현된 인물이 우리의 외관과 닮지 않았음을 지적한다. 문명사가 정수일도 "인물은 피부가 희고 눈이 동그라며 눈썹이 맞닿아 있다. 또 콧날이 오뚝하고 얼굴이 길며 목걸이를 하고 있다. 한마디로, 백조가 사는 북방계 백인종(아리아인)임에 틀림없다. 이러한 형질적 특징과 생활환경을 고려할 때, 이들은 로마 식민지였던 흑해 부근에 살았던 민족으로 짐작된다"고 했다.[2] 박물관의 안내판에도 "유리구슬에 사람 얼굴을 상감하는 방법은 지중해 연안이나 서아시아에서 유행했다"고 적고 있다. 인물이 서양인임을 강조한다. 그런데 문제의 인물은 황금보관을 쓰고 있다. 신라인이 그랬듯이 말이다.

[도판 1] 상감유리환옥

다음으로 흰색의 새가 여러 마리 표현되어 있는데, 이를 일반적으로 오리라고 생각한다. 앞에서 정수일은 백조라고 했다. 또 하나의 제재는 나무이다. 그런데 상감옥에 표현된 새를 문화재청 홈페이지에는 '물풀이 떠 있는 물속에서 헤엄치고 있는 오리'라고 설명한다. 그러나 그것을 오리나 백조라고 보면 사람도 물속에 있는 것이 되고, 마찬가지로 나무도 물속에 있다고 보아야 하지 않을까? 그래서 필자는 그것을 흰 닭으로 보고자 한다. 그렇게 보면 구슬에 표현된 핵심 제재는 흰 닭, 나무, 황금보관을 쓴 사람이 된다.

이러한 제재를 가지고 유리에 상감을 한 것은 단순한 풍경이 아니라 어

---

2) 정수일, 『한국 속의 세계(상)』, 창비, 2009, 214쪽.

떤 스토리를 표현한 것이 아닐까. 이러한 제재를 접하면 한국사람은 누구나 쉽게 떠올리는 신화가 있다. 바로 알지신화다. 어쩌면 장인이 상감옥에 표현하고자 한 내용은 당시 신라왕이었던 김씨 왕조의 시조인 알지신화였을지도 모른다.

서양인의 모습을 한 율곡

상감옥이 알지탄생신화를 묘사했다고 주장하면 독자들은 되물을 것이다. 흰 닭은 그렇다 치고 피부가 희고 눈이 동그라며 눈썹이 맞닿아 있고, 콧날이 오똑하고 얼굴이 긴 인물은 어떻게 설명할 것인가? 그것은 세 가지 측면으로 해명할 수 있다. 첫째는 아직 정설로 받아들여지지는 않았지만, 신라의 김씨 왕족이 천산 주변의 사카족과 연결되는 사람들이라는 것,[3] 둘째는 중앙대학교 의과대학의 연구 결과 신라인의 부계는 스키타이 인골과 가장 가깝고, 모계는 서흉노나 스키타이와 가깝다는 놀라운 결과가 나왔다는 것이다.[4] 서흉노에도 또한 카프카스계 아리안과 혼혈된 사람들이 많다.

셋째는 장인의 관념이 작용했다는 것이다. 그가 신라인의 외모를 한 번도 보지 않은 상태에서 신라인을 표현하기란 쉽지 않았을 것이다. 아프리카 사람이 예수를 그리면 자신들의 모습을 닮은 흑인 예수를 그리듯이 상감옥을 표현한 장인도 자신들과 비슷한 신라인을 그렸을 수 있다.

이러한 현상을 설명할 수 있는 재미있는 일화가 있다. 한국은행에서 처

---

3) 정형진, 『실크로드를 달려온 신라 왕족』, 일빛, 2005.
4) KBS 〈역사스페셜〉, "신라 왕족은 정말 흉노의 후예인가", 2009년 7월 18일 방영.

[도판 2] 1972년 오천원권, 서양인 모습의 율곡

[도판 3] 1977년 오천원권, 우리 모습으로 바뀐 율곡

음으로 오천원권을 발행할 때, 영국의 전문업체 토머스 델라루사에 동판 제작을 의뢰했다. 그런데 그 동판의 율곡은 서양인이 되어 돌아왔다(도판 2). 율곡이 영국 장인에 의해 서양인으로 변한 것이다. 그것도 20세기 후반에 벌어진 일이다. 현재 사용하는 오천원권의 율곡은 그 후에 우리 모습으로 바꾼 것이다(도판 3). 그러니 5~6세기경에 신라인을 제작한 흑해 주변의 장인은 오죽했을까. 당연히 자신들의 모습이 표현하려고 했던 대상에 들어갈 수밖에 없었을 것이다.

천축국에 알려진 신라인의 모습

상감옥에 그려진 내용에 대해서는 어느 정도 설명이 되었으니 그것이 과연 알지신화를 모티프로 했는지 알아보자. 모두 한번쯤은 듣거나 읽어본 김알지 탄생신화는 다음과 같은 내용으로 구성되었다.

[도판 4] 내몽고 파린좌치의 아얼산의 바위 위의 닭(鷄子), 동명의 탄생과 관련된 신앙 요소가 표현되어 있다. 이 지역은 요나라의 상경 임황부가 있던 곳으로 고리국이 있었을 것으로 추정되는 지역이다.

 탈해왕 9년에 왕이 금성 서쪽에 있는 숲에서 닭 우는 소리를 듣고, 새벽에 신하를 보내어 살피게 하였더니, 나뭇가지에 황금 궤짝이 걸려 있고 그 밑에 흰 닭이 울고 있었다. 왕이 사람을 보내어 그 궤를 가져다 열어보니, 그 속에 조그만 사내아이가 들어 있어 왕이 거두어 길렀다. 차차 자람에 총명하고 지략이 많으므로 이름을 알지라 하고, 금궤에서 나왔으므로 해서 성을 김金씨라 하였다.[5]

 알지 탄생신화에 보이는 나무는 천상의 신성한 존재가 내려오는 생명의 나무이고, 흰 닭은 신성한 생명을 낳는 태양새이다. 부여의 동명왕 탄생신화에도 태양새인 닭이 등장한다. 그는 고리국 왕을 모시는 시녀의 몸에서 태어났다. 그의 어머니가 그를 임신한 것은 '하늘에서 내려온 계란만한 기운에 의해'서이다(도판 4 참고).

 『삼국유사』는 혁거세가 계정鷄井에서 태어났다고 기록하고 있다. 이는 박혁거세가 "하늘에서 번개 빛과 같은 이상한 기운이 땅에 드리워졌고, 그

---

5) 『삼국사기』 「김알지」.

곳에 떨어진 자줏빛 알"에서 태어났다고 하는 것과 관련 있다. 그 알은 바로 천상의 태양새가 낳은 것으로 볼 수 있기 때문이다.

[도판 5] 유리구슬의 다른 부분

태양을 움직이는 새로 비유할 때 그 태양새로는 까마귀, 독수리 등 맹금류와 닭이 있다. 부여계와 친연관계가 있다고 하는 바이칼호 주변의 브리야트족은 지금도 닭을 태양새로 보고 있다. 이러한 정황은 박혁거세의 모계나 신라 김씨 왕족이 북방계임을 보여주는 문화코드이다.

『삼국유사』「천축으로 간 여러 법사들」편에는 "천축국 사람이 신라를 '구구타 예설라'라 일렀으니 '구구타'는 닭이라는 말이요, '예설라'는 귀하다는 말이다. 그 나라에 전해오는 말로는, '신라는 닭의 신(雞神)을 섬겨 머리에 날개깃을 꽂아 꾸미개로 삼았다"는 기록이 있다.[6] 이는 신라인들이 알지 탄생신화의 흰 닭을 신성시하고 닭의 날개로 머리장식을 했음을 말한다.

바로 그 날개깃 꾸미개가 상감옥의 비밀을 풀 수 있는 단서 중 하나이다. 학계에서는 이 상감옥이 수입품이라는 데 동의하고 있다. 상감옥 구슬이 만들어진 곳으로는 지금의 루마니아인 다키아, 지금 불가리아인 트라키아 및 모헤시아이다. 이곳은 당시(서기 4~5세기) 로마제국의 식민지였다. 이 세 나라 중 한 나라의 왕가에서 신라 왕실로 선물한 것이라는 견해가 있다.[7] 그러나 그것은 심증일 뿐 정확한 해답은 아니다. 다시 말하면 아직

---

6) 당나라 의정義淨이 지은 『대당서역구법고승전』에 기록된 내용을 인용한 것이다.
7) 요시미즈 츠네오 지음, 오근영 옮김, 『로마문화 왕국, 신라』, 씨앗을뿌리는사람, 2002, 198~205쪽.

도 그것을 누가 만들어 신라의 수도인 경주로 가지고 왔는지는 해명되지 않고 있다.

소그드인이 주문 제작

이 문제를 해결할 단서를 삼감옥에 표현된 인물에서 찾을 수 있다. 물론 확실한 근거라기보다는 흥미롭게 추론해볼 수 있는 정도이다. 상감옥에 등장하는 인물을 자세히 보면 머리에 '황금 날개깃'을 하고 있다. 이는 상감옥을 만든 장인이 머리에 황금 날개깃을 하는 사람들에 관한 정보를 알고 있었다는 이야기가 된다. 그렇다면 누가 그러한 정보를 장인에게 전해주었을까? 후보자가 있다. 당시 신라 왕족과 연결되면서 천산 너머의 정보나 물자를 신라에 전했을 가능성이 높은 집단으로 국제무역상이던 소그드인을 들 수 있다.

무슨 근거로 소그드인들이라고 할 수 있는가? 그러한 추론을 가능하게 하는 단서가 소그드 왕의 궁전벽화에 남아 있다. 우즈베키스탄의 사마르칸트에 있는 아프라시압 궁전벽화에 묘사된 신라 사절은 유리구슬에 묘사된 인물이 하고 있는 것과 동일한 머리꾸미개를 하고 있다(도판 6, 7). 이는 소그드들이 신라인의 풍습을 알고 있었음을 말해주는 중요한 정보이다.

고미술 사학자로 『로마문화 왕국, 신라』를 쓴 요시미즈 츠네오는 이 유리구슬이 고도의 기술을 익힌 기술자에 의해서 주문 생산된 것으로 보았다. 그 생산지로는 흑해의 서쪽 지방이 유력하다고 했다.[8]

---

8) 요시미즈 츠네오 지음, 오근영 옮김, 『로마문화 왕국, 신라』, 씨앗을뿌리는사람, 2002, 198쪽.

[도판 6] 아프라시압 궁전 벽화에 묘사된 신라 사절단의 모습. 7세기의 것으로 당시 신라인의 의복을 볼 수 있다.

그렇다면 어떻게 신라 왕족의 시조신화를 흑해 서쪽 지방의 장인이 생산할 수 있었겠는가 하는 의문이 생긴다. 그 의문을 풀어줄 사람도 역시 당시 국제무역상이던 소그드인들이다. 어떤 학자의 가설에 의하면 이 소그드인들이 만주지역에 있던 '속말말갈'과 관계 있다고도 한다. 그들이 상감구슬의 비밀을 풀어줄 적임자인 이유는 다음과 같다.

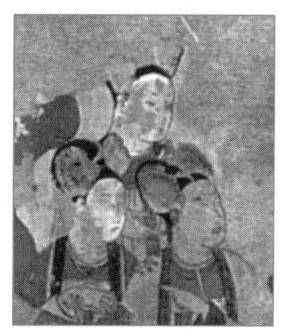

[도판 7] 앞 도판의 부분

첫째, 그들은 중앙아시아에 기반을 두고 동서 양쪽 지역을 무대로 중계무역을 하던 상인집단이었다. 둘째, 그들이 실크로드 무역을 통해 부를 가장 많이 축적한 시기가 5~6세기경이라는 점이다. 셋째는 미추왕릉 지구 유리상감옥이 대략 5~6세기경의 무덤에서 나왔다는 것이다. 넷째, [도판 6]에서 보듯이 신라 사절의 모습이 아프라시압 궁전벽화에 보이는데, 그 신라 사절은 머리에 황금 날개깃을 하고 있다는 것이다. 그런데 상감옥의 주인공도 황금 날개깃을 하고 있다. 다섯째, 신라인들이 날개깃을 한다는 정보가 인도에까지 전해진 것으로 보아 당시 문명의 교차로였던 사마르칸트에서도 그러한 정보를 알았을 가능성이 있다는 점이다. 여섯째 미추왕릉 지구는 당시 왕과 귀족들의 무덤일 텐데 그들과 무역을 하자면 신라 김씨 왕족에 대한 정보를 잘 알고 있어야 했을 것이라는 점이다. 당시 왕족에 관한 정보 가운데 중요한 것 중 하나가 왕들의 조상인 김알지의 탄생신화였을 것이다. 또한 신라 왕족의 조상들이 천산 주변의 사카족일 가능성도 소그드인들과 친밀감을 느낄 수 있는 조건이었을 것이다.

위에서 열거한 여러 가지 상황들을 고려해볼 때 소그드 상인이 로마나 흑해 주변의 유리제품과 공예품을 신라에 공급하는 적임자였을 가능성이 매우 높다. 신라 왕실에 대한 정보를 가지고 있던 소그드 상인이 알지신화를 표현한 유리상감옥을 흑해지역의 장인에게 주문 생산했다고 가정할 수 있다. 그들은 그 상감옥으로 신라 왕실 혹은 귀족의 환심을 사려고 했을 것이다.

비슷한 시기의 경주 계림로에서 출토된 장식보검도 역시 흑해 주변의 트라키아나 동로마제국의 수도였던 터키 지역에서 생산되어 경주로 반입되었을 것이라고 추정하는 현실을 감안하면 전혀 근거 없는 주장이라고 하기는 어려울 것이다. 이 시기에 조성된 대형 고분에서 서역계 유물이 많이 출토되고 있는 것도 누군가 신라에 서역과 로마의 상품을 공급하는 세력이 있었음을 의미한다.

참고로 적석목곽묘에 묻힌 서역계 문물의 공급자로 서쪽 중앙아시아나 남러시아로 진출했던 북흉노도 설정할 수 있다. 물론 당시 동아시아의 강국이었던 북위와의 중개무역을 통해서 수입되었을 수도 있다.

| 제9장 |

황금보검의 삼태극과 곰머리 세 구멍 옥기의 비밀

서로 사랑했던 화랑의 무덤인가

2010년 경주국립박물관에서는 '황금보검을 해부하다'라는 이름으로 특별전을 열었다. 이 특별전은 5~6세기경 신라사회가 상식적으로 생각하는 것보다 훨씬 국제성을 띠고 있었음을 보여주기 위해 기획되었다. 1973년 대릉원 동쪽의 계림로를 새로 내는 공사 중에 많은 신라 무덤들이 노출되었다. 그중에서도 계림로 14호분으로 명명된 6세기 초반 무렵의 적석목곽분에서는 황금보검과 비단벌레 날개를 장식한 화살통 부속구를 비롯한 많은 유물이 출토돼 주목을 끌었다.

계림로는 경주시내에 있는 대릉원 동쪽으로 난 길을 말한다. 사실 이 주변은 온통 고신라의 왕과 귀족들의 무덤으로 가득한 곳이다. 계림로 동쪽 지역은 지금도 발굴이 한창 진행되고 있으며 상당히 귀중한 유물들이 출토되고 있다.

황금보검이 출토된 계림로 14호묘는 젊은 청년 두 명이 함께 부장된 특이한 무덤이다(도판 1). 경주박물관의 발굴보고서에 따르면 피장자는 전쟁이나 전염병으로 인해 사망했을 것이라고 한다. 그들이 묻힌 시기는 6세기 초이며, 키는 150~160센티미터 정도이고 나이는 20~30대의 성년이다. 황금보검은 왼쪽에 묻힌 사람이 차고 있었으며 그는 은제 허리띠도 차고 있었다.

이들은 황금보검과 같이 귀중한 수입품을 차고 있었다든지, 금 귀걸이와 은제 허리띠를 비롯하여 여러 금은 제품을 부장한 것이라든지, 상감 유리구슬을 부장했다든지 한 것으로 보아 매우 높은 신분이었음이 분명하다. 특히 보검의 아래쪽 부분에 붙어 있던 직물이 옷의 일부로 보이는데 조사 결과 이 직물은 무늬 있는 비단인 '능綾' 이었다고 한다. 『삼국사기』에 따르면 신라에서는 신분에 따라 입을 수 있는 옷이 달랐다. 겉옷으로 '능'을 입을 수 있는 계층은 진골 이상의 계층뿐이었다. 따라서 그는 신라 최고의 귀족계급에 속하는 청년이었다.

14호묘가 흥미로운 것은 장식보검 등 유물 외에도 한 무덤에 젊은 남자 둘을 묻었다는 것이다. 그것은 순장묘도 아니고 부부묘도 아니었다. 왜 그들은 한 무덤에 나란히 묻혔을까? 무슨 특별한 사정이 있지 않고서야 그와 같은 방식으로 무덤을 쓰지는 않았을 것이다. 나이로 보

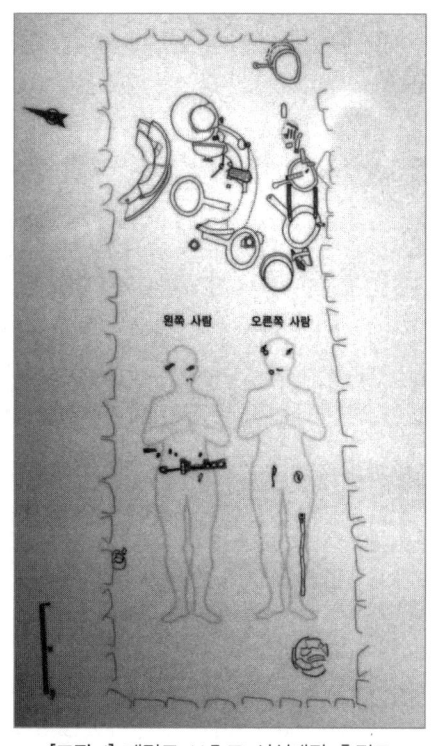

[도판 1] 계림로 14호묘 시신매장 추정도

아 어쩌면 그들은 신라의 영토 확장 전쟁에 참여했다가 함께 전사한 전우였을지도 모른다. 그랬다면 그들은 서로 사랑했던 절친한 친구였을 것이다. 화랑들의 우정과 사랑에 관한 이야기가 여럿 전해지는 사정을 보여주는 하나의 예일 수도 있다.

황금보검에 표현된 삼태극

왼쪽에 묻힌 청년이 가슴에 차고 있던 황금보검은 앞 장에서 살펴본 상감옥과 마찬가지로 우리나라에서 유일하게 출토되었을 뿐 아니라 중국에

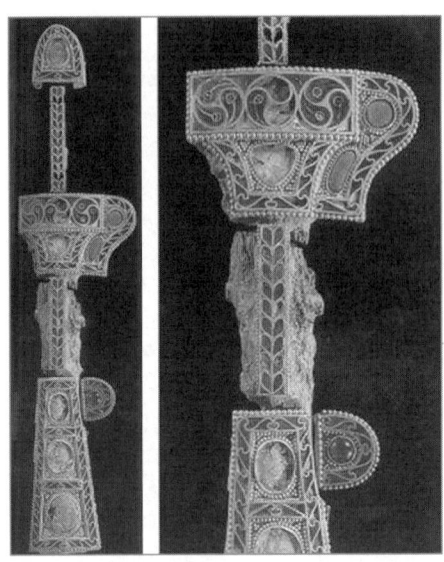

[도판 2] 황금보검 전체와 부분

[도판 3] 민예품 색실함의 삼태극

서도 아직 출토된 예가 없는 진귀한 것이다(도판 2). 다만 중국의 경우 천산 동쪽에 있는 신장성 쿠차의 키질석굴 (5~7세기)의 69호 벽화에 유사한 검을 찬 인물이 묘사되어 있다. 이곳 또한 얼마 전까지 동투르키스탄이라고 불릴 정도로 중국과는 약간 거리가 있는 지역이다. 다시 말하면 그것은 서역인의 문화유산이다.

황금보검은 경주에서 출토된 다른 어떤 것보다 신라의 활발했던 대외교류를 상징하는 유물이다. 또한 전형적인 중앙아시아 계통의 유물이란 점을 들어 무덤의 주인공이 서역인일 것이라는 견해도 있었다. 그러나 이번 발굴보고서에서는 피장자의 머리를 동쪽으로 했다든지, 여러 부장품들 중에 황금보검 외에는 외국제품이 없다는 점, 그리고 장식보검의 칼집 아래에서 발견된 비단(綾)이 당시 신라 진골 귀족층만 입을 수 있던 고급 비단이라는 점을 들어 계림로 14호묘에 묻힌 사람은 신라 귀족으로 판단했다.

그런데 흥미로운 것은 황금보검에 삼태극이 연속해서 세 개가 표현되

[도판 4] 낙산사 사리탑의 삼태극, 숙종 18년(1692년)

어 있다는 점이다. 현존하거나 벽화 자료에 남아 있는 다른 어떤 장식보검에도 삼태극은 없다. 따라서 계림로 14호묘에서 나온 황금보검의 비밀을 추적하는 데 이 삼태극은 중요한 단서가 될 수 있다.

삼태극은 우리 눈에 무척이나 낯익은 디자인이다. 한여름 더위를 식혀주던 부채에도, 한민족의 신명을 돋우는 북에도, 서원의 대문에도 삼태극을 그린다. 2002년 월드컵 때도 삼태극은 한국을 알리는 중요한 디자인으로 각광받았다. 그러한 삼태극이 새겨진 황금보검의 제작지도 궁금하지만 우리에게 낯익은 삼태극이 로마지역에서 만들어진 보검에 새겨져 있다는 것 자체에도 친밀감을 느낀다. 보검의 생산지와 더불어 삼태극이 어떤 연유로 보검에 장식되었는지 알아보는 것은 매우 중요한 일이다. 먼저 보검의 생산지부터 추적해보자.

황금보검은 어디서 생산되었나

보검의 생산지를 추정할 수 있는 단서는 여러 가지 측면에서 검토될 수 있다. 먼저 보검의 장식에 주목해보자. 보검의 황금판에 박혀 있는 붉은색을 띤 보석을 지금까지는 마노로 알고 있었는데 과학적인 분석 결과 석류석으로 밝혀졌다. 석류석은 인도, 스리랑카가 원산이며 고대에 이런 장식기법은 중앙아시아, 서아시아 일대에 널리 퍼져 있었다. 그런데 황금보검에 감입된 석류석은 동유럽산이라고 한다. 제작지를 추정하는 단서가 될 수 있다.[1] 인도, 스리랑카가 아니라 동유럽에서 수입해서 제작했다는 이야기다. 동유럽과 가까운 지역에서 생산되었다고 추정할 수 있는 단서가 된다.

다음으로는 황금보검과 비슷한 디자인에 석류석을 감입한 보검이 있느냐 하는 것을 살펴볼 필요가 있다. 다행히도 그런 유물이 있다. 황금보검과 매우 유사한 것이 1928년 카자흐스탄의 북쪽에 위치한 보로보예라는 마을 근처에서 건설공사를 하던 중 보검의 장식편이 발견되었다. 우연히도 두 황금보검은 동일한 우연에 의해서 발견되었다. 역사의 수수께끼가 풀리려니 그러한 우연이 작용하는지도 모르겠다. 바로 그 보검의 장식편에 석류석이 박혀 있다(도판 5). 이와 같이 석류석과 유리를 금판에 박아 장식한 유물은 흑해 북동부 아조프해 연안의 타간로크에서도 발견되었다.

[도판 5] 카자흐스탄 보로보예에서 발견된 황금보검 장식

이러한 사실들은 이런 유의 장식보검이

---

1) KBS 〈역사스페셜〉, "계림로 14호분 황금보검의 비밀", 2010년 2월 6일 방영.

[도판 6] 키질 천불동 69호분

[도판 7] 우즈베키스탄 아프라시압 궁전 벽화

[도판 8] 황금보검 관련 세계 유적지(경주박물관)

흑해 주변지역에서 제작되었을 가능성을 시사한다. 즉 동유럽과 가까운 흑해 주변으로 제작지를 좁힐 수 있다.

다음으로 보검의 형식에 주목해보자. 황금보검과 비슷한 보검은 앞에서 말한 보로보예 무덤에서 출토된 것, 그리고 중국 신장성 키질 천불동 69호 벽화의 비슷한 검을 찬 인물(도판 6), 우즈베키스탄 사마르칸트 아프라시압 벽화 등에 남아 있다(도판 7). 그리고 유럽에서는 이탈리아의 랑고바르드족 묘에서 출토된 단검이 있다. 일본 텐리대학에도 이란계의 비슷한 단검

이 소장되어 있다.[2]

켈트족의 소용돌이 무늬

그렇다면 흑해 주변의 어떤 사람들이 이러한 종류의 황금보검을 만들었을까? 그들을 추정할 수 있는 단서로 보검에 장식한 세 개의 삼태극 무늬를 생각해볼 수 있다. 왜 그런가. 그것은 위에서 말한 황금보검과 유사한 검들에는 삼태극 도안이 없기 때문이다.

그렇다면 삼태극 도안은 특정 문화인과 연결될 가능성이 있다. 황금보검의 전체적인 디자인이나 기법이 매우 세련되고 정교하면서도 삼태극 무늬를 잘 표현한 것으로 보아, 보검을 디자인한 장인은 그 디자인에 매우 익숙했다는 것을 알 수 있다. 세 개의 삼태극 무늬 안에 꽃봉오리와 세 잎 무늬, 때로는 사람의 머리나 동물머리 형상을 박아넣는 것은 켈트인들이 즐겨 사용한 디자인이다(도판 9). 이런 점을 고려해서 황금보검의 제작자로 켈트인을 지목하기도 한다. 이러한 주장을 펴는 학자는 일본의 요시미즈 츠네오이다. 그는 4~5세기 무렵 켈트의 유물에 이런 무늬가 많다는 점을 그 근거로 들었다.[3]

켈트인들이 태극 무늬를 사용한 고고학적 흔적은 기원전 2세기경의 유물에도 이미 나타난다(도판 10). 그렇다면 장식보검은 켈트 장인의 작품일까? 켈트인은 어떤 사람들인가? 그들의 본거지는 중부 유럽이다. 이들 가

---

[2] KBS 〈역사스페셜〉, "계림로 14호분 황금보검의 비밀", 2010년 2월 6일 방영.
[3] 요시미즈 츠네오 지음, 오근영 옮김, 『로마문화 왕국, 신라』, 씨앗을뿌리는사람, 2002, 211쪽.

운데 동으로 이주하여 흑해 서쪽의 트라 키아 지방에 정착한 사람들이 있었다. 그 들은 한발 앞서 그리스·로마 문화를 받 아들인 로마화된 켈트인이었다. 그러나 KBS가 취재한 자료를 보면, 그곳 소피아 트라키아학 연구소의 사학자 발레리 아 폴로는 "황금보검은 로마시대 켈트

[도판 9] 켈트족의 유물

족과 연결짓기는 힘들며 그들보다 더 늦은 4~6세기의 물건으로 보인다"고 한다.[4] 즉 켈트족이 만든 물건이 아닐 것이라는 이야기다.

그렇다면 이 물건은 누가 만들었을까? 흑해 연안의 불가리아 바르나 박물관의 알렉산더 민체프 박사는 "신라 황금보검은 민족 이동 시기(3~6세기)에 이민족의 침입 또는 그들의 주문에 의해 동로마 장인들이 제작한 것"으로 보았다. 그는 그 근거로 동로마시대의 유물들과 신라의 그것이 매우 닮았다는 점을 들었다.[5]

훈족이 주문 생산한 것인가

그의 주장을 수용하면 황금보검은 누군가의 주문을 받은 동로마 장인, 즉 지금의 터키에 살던 장인이 만들었다. 그렇다면 누가 그 물건을 주문했을까? 민체프 박사가 암시하는 주문자는 훈족을 염두에 둔 듯하다. 훈족은 몽골에 살던 서흉노가 서진해서 형성한 집단이다.

---

4) KBS 〈역사스페셜〉, "계림로 14호분 황금보검의 비밀", 2010년 2월 6일 방영.
5) KBS 〈역사스페셜〉, "계림로 14호분 황금보검의 비밀", 2010년 2월 6일 방영.

[도판 10] 기원전 2세기경 켈트인들이 만든 삼태극 문양

[도판 11] 기원후 1세기경 켈트 삼태극

훈족이 주문 생산했다면 그 물건이 왜 신라에 오게 되었을까? 일부 역사학자들이 생각하듯이 신라의 주도세력이 서쪽으로 이동한 서흉노와 관계가 있었기 때문일까? 하지만 이 가설은 아직 그 근거가 미약하다는 점이나, 최근 부각되고 있듯이 신라 김씨 왕족은 천산 주변에 살다가 한나라 무제에게 잡혀갔던 투후 김일제와 연결될 가능성이 있다는 점을 고려하면, 훈족이 제작한 것이 아닐 확률이 높다 하겠다.

그럼 누가 주문해서 생산한 것일까? 이에 답하기 위해서는 경주국립박물관에서 발행한 발굴보고서 『국립경주박물관 학술총서』 22집을 살펴볼 필요가 있다. 거기에서는 다음과 같은 결론을 내리고 있다. "황금보검에는 중앙아시아 지역에서 유행한 단검 형태와 동로마제국 및 5세기 유럽 각지의 이민족 사이에 퍼져나가던 금세공기술이 결합되어 있다. 보검은 중앙아시아의 집단이 동유럽의 금세공기술자에게 주문 제작한 것으로 추정한다."

그렇다면 중앙아시아의 어떤 집단이 주문했을까? 그들은 앞 장의 상감유리옥을 주문 생산한 소그드인들일 가능성이 있다. 왜냐하면 그들은 당시 실크로드를 무대로 활동한 상인이었을 뿐만 아니라 국제정세도 밝았으며, 북위나 돌궐에서도 활동하던 그들이 신라 조정과도 일정한 거래를 했을 가능성이 높기 때문이다.

삼태극의 비밀을 풀어보자

그래도 의문은 남는다. 소그드인 혹은 넓게 잡아 중앙아시아의 어떤 집단이 주문 생산했다고 해도 왜 황금보검의 장식 문양을 특별히 켈트족의 전통 문양인 소용돌이 문양으로 했을까?

켈트족은 삼파문 문양을 오래전부터 사용해왔고, 서양에서 다양한 형태의 파문巴紋 형상을 보통 '켈트족의 소용돌이 문양(Celtic spiral)'이라고 부른다. 켈트족의 대표적이고 상징적인 문양인 삼파문(트라이스켈)은 태양 숭배와 관련된 태양문으로 알려져 있다. 삼파문은 아침부터 저녁까지 쉬지 않고 달리는 태양을 상징한다. 이러한 문양은 켈트족들의 기물에 장식 문양으로 많이 사용된다. 오늘날에도 장신구의 디자인으로 삼파문이 많이 활용되고 있다.

러시아의 고고학자 아리엘 골란은 두 개의 삼파문은 맥락에 따라 뱀을 상징할 수도 있고, 태양새를 상징할 수도 있다고 보았다. 또한 그는 "두 개의 삼파문은 고대 크레타의 상징에서도 발견되는데, 이는 양 나선이 처음에는 두 마리의 새가 아니라 두 마리의 뱀을 나타냈음을 보여준다"고 했다.[6]

아리엘 골란은 삼파문이 뱀을 나타내기도 하고 태양(태양새)을 나타내

---

6) 아리엘 골란 지음, 정석배 옮김, 『선사시대가 남긴 세계의 모든 문양』, 푸른역사, 2005, 318~320쪽.

[도판 12] 지중해 크레타의 뱀 여신상, 기원전 1600년

[도판 13] 앙소채도의 소용돌이 문양

기도 하는 것에 대해서 다음과 같이 정리한다. 신화적인 뱀은 하늘여신의 남편이다. 하늘여신과 그 남편은 신석기시대의 주요 신으로 세상의 어머니와 아버지로 숭배되었다.[7] 두 마리 뱀은 큰 여신의 아들인 쌍둥이의 화신이었다. 그 쌍둥이들이 뱀의 형상으로 나타나는 것은 지옥신인 그 아버지가 뱀이었기 때문이다. 한편 그들은 새의 형상을 하기도 하였는데, 이는 하늘여신인 그 어머니가 새였기 때문이다(도판 12).[8]

---

7) 아리엘 골란 지음, 정석배 옮김, 『선사시대가 남긴 세계의 모든 문양』, 푸른역사, 2005, 307쪽.
8) 아리엘 골란 지음, 정석배 옮김, 『선사시대가 남긴 세계의 모든 문양』, 푸른역사, 2005, 320~321쪽.

[도판 14] 상나라시대 청동기에 보이는 삼파문(삼태극)

그렇다. 삼파문은 원래는 뱀이 가지고 있는 생명에너지를 표현하기 위해서 만든 상징이었다. 그것은 동양에서 그 문양을 파문이라고 하는 것으로도 알 수 있다. 파문의 '파(巴)'는 '큰 뱀'을 상형한 글자이다. 삼파문을 소용돌이 무늬라고도 하는데, 이것은 물이 구멍으로 빨려들어갈 때 나타나는 모양과 흡사하기 때문이기도 하다(도판 13). 동시에 뱀은 지상의 물을 상징하는 동물이라는 것을 고려하면 소용돌이 무늬를 뱀을 상징하는 무늬, 즉 파문이라고 보는 것은 자연스럽다.

물론 이것이 후에는 태양을 나타내는 문양으로 사용된 것도 맞다. 우실하 교수가 주장하듯이 삼파문(삼태극)은 '이글거리며 타오르는 태양문'에서 기원한다고도 볼 수도 있다. 하지만 그 파문의 원형은 뱀의 생명에너지와 연관해서 발생했을 가능성이 더 높다. 그것이 태양과 연결되는 것도 위에서 아리엘 골란이 설명하는 방식으로도 이해할 수 있지만, 동양문화사에서 태양의 빛살을 뱀으로 이해하는 것으로도 볼 수 있다. 태양에서 쏟아지는 빛살은 뱀과 같은 생명에너지를 가지고 있기 때문이다.

삼태극이란 개념은 언제부터 사용했나

어쨌거나 삼파문은 동서양에서 비슷한 시기에 나타난다. 서양에서는

[도판 15] 중국 청동기에 보이는 3·4·5파문

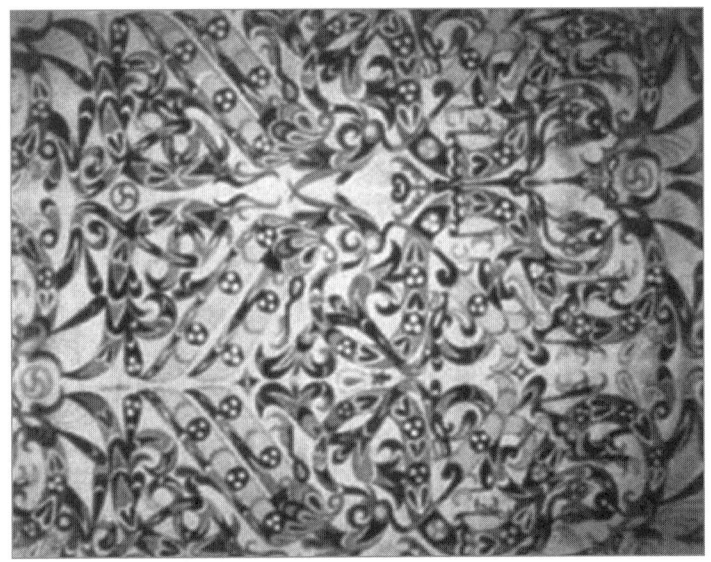

[도판 16] 동주시대 비봉문에 보이는 삼태극

[도판 17] 춘추시대 삼파문(삼태극)   [도판 18] 전국시대 증후을묘 출토 청동용종의 삼파문

 고대 크레타 문명에 이미 나타나고, 동양에서는 상나라시대의 청동기나 옥기에 나타나기 시작한다(도판 14). 그런데 우리는 삼파문을 삼태극이라고 알고 있다. 그렇다면 왜 삼태극이라고 할까? 사실 상나라 이후의 중국 자료를 보면 파문의 형태가 2파·3파·4파형 등이 있으며 파문의 모양도 여러 가지로 표현되었다(도판 15). 그러던 것이 한나라 시대에 태극太極 관념이 철학적으로 정의되면서 삼태극이 우주론적 개념으로 정립된다. 이후부터 삼태극이라는 개념으로 이 도안을 사용했다.
 『한서漢書』「율력지律曆志」에는 태극원기함삼위일太極元氣函三爲一이라는 최초의 태극 관념인 삼태극 관념이 보인다. 즉 삼태극은 하나의 원기 속에 천지인 삼기를 포함하고 있다는 개념으로 사용하기 시작한 것이다. 우리나라 국기에 표현된 태극은 사실 삼태극보다 훨씬 늦게 생겨난 개념이다. 그것은 중국 송나라시기에 성리학이 일어나면서 생겼다. 즉 당나라 시기까지 태극은 삼태극을 의미했다.
 앞에서 파문의 발생시기와 의미 그리고 파문이 상징하는 의미가 뱀이나 물의 에너지를 상징하는 것에서 태양을 상징하는 것으로, 최후로는 천지인 삼기를 포함하고 있는 철학적 상징도안으로 사용된 것에 대해서 살펴보았다.

삼태극이 세 개인 것은 무엇을 의미하는가

그렇다면 황금보검에 도안된 연속된 세 개의 삼태극은 무엇을 나타내고자 한 것일까? 그 단서를 추정할 만한 유물이 나왔다. 세 개의 태양을 표현한 듯한 옥으로 만든 유물이 그것이다. 그 유물은 초기 한민족 공동체와 관련이 있을 가능성이 높은 중국 동북지역의 홍산문화 유적에서 발견되었다. 일명 '곰머리 세 구멍 옥기'이다. 사진에서 보는 바와 같이 '곰 머리 세 구멍 옥기'는 양쪽에 곰의 머리를 표현하고 중앙에 둥글게 세 구멍을 뚫어놓았다(도판 19와 제1장의 도판 10, 11).

아직 이 옥기가 상징하고자 한 것이 무엇인지에 대한 정설은 없다. 옥기에 보이는 세 구멍은 과연 무엇을 상징하고자 했을까? 두 가지 측면에서 그 가능성을 살펴보자.

첫째로 그것은 삼신할머니의 자궁 혹은 성기를 상징했을 수 있다. 그렇게 추정할 수 있는 근거로는 이 세 구멍 옥기가 곰 할머니, 즉 곰 여신을 상징했을 가능성 때문이다. 그러면 왜 구멍이 셋이냐고 묻고 싶을 것이다. 그것은 영원한 순환을 나타내기 위해서다. 무슨 이야기냐 하면

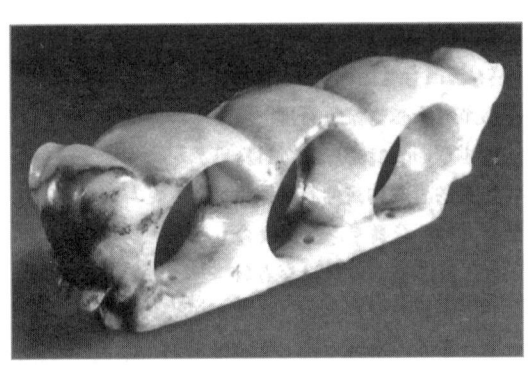

[도판 19] 후기 홍산문화, 곰머리 세 구멍 옥기

세 구멍은 곧 할머니·어머니·처녀로 이어지는 여신의 자궁에서 끊임없이 생명이 태어나는 것을 상징하고자 했을 것이라는 것이다.

중국학자 류다린(劉達臨)은 "고증에 따르면 중국 고대에 유행한 옥벽玉璧은 여성 생식기의 상징물"이라고 했다.[9] 옥벽은 옥에 둥근 원을 뚫은 것을 말하는데, 옥에 구멍 세 개를 뚫은

[도판 20] 양자강 하류의 신석기시대 옥벽

것을 삼련옥벽三聯玉璧이라고 한다. 따라서 삼련옥벽은 여성 생식기가 세 개 연달아 있음을 상징한 것으로 이해할 수 있다. 그러한 삼련옥벽의 기원이 바로 홍산문화 유지에서 발굴된 '곰머리 세 구멍 옥기'이다. 물론 홍산문화 유지에서도 단순한 형태의 삼련옥벽이 출토된다.

'곰머리 세 구멍 옥기'에서 시작된 삼신의 상징은 우리 무속에도 그대로 전달되고 있었다. 무속에서 삼신제석을 모실 때 항아리 혹은 사발 3개에 쌀을 담고 고깔을 씌운다. 이때 항아리는 여성의 자궁을 의미한다.

세 개의 연속 삼태극은 삼신할머니의 상징

그렇게 추론할 수 있는 근거는 유라시아 문명사의 삼신 개념에서 비슷한 의식을 읽어낼 수 있기 때문이다. 터키의 차탈 휘유크Catal Huyuk에서 기원전 6000년 무렵에 만들어진 삼위일체의 삼신이 발견되었는데, 이들 여

---

9) 류다린 지음, 노승현 옮김, 『중국 성문화사』, 심산, 2003, 37쪽.

[도판 21] 신석기시대의 소용돌이 무늬

신들은 한 몸에 처녀·어머니·할머니의 머리, 즉 한 몸에 세 여신의 얼굴을 표현했다. 한편 고고학자 마리자 김부타스Marija Gimbutas는 선사시대 석기인들이 사용하던 토기의 그림 가운데 세 개의 소용돌이 미로가 하나로 연결되는 디자인은 '세 여신'의 강력한 번식력을 상징한다고 했다(도판 21). 그 세 개의 소용돌이 미로는 차탈 휘유크의 세 여신의 번식력을 상징한 것으로 이해할 수도 있다.[10]

김부타스가 언급한 세 개의 소용돌이 미로는 바로 켈트족의 '소용돌이 문양'이라고 부르는 것이다. 앞에서도 언급했지만, 어떤 학자들은 이 문양이 태양 숭배와 관련되었으며, 아침부터 저녁까지 달리는 태양, 즉 떠오르는 태양, 정오의 태양, 서산으로 지는 태양을 상징한다고도 한다. 이러한 견해들과 홍산문화 세 구멍 옥기를 연결해서 생각하면, 홍산옥기는 세 개의 태양을 상징하는 동시에 삼신할머니의 상징일 수 있다. 삼신할머니는 곧 신석기시대의 태양여신으로 끊임없이 생명을 낳는 할머니·어머니·처녀 신이었던 것이다.

두 번째는 세 개의 태양을 상징했을 가능성이다. 세 개의 태양은 아침, 정오, 저녁의 태양이기도 하지만 앞에서 삼족오를 설명할 때 했던 것처럼 동지의 해와 춘·추분의 해, 그리고 하지의 해가 일 년을 이루며 반복하는 삼태양을 상징했을 수 있다. 또는 단순히 과거, 현재, 미래의 태양을 나타낼 수도 있다. 이러한 관념을 보여주는 고고학적 자료가 하나 있다. [도판

---

10) 김영균·김태은, 『탯줄코드』, 민속원, 2008, 286쪽.

[도판 22] 투르판 아스타나 고분 출토 직물의 삼태양

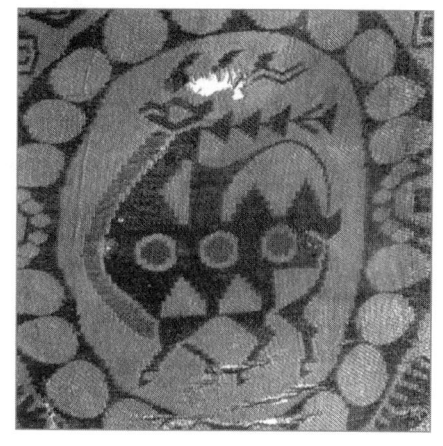

22]는 고대 고창국과 당나라 통치시기 그 지방 귀족들의 공동묘지(3~8세기)인 아스타나 고분에서 출토된 직물이다. 삼족조를 표현한 것으로 보이며 몸에는 세 개의 태양인 듯한 원을 표현하고 있다.

최근 우실하 교수는 한 논문에서 홍산문화의 세 구멍을 옥기를 선독현상(Sundog, 태양의 좌우에 두 개의 가짜 태양이 나타나는 기상현상, 신라시대 향가에 나오는 두 개의 태양도 이 현상으로 해석된다) 때 나타나는 세 개의 태양을 표현한 것이라고 주장한다.

그러나 필자는 홍산문화의 '곰머리 세 구멍 옥기'는 할머니·어머니·처녀로 이어지는 삼신할머니를 상징하는 것으로 판단한다. 그 양쪽에 곰을 조각한 것은 그 삼신이 바로 곰 삼신이었음을 의미한다. 후대 단군신화의 웅녀가 원래는 후기 홍산문화의 삼신할머니였던 셈이다.

누가 황금보검을 주문했을까

홍산문화를 비롯한 천산의 동쪽에서 일찍부터 삼태양과 관련된 고고학적 자료가 출토되는 것으로 보아 황금보검에 표현된 세 개의 삼태극 관념은 동방인이 가지고 있었던 것으로 볼 수 있다. 따라서 우리는 이런 결론을 내릴 수 있다. 삼태극 문양을 세 개 연속해서 표현한 황금보검은 천

[도판 23] 신라 황금보검과 비슷한 종류의 검

산 동쪽 문화에 익숙한 사람이 주문 생산한 것이다.

그리고 앞에서 살펴보았듯이 황금보검에 장식된 태극 문양이 켈트인들이 즐겨 사용하는 소용돌이 문양이기 때문에 그들과 관련된 사람들이 주문 생산했을 것이라는 기존의 견해도 따르기 어렵다. 왜냐하면 삼파문은 중국에서 상나라시기부터 줄곧 사용하던 문양일 뿐만 아니라, 세 개의 태양에 관한 관념 또한 기원전 3500년경의 홍산문화에 이미 나타나고 있기 때문이다. 켈트인들이 자주 사용하는 소용돌이 문양이 채택된 것은 황금보검을 제작한 사람이 단지 그 문양에 익숙했기 때문이지 켈트인이 주문했기 때문은 아닌 것으로 보인다.

그렇다면 누가 이 황금보검을 주문했을까? 5~6세기 국제정세를 살펴볼 때, 황금보검은 당시 국제무역상으로 북위와 돌궐에서 활약하던 소그드인이 주문 제작하여 신라의 귀족에게 선물했거나 판매했을 가능성이 매우 높다 하겠다. 일부에서 제기하는 것처럼 신라인 사절이 중앙아시아를 방문했다가 가져왔을 가능성은 희박하다. 왜냐하면 그 물건은 항시 구비되었던 물건이 아니고 특별히 주문 생산된 것으로 판단되기 때문이다. 현재 발견된 유사한 보검이나, 벽화에 남아 있는 어떤 보검에도 삼태극 세 개를 연속으로 디자인한 것이 없는 것도 그러한 추정을 가능하게 한다.

| 제10장 |

고깔모자는 신라 왕족의 비밀을 푸는 열쇠

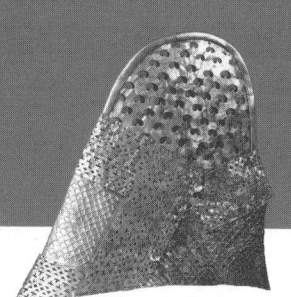

북방 초원문화를 사랑했던 신라

　2009년 방영된 〈선덕여왕〉이라는 드라마에는 흥미로운 설정 장면이 나온다. 예언 때문에, 쌍둥이 중 둘째로 태어난 덕만(후에 선덕여왕)은 죽음을 피해 신라를 떠나 중국으로 피신했다가 타클라마칸 사막까지 가게 된다. 그곳까지 따라온 자객이 있었지만 죽을 고비를 넘기고 구사일생으로 살아난 덕만은 그곳에서 서역문물을 접하면서 자란다. 성년이 된 덕만은 자신의 출생비밀을 모른 채 귀국하여 김유신의 낭도가 된다. 우여곡절을 겪는 과정에서 출생의 비밀을 알게 되고 종국에는 여왕이 된다. 드라마에서 덕만이 타클라마칸 사막과 인연이 있음을 내비친 것은 우연이 아니고 작가가 의도한 설정이다. 작가는 최근 일고 있는 신라 왕족 흉노설을 의식했던 것 같다.

　신라 김씨 왕족과 서역은 어떤 인연이 있을까? 신라에 돌무지덧널무덤이 조성되던 시기인 4세기 후반에서 5세기 후반경 신라는 유라시아의 초원과 그 너머의 로마문명과 교류하고 있었다. 당시 신라가 북방 초원의 길을 통하여 중앙아시아 및 중동, 그리고 흑해·지중해 연안의 로마 식민지와 교류했음은 여러 고고학 자료가 증명한다. 앞에서 살펴본 상감옥이나 황금보검이 그러한 유물이며, 그 외에도 유리잔이나 유리병, 누금기법의 금장식 등도 이들 지역과의 교류를 입증하는 자료들이다. 신라의 금관 또한 천산 너머의 세계와 교류하고 있었음을 반증하는 자료이다.

　당시 신라인들은 어떤 이유로 백제나 고구려보다도 더 초원문화에 관심을 가졌을까? 고구려문화에도 북방 초원문화가 상당히 스며들어 있지만, 당시의 신라는 고구려보다 더 적극적으로 초원지역과 교류했다. 신라

[도판 1] 경주에서 가장 큰 돌무지덧널무덤인 봉황대

는 초원을 통해 세계와 소통하며 로마를 거점으로 파급되는 세계문화를 받아들이고 있었다. 때문에 굳이 중국과는 적극적으로 관계할 필요성을 못 느낄 정도였다.

신라가 백제나 고구려와 다르게 서역문화를 받아들인 배경은 두 가지 측면에서 생각해볼 수 있다. 하나는 신라가 위치한 지리적 조건 때문이다. 한반도의 동남쪽에 위치한 신라는 고구려와 백제에 막혀 중국과 직접 교류하기가 힘들었다. 때문에 비교적 국경통제가 느슨한 동쪽으로 북상해서 초원지역과 교류하는 형식을 취했을 가능성을 상정해볼 수 있다.

다른 하나는 신라 김씨 왕족의 기원과 관련해서 생각해볼 수 있다. 최근 논의되고 있듯이 그들이 흉노의 일파였다면 당연히 북방 초원문화에 관심이 많았을 것이다. 요시미즈 츠네오도 『로마문화 왕국, 신라』에서, 4~6세기 신라는 북방 초원루트를 통해서 서방 로마세계와 교류했고, 이는 신라 지도부가 이 문화루트를 잘 아는 흉노족이기 때문에 가능했을 것

제10장 | 고깔모자는 신라 왕족의 비밀을 푸는 열쇠 **219**

이라고 추정했다. 필자는 두 가지 측면 모두가 돌무지덧널무덤을 조성하던 시기 신라가 북방 초원세력과 교류하게 된 배경이라고 생각한다.

고깔모자를 쓴 신라인들

그렇다면 당시 신라 왕족의 정체성을 밝혀볼 필요가 있다. 고신라의 문화코드 중 신라인의 정체성을 밝힐 수 있는 단서로 '고깔모자'를 들 수 있다. 경주 주변에 있는 암각화에는 고깔모자를 쓴 신라인이 많이 표현되어 있다. 경주 서쪽에 있는 단석산 8부 능선에 있는 신선사 석굴에는 공양하는 두 인물상이 조각되어 있다(도판 2). 사진에서 보듯이 두 인물은 북방유목민 스타일의 바지에 고깔형 모자를 쓰고 있다.

또한 경주 시내에서 남쪽으로 7번 국도를 타고 30킬로미터 정도 내려가면 언양읍 천전리에 국보 제47호인 천전리 암각화가 있다. 그곳은 신라가

[도판 2] 경주 단석산 암각화의 고깔모자를 쓴 신라인

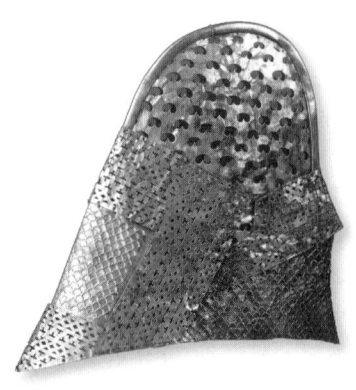

[도판 3] 경주 금관총, 5세기

[도판 4] 고깔모자를 쓴 신라토우들

[도판 5]
천전리 행렬도, 고깔모자를 쓴 인물

탄생하기 이전인 진한시대부터 신앙의례의 중심지로 사용되던 곳이다. 암각화에는 여러 명의 화랑 이름이 새겨져 있을 정도로 화랑들도 자주 들렀다. 그곳에 그려진 인물들 중에도 고깔모자를 쓴 사람들이 여럿 있다(도판 5). 고깔모자를 쓴 사람들은 선으로 묘사되었는데, 이는 비교적 늦은 시기인 고신라시대의 흔적이다. 이외에 경주시내 북천과 남천이 만나는 곳이 있는 석장동 암각화의 그림에도 고깔모자처럼 생긴 신상이 표현되어 있다.

뿐만 아니라 매장 유물 중에도 고깔모자를 쓴 신라인이 많이 나왔다. 돌무지덧널무덤 시기에 조성된 고분에서 나온 토우들의 상당부분이 고깔모자를 쓰고 있으며(도판 4), 7세기의 무덤인 경주시 황성동의 무덤에서도

[도판 6] 금령총 출토 기마인물상

[도판 7] 경주시 용강동 고분에서 나온 토용문관상

고깔모자를 쓴 토우가 나왔다. 경주시 용강동 무덤에서 나온 8세기경의 무인상도 고깔모자를 쓰고 있다.

고깔모자를 쓴 것으로 가장 유명한 것은 금령총(5~6세기)에서 나온 기마인물상이다(도판 6). 이 인물은 상당히 이국적인 모습을 하고 있다. 그는 고깔모자를 쓰고 있으며, 머리는 인위적으로 위쪽을 좁게 만든 편두編頭를 했고 코는 매부리코이다. 신라에서는 이국적인 모습을 한 토우들이 많이 출토된다. 경주시 용강동에서 출토된 8세기경의 문관상은 덥수룩하게 수염을 기른 서역인을 닮았다(도판 7). 지금까지는 기마인물상이나 서역인을 닮은 토우 등을 외국인으로 생각하는 경향이 있었으나 앞에서 다루어온 여러 정황이나 최근에 연구되고 있는 인골의 유전학적 연구를 고려하면 이들을 신라인으로 보아야 한다. 물론 외국인도 있기는 했을 것이다.

신라인이 고깔모자를 쓰는 관습은 왕족에서 비롯되었을 가능성이 높다. 신라금관의 관모와 관장식은 천산 너머 사카족의 무덤인 이시크 고분에서 발견된 황금인간이 쓰던 고깔모자의 변형된 형태로 볼 수 있다. 특히 금관의 관모는 고깔 형태인데, 이로 인해 『신당서新唐書』와 『구당서舊唐書』에서 신라를 '변한弁韓의 후예', 즉 '고깔모자를 쓰는 한인의 후예'라고 했다.

문무왕 비문의 김일제는 사카족 혈맥

이와 같이 고신라인들이 즐겨 쓴 고깔모자는 신라 왕족의 비밀을 푸는 단서가 될 수 있다. 고깔모자는 유라시아 초원문화의 한 문화코드이기 때문이다. 지금부터는 고깔모자가 어째서 신라 왕족의 비밀을 푸는 단서가 될 수 있는지 살펴보자. 그 문제를 풀어가려면 최근 부상하고 있는 '신라 왕족 흉노설'부터 점검해야 한다.

흉노설의 근거는 1796년(정조 20년)에 밭을 갈던 농부에 의해서 우연히 발견된 문무왕비문에 있다. 발견된 비문은 당시 경주 부윤을 지내던 홍양호가 탁본해 당시의 지식인들에게 보여줌으로써 세상에 공개되었다. 처음 발견 당시 두 조각의 비편이 있었는데 모두 사라졌다가, 하나는 1961년 경주시 동부동의 민가에서 발견되어 경주국립박물관에 전시되고 있으며, 나머지 한 조각도 2009년 경주시 동부동 주택가에서 발견되었는데 애석하게도 빨래판으로 사용되어 마모가 심하다(도판 8, 9). 어쨌든 문무왕비문의 거의 전 부분을 찾을 수 있어서 다행이다.

처음 발견되었을 당시 이 기록을 본 조선의 지식인들은 반신반의하며 크게 믿으려 하지 않았다. 유득공은 "김일제의 김이 계림의 김인가"라고 반문하면서 "전문을 볼 수 없으므로 감히 증거하지 못하겠다"고 했으며,

[도판 8] 문무왕비

[도판 9] 경주시 동부동에서 빨래판으로 사용되던 문무왕비편

추사 김정희는 「해동비고海東碑攷」란 논문에서 문무왕비문에 나오는 "성한왕은 김알지이다"라고 했다.

고고학 지식이나 역사 연구로 동서 문화의 교류에 대한 상당한 지식이 축적된 지금은 비문의 내용이 사실일 가능성을 염두에 두고 접근하는 학자들이 늘어나고 있다. 최근에 문무왕비문의 주장을 뒷받침하는 또 다른 비문이 중국 서안에서 발견되면서 신라 왕족 흉노설에 대한 관심이 높아지고 있다.

문무왕비문에 의하면 신라 김씨 왕족의 조상은 흉노의 우현왕에 속했던 휴도休屠왕의 아들 김일제이다. 김일제에 관한 기록은 『한서』「곽광전」·「김일제전」이나 「왕망전」에 전한다. 김일제는 한나라 무제가 실크로드를 장악하기 위해 흉노와 전쟁을 벌였을 때 청년 장군 곽거병에게 포로가 되었던 휴도왕의 아들이다. 후에 그는 한 무제의 신임을 얻어 투후秺侯라는 제후의 반열에 오른다. 실제로 산동성 하택시菏澤市에는 투후국의 유적이 남아 있다.

이를 근거로 일부 학자들은 신라 김씨 왕족이 흉노의 후예라고 주장한다. 과연 신라 김씨 왕족은 흉노일까? 필자도 문무왕비문과 자장스님이 전한 이야기를 근거로 김씨 왕족이 흉노에 속했던 사람들임을 밝힌 바 있다.[1]

그런데 문제는 흉노라는 집단을 어떻게 규정하느냐에 따라서 신라 왕족의 뿌리에 접근하는 데 차이가 난다. 몽골국립대학교 고고학과 투멘D. Tumen 교수의 말처럼, 흉노는 다른 문화, 다른 기원을 가진 여러 민족이 결합한 나라이다. 따라서 흉노의 우현왕이었던 휴도왕 집단이 어떤 사람

---

1) 정형진, 『실크로드를 달려온 신라 왕족』, 일빛, 2005.

들인가를 추적해야 신라 김씨 왕족의 뿌리를 찾을 수 있다.

자장스님이 전해준 민족의 뿌리

흉노의 우현왕이었던 휴도왕의 정체를 밝힐 수 있는 단서 중 하나가 『삼국유사』 「황룡사구층탑조」에 나온다. 거기에는 자장스님에 관한 일화가 기록되어 있다. 자장은 신라 조정에서 재상을 맡으라고 할 만큼 신분이 높은 진골집안 출신이었다. 출가한 후 철저한 계행을 지키려고 노력했고 중국에 유학했다. 선덕여왕의 권유로 귀국한 자장은 선덕여왕이 불교문화를 중심으로 중국의 선진문물을 수입하여 난국을 벗어나고자 하는 정책을 돕기도 했다.

당으로 유학을 갔을 때 자장은 지혜의 보살인 문수보살을 친견하려는 열망을 갖고 청량산으로 간다. 그 산에는 제석천이 기술자를 데리고 와서 만들었다고 전할 만큼 잘 조성된 문수보살의 소상이 있었다. 자장은 그 소상 앞에서 열심히 기도하고 명상했다. 그러자 꿈에 문수보살의 소상이 이마를 만지며 범어로 된 게偈를 주었다. 다음 날 아침 기이한 스님이 와서 그 게를 해석해주고는 가사와 사리 등을 주고 사라졌다.

당시 문수보살에게서 신탁을 받은 내용은 아래와 같다. 그 내용에는 한민족의 뿌리와 관련된 정보가 숨어 있다.

너희 국왕은 인도의 찰리종족의 왕인데 이미 불기佛記(약속)를 받았으므로 남다른 인연이 있으며, 동이 공공의 족속과는 같지 않다(汝國王是天竺刹利種族 預受佛記 故別有因緣 不同東夷共工之族).

신탁은 한민족의 구성종족에 관한 두 가지 중요한 정보를 제공하고 있다. 하나는 신라 왕족이 석가모니 부처님과 동족인 사카족(찰리종족)이라는 것이다. 이에 대해서 학자들은 자장이 만든 '진종설眞種說'이라고 하며 비판한다. 다른 하나는 신라 이전인 진한辰韓의 주도세력이 동이족과 공공족共工族이었음을 암시하고 있다.

많은 사람들은 자장에게 문수보살이 전해주었다는 신탁을 역사적 사실로 받아들이는 데 주저한다. 물론 당시 자장의 위치나 선덕여왕과의 관계를 고려할 때 그가 의도적으로 진종설을 만들었다고 생각할 수 있다. 그러나 필자는 다르게 생각한다. 당시 자장은 신라 최고의 귀족이었을 뿐 아니라 최고의 지식인이었으며 중국에 유학했다. 신탁이라는 형식으로 설명한 것은 당시 선덕여왕이 취했던 불교정책에 힘을 실어주기 위한 방편이었고, 그 내용은 자장이 평소 가지고 있던 생각을 반영했을 수 있다.

필자가 그렇게 보는 이유는 김씨 왕족 진종설은 그렇다고 치더라도 신라의 선주민인 진인辰人들을 동이공공족이라고 한 것은 그가 신라인의 구성에 관한 역사 공부를 했음을 반영한 것으로 보기 때문이다. 자장이 의도적으로 진종설을 만들었든 아니든 문무왕비문에 나오는 김일제는 사카족의 혈맥을 이은 사람일 가능성이 높다. 비록 그들이 사카족과 중국 서부인들의 혼혈일지라도 말이다.

고깔모자를 쓰고 수나라 간 신라 사신

신라 왕족이 사카족과 혈맥이 닿아 있을 가능성은 여러 가지 문화코드로도 확인할 수 있다. 간단히 살펴보아도 여러 가지 예를 들 수 있다. 첫

[도판 10] 사카족의 이시크 고분 출토 황금인간의 고깔모자

째, 경주의 돌무지덧널무덤은 카자흐스탄의 이리(伊犁)(일리)강 유역에 있는 베스셔틀 사카족 고분과 그 구조나 축조 방법에 있어서 가장 가깝다. 둘째, 이 고분군에서 남서로 100킬로미터 정도 거리에 있는 이시크 강가의 사카족 고분에서 출토된 일명 '황금인간'이 쓰고 있는 고깔모자에 장식된 요소들은 신라금관의 그것과 매우 닮았다(도판 10~12). 셋째, 천산 동서지역에 살던 사카족 토템이 사슴일 가능성이 높은데, 신라 왕관에도 사슴뿔 장식이 있다(도판 13).

이제 고깔모자를 고리로 신라 왕족과 천산의 동서지역에 살던 사카족

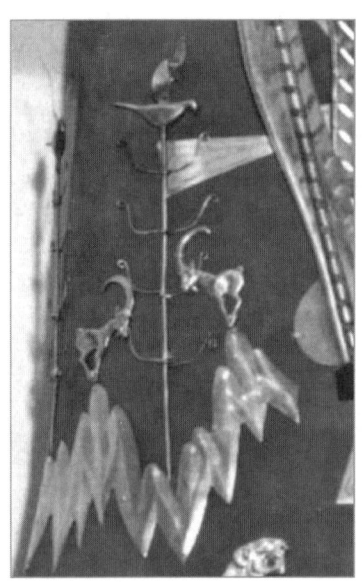

[도판 11] 출자형 나무와 새

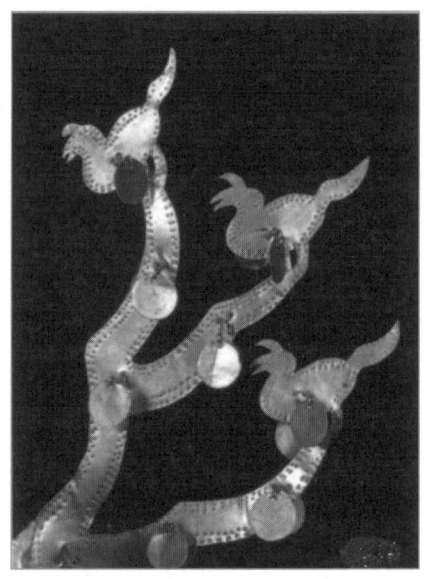

[도판 12] 서봉총의 나무입식과 봉황

[도판 13] 서봉총, 출자형입식과 사슴뿔 장식

이 어떻게 연결될 수 있는지 알아보자. 『구당서』와 『신당서』에는 "신라국은 본디 변한의 후예이다"라는 기사가 보인다. 왜 중국인들은 신라인들을 '변한의 후예'라고 했을까? 우리는 흔히 '변한' 하면 『삼국지』 한조에 나오는 낙동강 서쪽 지역에 있던 변한을 떠올리는데, 이 변한의 후예가 신라라고 이해하면 모순이 생긴다. 그렇게 이해하면 신라가 가야의 후예가 되기 때문이다.

변한이라는 말은 '고깔모자(皮弁)를 쓰는 한韓인'이라는 말이다. 그런데 고깔모자를 쓰는 풍습이 몽골리언 흉노에게는 없었다. 그렇다면 신라왕족과 흉노를 단순히 연결하는 것은 문제가 있다.

신라인들이 '고깔모자를 쓴 한인들'의 후예임은 고신라의 사신이 수나라에 가서 자신들이 쓰고 있는 고깔모자(皮弁)에 대해서 언급한 데서도 나타난다. 당시 수나라에 파견된 신라의 사신과 수나라 관리가 이야기를 하던 중 수나라 관리가 신라 사신이 쓰고 있는 관의 유래를 물었다. 이에 신라의 사신은 "피변皮弁의 유상遺像인데 어찌 대국의 군자가 피변을 모르는가?"라고 대답하는 대목이 『북사』 「이웅전」에 나온다.[2]

여기서 피변이란 '흰 사슴 가죽으로 만든 고대의 고깔모자'를 말한다. 이는 고신라인이 피변으로 만든 고깔모자를 썼음을 말함과 동시에 외교

---

2) 노태돈, 『예빈도에 보인 고구려』, 서울대학교출판부, 2003, 23쪽; 『北史』 권74 「李雄傳」.

[도판 14] 당나라 장회태자 이현묘의 고깔모자를 쓴 신라 사절 모습

사절로 당나라에 가면서 자신들의 고유의 복식을 하고 갔음을 의미한다. 신라 사절이 피변을 쓰고 있는 모습은 1971년 발굴된 당나라 장회태자 이현의 묘 벽화에 그려진 신라 사신에서 볼 수 있다(도판 14).

흉노에 편입된 사카족은 고깔모자를 썼다

그렇다면 유라시아 대륙에서 고신라인들처럼 고깔모자를 쓰던 집단은 어떤 사람들인가? 그들은 바로 중앙아시아와 중국의 경계선상에 있는 천산의 동서지역에 살던 사카족이다. 그들이 중앙아시아 지역에서 독자적으로 고깔모자를 쓰던 집단임을 보여주는 자료가 있다. [도판 15]는 페르시아의 다리우스(기원전 521~486년) 1세의 명령에 의해 조각한 비시툰 비문이다.

이 비문은 이란 중부지방의 케르만샤 골짜기 북면의 암벽에 새겨져 있다. 중앙에는 가우마타라는 죄수가 누워 있고, 그의 가슴팍에 한쪽 발을

[도판 15] 페르시아의 다리우스 1세의 명에 의해서 조각된 비시툰 비문

올려놓은 다리우스 왕이 줄줄이 묶인 포로들을 마주보고 있다.[3]

비문의 맨 오른쪽 끝에 보면 고깔모자를 쓰고 뒤로 손이 묶인 사람이 보인다. 이 사람은 사카족 부락의 수령인 '시쿤하'로 페르시아의 다리우스 왕이 사카족 부락을 원정해서 잡아온 사람이다.[4] 이때가 기원전 516~515년이다. 이후 약사르테강(시르다리아강) 건너에 사는 일부 사카족은 페르시아의 지배를 받게 된다.[5]

비시툰 비문의 사카족 수령을 보면 고깔모자를 쓴 것을 확인할 수 있다. 그런데 비문에 새겨진 그림을 자세히 보면 특이한 점을 쉽게 발견할 수

---

3) 데이비드 롤 지음, 김석희 옮김, 『문명의 창세기』, 해냄, 2000, 149쪽.
4) 李鐵匠, 『大漠風流』, 云南人民出版社, 2001, 56쪽.
5) 피에르 브리앙 지음, 홍혜리나 옮김, 『알렉산더 대왕』, 시공사, 2003, 89쪽.

있다. 다리우스 왕 앞에 끌려온 사람들은 당시 페르시아의 인접 지역에 있던 여러 부족들의 수령들이다. 이들 모두 다리우스 왕의 위력에 굴복했다. 그런데 그들의 얼굴과 머리를 보면 대부분 장발에 수염을 기른 모습은 같으나 유독 사카족 수령만이 고깔모자를 쓰고 있음을 볼 수 있다. 그래서 페르시아인들은 사카족이 뾰족한 모자를 쓴 것을 보고 그들을 '화살처럼 끝이 뾰족한 모자를 쓴 스키타이(사카)족'이라고 부르게 되었다고 한다.[6]

사카족은 천산 동서를 오가며 살았다

사카족이 고깔모자를 쓰는 집단이었음을 보여주는 자료는 천산 동쪽에 있는 암각화나 발굴 유물, 그리고 중국의 고대 문헌에도 나타난다.

[도판 16]은 신강호도벽현新疆呼圖璧縣 강가석문자康家石門子에 위치한 암각화 사진이다. 초기 철기시대 사람들이 그린 이 암각화는 동식물과 사람의 생육을 기원하는 춤을 표현하고 있다. 암각화가 그려진 전체 면적은 약 100평방미터 정도 된다. 넓은 바위 면에 200~300명의 크고 작은 인물들이 섞여 있다. 남자들은 대부분 과장된 생식기를 노출하고 있고, 여자들은 풍만한 가슴과 가는 허리 그리고 살찐 엉덩이와 역시 생식기를 드러내고 있다. 암각화는 이성간의 사랑을 표현하고 있으며 당시 사람들의 성생활이 묘사되어 있다.[7]

이 암각화는 고신라인들의 그것과 마찬가지로 활발하고 긍정적인 성문화를 표현하고 있다. 신라 토우에도 과장된 성기를 드러낸 남녀상이 많으

---

6) 피에르 브리앙 지음, 홍혜리나 옮김, 『알렉산더 대왕』, 시공사, 2003, 89쪽.
7) 蓋山林, 『中國岩畵』, 上海三聯書店, 1997, 98쪽.

며, 남녀가 성교를 하고 있는 것도 많다. 너무나 사실적이고 적나라하여 마치 포르노그래피를 보는 듯하다. 드라마 〈선덕여왕〉에 나오는 미실이 미모와 재능으로 신라 왕실을 조정할 수 있었던 핵심은 그녀의 성적 에너지였다. 유교문화로 탈바꿈한 지금의 시각에서는 이해 못할 자유분방한 성생활이 고신라시대에 펼쳐졌음이 분명하다. 신라인들은 건강하고 아름다운 육체를 사랑했고, 사랑을 즐겼던 것이다.

호도벽현 암각화의 인물을 살펴보면, 여성들은 갸름한 얼굴에 높은 코를 하고 있으며 잘

[도판 16] 신강호도벽현 강가석문자 암각화

록한 허리가 강조된 유럽인종의 모습을 하고 있다. 그리고 머리에 고깔모자를 쓰고 양쪽으로 새의 깃털을 꽂고 있다. 신라 화랑의 모습과 비슷하다. 어느 중국학자는 이 암각화를 다음과 같이 설명한다.

이른 시기의 신강지역 암각화와 알타이산과 곤륜산의 암각화는 사카족의 활동과 관련이 있다. 사카인은 색종塞種이라고도 하며, 서방의 고전에

제10장 | 고깔모자는 신라 왕족의 비밀을 푸는 열쇠 **233**

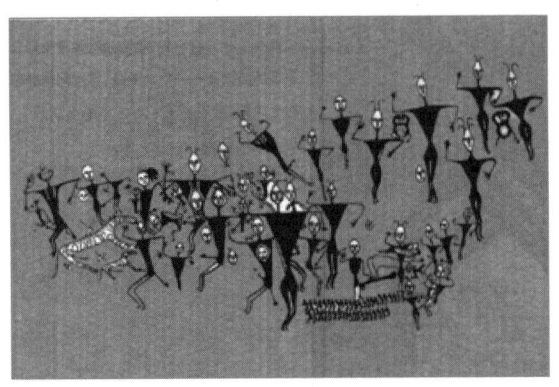

[도판 17] 호도벽현 석문자 암각화 모사도

서는 스키타이라고 불렀고, 페르시아 사람들은 사카인이라고 했다. 이들을 중국 문헌에서는 색종 혹은 색인塞人이라고 했다. 사카인들은 사람의 인체미를 숭상했다. 신강 유민현裕民縣, 미천현米泉縣, 호도벽현 강가석문자 등의 암각화에는 많은 남녀의 나체화가 그려져 있다. 동시에 강가석문자 암각화에 정성스럽게 표현한 인물의 얼굴 특징에서 얼굴형과 모자 장식을 구별해낼 수 있다. 이곳 암각화에는 고문헌에 사카 종족과 그들이 머리에 뾰족한 모자를 쓰는 특색이 있다고 기록된 것과 부합하는 것들이 많이 보인다. 이러한 점으로 미루어볼 때 신강의 이러한 암각화는 사카족이 그린 것이라고 보는 데 아무런 문제가 없다.

신강 석문자 암각화가 사카족의 모습이 확실하다면, 이는 그들이 초기 철기시대에 천산을 넘어 중국의 서북지역에 거주하고 있었음을 말한다. 이는 신라 김씨 왕족의 기원을 추적하는 데 매우 중요한 단서가 된다. 지금까지 아무도 이 암각화가 한민족의 뿌리와 관련된다고 생각한 사람은 없다. 하지만 역사의 흔적으로 남아 있는 여러 조각들을 모아보면 이 그림

[도판 18] 신라 토우에 보이는 남녀 성애 모습

이 얼마나 중요한 단서가 되는지 알게 된다.

위에 인용한 문장을 보면 중국의 문헌에 사카족은 색종塞種으로 기록되어 있고, 그들의 특색으로 그들이 머리에 뾰족한 모자를 쓰고 있었음(塞人種族及其頭戴尖帽的特色)을 지적하고 있다.

[도판 19] 차말현 차홍루크 고묘 출토 고깔모자

사카족이 일찍이 천산 동쪽에 진출하였음을 보여주는 고고학적 자료도 있다. [도판 19]는 누란에 이웃한 곳인 차말현且末縣에 있는 기원전 9세기의 차홍루크(扎洪魯克) 고묘에서 출토된 고깔모자이다. 이 고깔모자는 이시크 고분(기원전 4~5세기)에서 출토된 사카족의 황금을 장식한 고깔모자와 형태가 동일하다. 이는 사카족이 기원전 9세기에 천산 동쪽에 진출해 있었음을 말한다.

제10장 | 고깔모자는 신라 왕족의 비밀을 푸는 열쇠 235

휴도왕은 하서회랑에 살던 사카족

『유라시아 유목제국사』에서 르네 그루쎄는 '이란 계통 유목민(사카족 포함)들의 한 부류가 타림분지로 들어가 카쉬카르에서 쿠차, 카라샤르, 투루판을 지나 감숙성 지역까지 퍼져 살았다'고 했다.[8] 천산 동서지역을 무대로 활동하던 범스키타이계 문화를 가지고 있던 민족은 사카, 오손, 강거, 월지 등이다. 이들은 천산 동서를 오가며 서로 경쟁하면서 살았다.

이들이 김일제의 아버지인 휴도왕이 활동할 때 천산의 동서지역에서 어떻게 경쟁하며 살았는지 살펴보면 휴도왕이 어떤 사람들을 이끌었는지 짐작할 수 있다. 이들 중 오손은 기원전 2세기 초에 현재의 감숙성 둔황과 기련산 사이에 살고 있었다.[9] 그러던 중 이웃한 월지月支족의 공격을 받아 그 왕이 살해된다.[10] 왕이 살해된 후 태어난 왕의 아들을 흉노의 모둔 선우(기원전 209~174년)가 길러 후에 나라(오손)를 다시 일으켰다.

그리고 감숙성에 살던 월지는 기원전 177~176년에 흉노의 모둔 선우의 공격을 받아 패한다. 당시 흉노에게 패한 월지는 사카족이 오랫동안 유목하며 살던 천산 북쪽의 이리강 유역으로 이주했다. 그러나 얼마 지나지 않아 오손이 흉노왕과 함께 공격해서 그 지역을 빼앗는다.

그 결과 천산의 동쪽에 살던 월지와 오손은 다시 천산의 서쪽으로 넘어갔다. 그리고 감숙성 지역에 남아 있던 월지는 소월지로 불리며 그곳에 남는다. 이러한 역사가 전개되는 과정에 사카족이 하서회랑으로 들어온다.

---

8) 르네 그루쎄 지음, 김호동 외 옮김, 『유라시아 유목제국사』, 사계절, 1999, 25쪽.
9) 李鐵匠, 『大漠風流』, 云南人民出版社, 2001, 214쪽.
10) 『한서』 「장건전」.

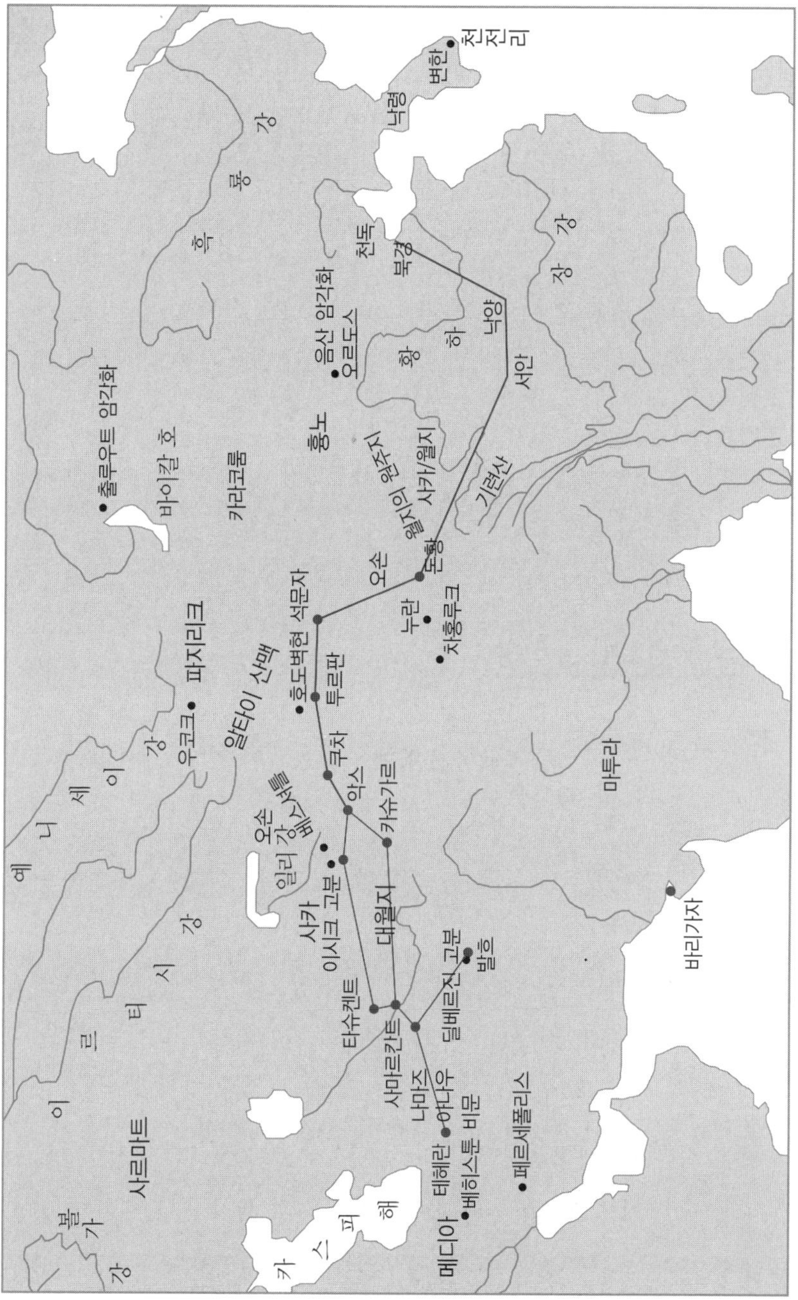

[도판 20] 사카족 관련 지역 지도

제10장 | 고깔모자는 신라 왕족의 비밀을 푸는 열쇠 237

오손의 주력이 이식쿨호 주변으로 이주하면서 오손이 살던 돈황과 기련산 지역의 고토는 공지가 된다. 공지가 된 그 땅에 이리강 유역과 유하에서 온 사카족과 남아 있던 월지족이 유목하며 살았다. 이때 둔황과 기련산 지역으로 들어온 사카족이나 월지가 바로 문무왕비문에 나오는 흉노의 우현왕에 소속되었던 휴도왕과 관련이 있을 가능성이 있다.

이러한 역사적 정황을 고려하면 문무왕비문에 기록된 투후 김일제가 어떤 종족에 속했는지를 짐작할 수 있다. 그의 혈맥에는 사카족의 피가 흐르고 있었을 것이다. 김일제의 아버지 휴도왕은 흉노의 우현왕 중 한명이었지만, 그는 돈황과 기련산을 잇는 하서회랑 지역에서 유목하던 사람들을 이끌던 왕이었다.

불교를 믿었던 휴도왕

휴도왕은 사카족으로 불교를 신앙했을 가능성이 있다. 그 이유는 휴도왕이 모셨다는 금인金人이 불상일 가능성이 있으며, 그의 이름 휴도休屠를 그와 관련된 자료에서 부처를 가르치는 부도浮屠·포도蒲圖 등으로도 표기하고 있기 때문이다.

먼저 금인에 대해서는 여러 가지 주장이 있으나, 『위서魏書』 「석노지釋老志」에서 "곽거병이 휴도왕을 토벌하고 제천금인을 획득하여 돌아오니 무제가 큰 신이라 하여 감천궁에 모셨다. 금인에게는 제사를 지내지 않고 다만 향을 사르고 예배했을 뿐"이라고 한 것으로 보아 금인은 불상이었을 가능성이 높다. 전통적으로 중국에서 천제를 지낼 때는 소나 돼지 등 제물을 바쳤다. 금인에게 향 공양만을 올렸다는 것은 그것이 불상이기 때문이었을 것이다. 그리고 『후한서』 「서역전·천축국조」에는 "명제가 꿈에 금인을 보았다"는 기록이 있는데 그 책에서 이 금인을 부처님으로 인식하고 있다.

다음으로 휴도왕이라는 이름과 관련된 정보를 보자. 『위략魏略』에서는 부처를 부도浮屠로 표기하고 있다. 이는 초기에 부처를 한자로 음사해서 부도라고 표기했음을 말한다. 그런데 당나라 도선道宣이 찬한 『삼보감통록三寶感通錄』에 보면 부처를 포도왕蒲圖王이라고 표기하고 있다. 일연은 『삼보감통록』에 나오는 요동성에 있었던 3층탑 자리에 칠층목탑을 건립한 내용을 소개하면서, 그 내용 가운데 나오는 포도왕에 대해서 "본시 휴도왕休屠王이라고 씌었는데 제천祭天하는 금인金人이다"라고 주를 달고 있다.[11]

그리고 부도浮屠가 곧 포도蒲圖이고 부처임은 백과사전에도 나온다.

이러한 정황들은 간접적이기는 하지만 휴도왕이 불교를 믿던 사카족일 가능성을 방증하는 자료임에 틀림없다. 휴도왕이 모신 금인을 불상으로 보는 데 문제가 없다면, 휴도왕은 금인으로 표현된 불상을 모시는 집단의 왕이었을 것이다. 그를 휴도왕, 즉 부도왕이라고 부른 것은 그를 '부도(부처)를 모시는 사카족의 왕'이라고 할 것을 줄여서 '휴도(부도)왕'이라고 한 것으로 추론할 수 있다. 즉 그는 사카족으로 부도(부처)를 모시는 왕이었던 것이다.

사카족의 동방 이주는 두 길로

이제 결론을 내려보자. 문무왕비문의 내용을 긍정적으로 보았을 때 사

---

11) 『삼국유사』 「탑상편」, '요동성의 아육왕탑조.'

카족의 혈맥(물론 이미 상당히 혼혈된 수준이었겠지만)을 이은 김일제의 후손이 한반도로 이주했을 가능성은 매우 높다. 문무왕비문의 내용이 통일신라시대 신라 왕족들의 의식에 살아 있었음을 보여주는 또 한 편의 비문인 '대당고김씨부인묘명大唐故金氏夫人墓銘'이 최근 발견되었다. 비는 신라를 떠나 당나라에서 산 김씨 부인의 것이다. 부산외대 권덕영 교수가 발견한 이 비문에서 신라 왕족뿐 아니라 귀족들도 김일제를 조상으로 여기고 있었음을 확인할 수 있다.

새로 발견된 묘지명에는 김일제의 후손이 가문을 빛내다가 7대를 지나 한나라가 쇠망을 보이자 "곡식을 가지고 나라를 떠나 난을 피해 멀리까지 이르렀다. 그러므로 우리 집안은 멀리 떨어진 요동에 살게 되었다"고 기록하고 있다. 앞에서 살펴본 『삼보감통록』의 내용도 김일제 일가가 요동으로 이주했음을 보여주는 간접 자료이다.

이러한 정황으로 볼 때 김일제의 후손들은 지금의 요동이나 평양지역으로 이주한 것으로 볼 수 있다. 그렇다면 서기 65년 경주에서 태어난 김알지는 언제 이 지역으로 들어왔을까? 김알지가 정말로 김일제의 직계 후손일까? 이 질문에 대답하기에는 정보가 너무 부족하다. 김알지의 직계 조상에 관해서는 두 가지 가능성을 생각해볼 수 있다.

첫째, 김일제 후손들과 다른 길로 그들보다 먼저 요서와 요동을 거쳐 한반도 남부로 들어온 '고깔모자를 쓴 한인'들이 있었을 개연성이다. 그 근거로는 『산해경』「해내경」에 "동해의 안쪽, 북해의 모퉁이에 조선과 천독天毒이라는 나라가 있는데 그 사람들은 물가에 살며 남을 아끼고 사랑한다"는 기록을 들 수 있다. 이 기록은 휴도왕이나 김일제가 등장하기 이전의 기록이다. 중국학자들은 여기에 나오는 '천독'을 사카족으로 보는데, 이들은 천산 동쪽으로 이주한 사카족의 일파가 동쪽으로 이주해 난하 주변에 살던 사람들을 가리킬 가능성이 있다. 이들이 이후 사서에 '고깔 변弁'자가 들어가는 집단의 원형일 가능성이 있다.

또한 『만주원류고滿洲源流考』에서 "『한서』「지리지」의 요동 변한현(지금의 개평지역) 지역은 변한의 옛 수도"라고 기록한 것도 변한인들이 처음에는 요서지역으로 들어왔다가 요동(변한현)을 거쳐 한반도 남부로 이주했을 가능성을 시사한다.

둘째, 김일제의 후손은 한나라 무제에서부터 애제까지 7대에 걸쳐 영화를 누리다가 왕망의 난에 휘말려 어쩔 수 없이 피난을 떠나야만 했던 정황과 관련해서 생각해볼 수 있다. 그들이 왕망의 난에 휩쓸릴 수밖에 없었던 것은 김일제의 손자 김당이 왕망과 이종사촌이었기 때문이다. 왕망이 난을 일으켰으니 자연스럽게 그 난을 일으킨 세력의 일족이 되었다. 때문에 김일제의 후손은 왕망이 패망하자 국외로 달아나는 길을 선택할 수밖에 없었다. 이들 중 요동이나 낙랑으로 이주했다가 얼마 되지 않아 경주지역으로 다시 이주한 사람이 알지의 부모일 수 있다.

천독인과 투후 후손의 결합으로 김씨 왕조 탄생

그러나 여러 가지 정황을 고려하고 생각해보면, 가야지역에 포진했던 변진弁辰세력의 한 일파인 김알지의 조상은 실제로는 김일제의 후손이 아니고 『산해경』에 기록된 조선과 이웃했던 천독(사카족 혼혈인)세력에 포함되었던 사람일 가능성이 있다. 『삼국사기』는 신라 김씨나 가야 김씨 모두 소호김천씨의 후예라고 기록하고 있다. 이는 사실을 떠나서 양 집단이 동일한 혈연의식이 있었다는 것을 보여준다. 때문에 두 집단 모두 '고깔 변弁'을 문화코드로 하고 있었다. 즉 가야는 변진弁辰이라고 불렸고, 『구당서』「신라전」에는 "신라는 변한弁韓의 후예"라고 기록했던 것이다.

김알지의 후손들은 진한인들과의 경쟁에서 수세에 몰려 있었으나 313년 낙랑이 망했을 때 남하한 유민들 중에 상당한 세력을 가지고 있던 김일제 후손의 도움을 받아 신라의 정권을 확보했을 가능성이 있다. 내물왕이 356년에 왕에 오르고 왕위를 세습할 수 있었던 배경도 낙랑에서 내려온 방계 혈족의 도움이 컸을 것이다.

이들과의 만남을 통해서 왕족들은 자신들이 먼 과거 천산 주변에 살 때의 정보를 얻을 수 있었을 것이다. 그러한 정보를 바탕으로 내물왕 이후의 신라왕들은 적극적으로 초원문화, 즉 조상들과 관련된 문화를 수용했을 것이다. 그 결과 고신라의 문화는 유라시아 초원문화를 적극적으로 수용하였고, 멀리는 로마와 그 주변의 문화까지도 수용하게 되었다.

최근의 인골 조사에서 밝혀졌듯이 그들 조상들의 고향은 천산 주변에 살던 스키타이(사카)들과 동향이었다. 황금보검이 출토된 계림로 14호분(5~6세기)과 동일한 시기에 조성된 강원도 동해시 추암동 고분군에서 신라시대의 인골이 다량 출토되었다. 추암동에서 발굴된 고인골의 DNA를 중앙대학교 의과대학에서 분석했다. 중앙대학교 의과대학에서는 아시아 각 지역의 고인골을 수집해 비교 분석하는 연구를 하고 있다.

추암동 고인골 DNA를 분석한 결과가 2009년 7월 18일 KBS 〈역사스페셜〉을 통해 방영되었다. 방송에 따르면, 신라인의 부계는 스키타이 인골과 가장 가깝고, 모계는 서흉노나 스키타이와 가깝다고 한다. 이는 신라인들의 몸속에 스키타이(사카)족의 DNA가 전해지고 있었음을 말한다. 다시

한 번 강조하지만 이때 신라 김씨와 혈연적으로 인연이 닿는 집단은 광의의 흉노족이 아니고 고깔모자를 전통적으로 쓰던 스키타이계 사카족이었다고 이해해야 한다는 것이다.

또 한 가지, 신라 왕족이 사카족이라고 하면, 사람들은 또 묻는다. 우리가 아리안계냐고? 아니다. 천산 주변은 고래로 인종전시장과 같은 공간이다. 동서의 문화와 인종이 끊임없이 오가는 교류의 공간이다. 때문에 그 공간에 살던 사람들은 대부분 혼혈인의 모습을 하고 있다. 현재의 신장성 사람들이나, 중앙아시아 사람들의 모습을 생각하면 된다. 최근의 고고학적 연구에 따르면 타림분지에서 나온 인골 중에 모습은 몽골리언인데, 유전자 조사를 하면 유럽인종인 경우가 자주 나타난다고 한다. 추암동의 고신라 인골의 모습도 외양은 몽골리언의 모습을 많이 띠고 있을 것이다.

| 제11장 |

개구리와 뱀의 교합은 생명순환의 상징이다

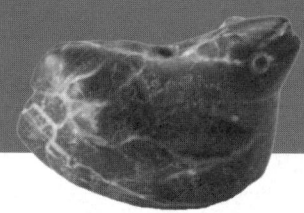

성스러운 상징들

고대인들은 세계를 설명하기 위해서 주변에 있는 동식물에 상징을 부여하고 그것들을 통해서 세계를 이해했다. 그들은 나무·바위·새·물고기·개구리·뱀 등으로 생명의 변화를 설명했다. 고대 이집트인들은 영원한 생명을 주는 나무 여신이 있다고 생각했다. 그들은 인간의 영혼을 바Ba로 이름붙인 영혼새로 설정하고 사람이 죽으면 나무의 여신에게로 날아가 그녀가 주는 생명수를 받아 마시고 부활한다고 믿었다. 나무의 여신은 모계사회의 전통이며 부계사회가 되면 나무의 신은 남성 목신木神으로 바뀐다.

고대인들이 바위에 부여했던 의식도 우리 어머니들의 무의식 속에 내재되어 이어오고 있다. 필자가 초등학생일 때 소풍은 참으로 기다려지고 설렜다. 소풍 장소는 평소에 쉽게 가지 못하던 먼 거리에 있는 사찰인 경우가 대부분이었다. 당시 낯선 풍경 속에서 특이한 정경을 본 기억이 난다. 할머니·어머니들이 아무것도 없는 바위에 대고 연신 절을 하고 있었다. 왜 그들은 바위에 절을 할까? 이러한 경험은 나만 한 것은 아닐 것이다. 그러나 정작 왜 바위에 할머니·어머니들이 절을 하는지는 당사자나 우리나 그 정확한 이유를 아는 이는 드물다. 인류의 바위 숭배 역사

[도판 1] 고대 이집트 나무의 여신과 영혼의 새 바Ba

는 매우 오래되었다. 바위는 성스러운 여신의 상징일 뿐만 아니라 지역에 따라 여러 가지 상징적 의미를 가지고 있다. 자세한 것은 13장과 14장에서 다룬다.

새 또한 인류가 오래전부터 신성시하던 동물이다. 새는 태양의 상징으로, 천상에서 곡식의 씨앗을 물어다주는 새로, 하늘에서 영혼을 실어다주는 새로, 지상에서 하늘로 영혼을 실어나르는 새로, 천신의 생각을 인간에게 전달해주는 새 등으로 숭배되었다. 물고기 또한 영원한 생명수에 살면서 인류에게 생명의 지식을 전달해주기도 하고, 인류를 홍수에서 구해주기도 했으며, 저승에 있는 황천으로 갈 때 안내자 역할을 하기도 했다.

토우 장식 항아리에 보이는 신라인들의 성의식

동식물에 상징을 부여하고 그것들을 숭배한 것은 우리 조상들도 마찬가지였다. 조상들의 그러한 생각이 담겨 있는 유물 하나를 살펴보자.

고신라인들은 한반도 동쪽의 좁은 공간에 살았지만, 상당히 개방적인 사고를 가지고 있었다. 고신라 문화유산 중에 개구리를 물고 있는 뱀을 장식한 항아리가 여러 개 발굴되었다. 대표적인 것은 경주 미추왕릉 지구 계림로 30호분에서 출토된 '토우 장식 항아리'다(도판 2). 이 항아리는 5~6세기경에 만들어진 것으로 당시 신라인들의 의식을 이해할 수 있는 좋은 자료이다. 항아리에 장식된 도상에서 우리는 고신라인들이 가지고 있던 자연과 생명에 관한 판타지를 읽을 수 있다.

고신라인의 성의식은 전통적인 동양윤리와는 거리가 먼 것이었다. 당시 신라인들은 건강한 육체와 아름다운 사랑을 삶의 목표로 삼았던 것 같다.

[도판 2] 미추왕릉 지구 계림로 30호분 출토 토우 장식 항아리

고신라인들의 이러한 의식은 중국보다는 북방초원과 관계하면서 개방적인 성문화의식을 수용한 때문이기도 하다. 당시 고신라의 문화는 전반적으로 초원문화와 연결되어 있었다. 신라인들의 성의식은 항아리에 장식되었던 토우에 잘 나타나 있다. 남녀가 섹스를 한다든지, 남녀 성기를 과장하여 표현한 토우가 많다(도판 2). 심지어 저승 가는 배를 타고 가는 망자조차 성기를 불쑥 세우고 갔다(도판 3). 남성 성기의 생명력을 느낄 수 있다.

그러한 신라인들의 성의식은 이전 한민족의 그것과 상당한 차이가 있다. 『후한서』「부여전」에는 "남녀가 음란한 짓을 하면 모두 죽이며, 더욱이 투기하는 부녀자를 모질게 다스려 죽이고 나서 그 시신을 다시 산 위에 놓아둔다"고 했다. 마치 이슬람교도들이 부정한 여자를 광장에서 돌로 처형하는 모습을 보는 것 같다. 최근에도 인터넷상에 부정한 남녀를 돌로 쳐 죽이는 장면이 올라왔다. 가치관은 다양하고 시대에 따라 변한다. 같은 책 「예전」에는 "부인들은 정절과 믿음이 있었다"고 했다. 이들 기록은 2~3세기경의 한민족의 성의식이 상당히 엄격했음을 전하고 있다.

엄격했던 조상들의 성의식은 신라 김씨 왕족이 정권을 잡으면서 변화를 겪는다. 그들은 페르시아나 이집트 왕족들처럼 친족끼리 결혼했다. 동시에 성에 대해 상당히 개방적인 태도를 취했다. 그러한 성의식은 고려 중기 이후 유학으로 무장한 지식인들이 권력을 잡으면서 다시 변하기 시작했다. 조선조 들어 유교가 국가 이데올로기로 정착하면서 서서히 엄격해지기 시작한 성의식은 후기로 갈수록 더욱 억압된다. 그 억압된 성이 최근 풀리면서 비정상적인 상황으로 성문화가 번져나가는 측면이 있어 안타깝다. 성은 아름답지만 정상적인 신명이 작용하는 경우여야 한다.

바람의 흐름(風流)을 주관하는 자

'토우 장식 항아리'에 장식되어 있는 구성요소들을 통해서 신라인들의 성의식을 추론해보자(도판 4). 이 항아리에는 자연과 인간 모두 성적 결합을 통해서 생명을 유지한다는 주제가 담겨 있다. 자연의 성적 결합을 상징하는 것으로는 개구리와 뱀이 선택되었다.[1]

항아리를 보면 신인神人이 뜯고 있는 거문고 아래로 뱀이 움직여서 개

[도판 3] 고신라인들은 저승을 갈 때도 남근을 세우고 갔다. 금령총, 6세기

---

1) 김종대, 『33가지 동물로 본 우리 문화의 상징세계』, 다른세상, 2001, 38쪽.

[도판 4] 미추왕릉 지구 계림로 30호분 출토 토우 장식 항아리 부분

구리의 뒷다리를 물고 있다. 이는 여성원리를 상징하는 개구리와 남성원리를 상징하는 뱀의 결합으로 자연계의 생명이 유지된다는 것을 말하고 있다. 또한 오른쪽에는 엎드린 여성의 뒤에서 남성이 성기를 들어내어 교합을 시도하고 있다. 남녀의 교합으로 인간의 생명이 태어남을 노골적으로 표현하고 있다. 이런 의식을 담은 장식항아리를 무덤에 부장한 것은 죽은 자가 부활하기를 바랐기 때문이다. 그들이 자연의 리듬과 성생활의 리듬을 타고 다시 이 세상에 태어나기를 바랐던 것이다. 장식항아리에는 현세 중심적인 신라인들의 성의식이 잘 나타나 있다.

좀 더 구체적으로 장식들을 살펴보자. 가장 흥미로운 주제는 장식항아리에 표현된 거문고를 켜는 신인상과 개구리 뒷다리를 물고 있는 뱀, 그리고 막 교합하려는 자세를 취한 남녀상이다.

우선 거문고를 켜는 인물은 어떤 존재인가 생각해보자. 거문고를 켜는 인물은 생명의 운행을 알고 있는 영적인 존재로 우리 고유의 선도문화에서 말하는 신인神人이다. 그는 거문고 음률로써 생명의 리듬을 노래하고 있다. 그는 알고 있다. 그는 마음의 눈으로 우주의 순환을 보며 그 장중하고 아름다운 생명이 피어오르고 사라지는 모습을 본다.

그는 우주에 충만한 에너지(바람)를 가지고 생명의 음률을 만들고 있다. 바로 '바람의 흐름(風流)'를 주관하고 있는 것이다. 바람, 곧 숨은 모든 생명이 나누어 가지고 살아가는 생명의 끈이다. 그 끈들이 서로 보이지 않게 연결되면서 아름다운 생명의 율동이 이어지는 것이다. 그 바람의 리듬을 아는 자만이 생의 한가운데서 춤출 수 있다.

무덤에 부장된 이 항아리에 신인이 거문고를 켜는 장면을 표현한 것은 그 신인이 알고 있는 생명의 리듬을 죽은 자가 느끼도록 하기 위해서다. 죽음은 끝이 아니며 저승에서 새로운 삶을 살다가 부활할 수 있음을 전하고 있다.

인류가 남긴 많은 신화전설에는 자연계와 인간의 생명활동을 주관하는 상징적 인물이 있다. 그가 바로 단군이요, 아티스요, 오시리스요, 디오니소스이다. '토우 장식 항아리'에서 거문고를 뜯고 있는 인물도 그러한 역할을 담당하고 있다.

이 장식항아리에서 우리는 신라의 풍류도를 이해할 수 있는 단서를 찾을 수 있다. 처음에 화랑은 여성인 원화源花였다. 그녀는 모든 생명의 어머니인 지모신의 딸이자 대리인이다. 낭도郎徒는 그녀의 아들이자 애인으로서 생명계와 인간세상을 정의롭게 이끌어가는 무리였다. 당시 원화(화랑)와 낭도들은 영원히 순환하는 생명의 리듬을 자각하고 그 리듬을 아름답게 가꾸기 위해 수련했다. 그들은 건강하고 아름다운 육체에 밝고 정의로운 정신을 담고자 했다. 또한 그들은 내세의 꿈보다는 이 땅에 아름다운 세상을 만들고자 하는 꿈을 가지고 있었다. 그러한 정신이 바로 삼국통일의 원동력이었다.

원초적인 생명에너지를 상징하는 뱀

다음으로 뱀에 대해서 알아보자. 뱀은 신의 상징으로 인류문화사에 가장 일찍 등장하는 동물 중 하나다. 뱀은 이미 구석기시대에 신으로서의 지위를 가지고 있었음이 많은 구석기 유물이 증거하고 있다. 신석기시대가 되면 뱀은 대단한 신성을 지닌다. 세계적인 신화학자 캠벨Joseph Campbell이 지적했듯이 대부분의 지역에서 뱀은 자연의 신성한 생명의 상징으로 경외의 대상이었다.[2]

그래서 그런지 얼마 전 독서를 하다가 참 재미있는 구절을 읽은 기억이 난다. 제레미 나비Jeremy Narby라는 영국의 인류학자가 페루 아마존에 현장조사를 위해 갔다가 경험한 이야기다. 그는 그곳의 샤먼을 만나 '아야우아스까'라는 약초를 먹고 환각을 경험한다. 그는 환각 속에서 다양한 영상을 보게 되는데, 어느 순간 뱀 한 마리가 그를 뚫어지게 바라보다가 하는 말이 "기껏해야 인간인 주제에"였다. 그는 그 말에 충격을 받았다. 인간중심적 사고가 무너지는 순간이었다. 그가 환각 속에서 본 장면, 그 장면 때문에 그는 인류의 샤머니즘 속에 나타나는 뱀과 현대과학이 밝힌 DNA와의 연관성에 대해서 공부하게 되었고, 그 내용을 정리한 책도 펴냈다.

인류의 무의식 속에 지금도 살아 움직이는 뱀의 실체는 과연 무엇일

---

[2] 제레미 나비 지음, 김지현 옮김, 『우주뱀=DNA』, 들녘, 2002, 113쪽.

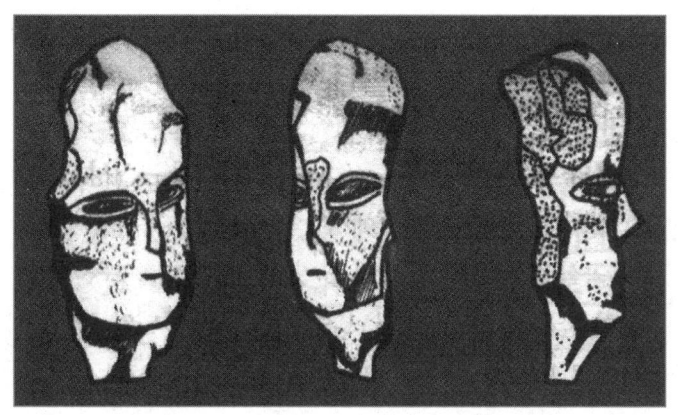

[도판 5] 이라크 북부 자르모에서 출토된 점토 두개골

까? 필자도 여전히 궁금하다. 아마 거의 모든 사람들이 꿈속에 뱀이 등장하는 경험을 했을 것이다. 하여 갖가지 뱀꿈이 가지는 의미가 무엇인가 궁금해했을 것이다.

신석기시대의 고고학 자료에는 뱀인간이 나온다. 북부 이집트에 있는 아비도스 유적지의 선왕조 시기의 묘지와 메소포타미아의 수메르 이전 초기 고분에서 '머리가 크면서도 길고 갸름한 장두형' 두개골이 발견되었다(도판 5). 인류학자들은 이들 아비도스와 메소포타미아의 초기 고분에서 발굴된 '두상이 긴 사람들'과 성서에 타락한 종족과 관련하여 기록된 '뱀 같은 얼굴'을 한 사람들의 특징이 일치한다고 보았다.[3] 그렇다 이들이 바로 성서 이전의 신인神人 그룹이다.

그들은 성서에서 사악한 존재로 낙인찍히기 전에는 하늘의 신성과 땅의 육신을 함께 가지고 있던 천사天使였다. 이들 천사를 우리 고유의 선도 계통에서는 신인이라고 불렀다. 그들은 하늘의 비밀과 땅의 비밀을 볼 수

---

[3] 앤드류 콜린스 지음, 오정학 옮김, 『금지된 신의 문명(2)』, 사람과사람, 2000, 198쪽.

제11장 | 개구리와 뱀의 교합은 생명순환의 상징이다

[도판 6] 원초적 우주의 대양에 천 개의 머리를 가진 뱀왕 위에 누워 있는 비쉬누, 그의 배꼽에서 창조신 브라흐마가 태어나고 있다.

있는 능력을 가진 자들이다. 때문에 성서에서는 이들을 주시자注視者라고 불렀다. 이들의 이미지에서 우리 무속에서 사용하는 고깔모자가 나왔으며, 머리를 뱀머리처럼 만드는 편두 풍습이 생겼다.

지고한 뱀에서 악마로 숙청된 뱀

이들은 신석기시대 지하신(땅의 신, 후대의 지옥신)의 화신이다. 때문에 뱀은 신석기시대 지하신의 상징동물이기도 했다. 이들 뱀머리 인간과 뱀 신들은 서양문화사에 두 번에 걸친 숙청을 통해서 악마의 상징으로 바뀐다.

첫 번째 숙청은 기원전 천 년 동안의 철기시대 헤브루 가부장제의 맥락에서 일어났다. 『성서』는 창조 이야기를 편집하면서 이전 시대에 내려오던 신화 이야기의 형식은 유지하면서도 뱀의 역할은 정반대로 설정한다. 그 결과 뱀은 「창세기」 편집 이전 최소 7,000년 동안 레바논 사람들의 경외를 받아오다가 처음으로 악당 역할을 맡게 된다. 그리고 야훼는 뱀을 대체하여 창조주 역을 맡는다.[4]

두 번째 숙청은 그리스 신화에서 일어난다. 여기서 제우스는 원래 뱀으로 상징되고 있었다. 그러나 기원전 500년쯤, 신화는 변하고 제우스는 뱀의 살해자로 바뀐다. 그는 대지의 여신 가이아의 자손이며 자연력의 화신인 거대한 괴물 뱀, 티폰을 물리치면서 올림포스산의 가부장적 신들의 지배를 확고히 했다.[5] 이렇게 해서 서양에서 뱀은 사악하고 제거되어야 할 동물이 되었지만, 원래 뱀은 자연에 내재한 생명에너지를 상징했다.

[도판 7] 투르판 아스타나 고분 출토 복희여왜상

신화적 사고에서 뱀은 생명의 모든 비밀을 아는 지혜의 상징이기도 했다. 왜 그렇게 생각했을까? 그것은 자연에 내재한 생명에너지에서 생명의 꽃이 피고 지기 때문이다. 사람들은 뱀이 그 생명의 꽃이 피고 지는 원리를 누구보다 잘 알고 있다고 생각했기 때문에 뱀은 생명의 비밀을 모두 아는 지혜로운 자가 될 수 있었다.

---

4) 제레미 나비 지음, 김지현 옮김, 『우주뱀=DNA』, 들녘, 2002, 114쪽.
5) 제레미 나비 지음, 김지현 옮김, 『우주뱀=DNA』, 들녘, 2002, 114~115쪽.

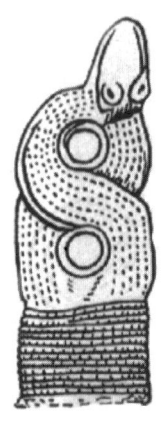

[도판 8] 소아시아 기원전 6000년기 / 이집트 기원전 4000년기

동양에서 뱀이 가지고 있는 생명력을 표현한 상징물 중 가장 대표적인 것이 복희여왜상이다(도판 7). 복희여왜상이 나타내는 것은 하늘과 땅, 해와 달, 낮과 밤, 남과 여 등 대립되는 모든 것들을 조절하고 관리하는 자를 상징한다. 서로 대립하는 에너지가 만물을 구성하며 변화하는 모든 것들 속에서 작동하다. 이러한 상징은 사실 메소포타미아 지역에서 먼저 표현되었다(도판 8).

생명의 리듬을 표현한 뱀과 개구리

다시 장식항아리의 뱀 이야기로 돌아가자. 뱀이 개구리를 물고 있는 장면은 여름철 시골에서 많이 볼 수 있는 풍경이다. 개구리는 뱀의 주식 중 하나이다. 어린시절 개구리를 잡아 닭에게 먹이로 주던 일이 기억난다. 개구리를 잡으러 논둑길을 살피다 보면 깜짝 놀라는 경우가 있다. 뱀을 만났기 때문이다. 가끔씩 경험하는 일이었지만 뱀이 개구리를 잡아먹는 장면을 목격하곤 했다. 뱀은 자기 머리보다 큰 개구리를 잡아먹기 위해 머리를 물고는 서서히 삼킨다.

그러나 장식항아리에 표현된 개구리를 잡아먹는 뱀은 일상적인 풍경을 담았다기보다는 상징적인 의미를 표현한 것이다. 그것을 단순히 생과 사,

[도판 9] 사해 신석기문화 출토, 개구리를 물고 있는 뱀

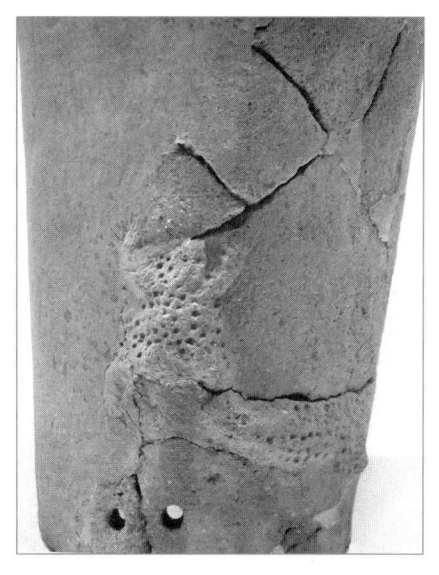

그러니까 죽임을 당하는 개구리와 살기 위해 먹어야 하는 뱀을 대비시켰다고 볼 수도 있다. 살고 죽는 것이 생명의 자연스런 순환이니까.

그러나 뱀이 개구리를 물고 있는 도상은 상당히 오래전부터 동북아시아의 장례용품에 나타난다. 중국 만주지역의 신석기문화 유적에서는 그러한 유물이 여러 점 발굴되었다. 그중 하나는 요령성 박물관에 전시되어 있다. 이 토기는 중국 요서지역에 있는 대릉하의 동쪽이자, 의무려산의 동쪽에 있는 사해査海 신석기문화 유적지에서 출토된 것이다(도판 9). 기원전 5000년경의 유물이다. 신석기시대의 토기에 이미 뱀이 개구리를 잡아먹는 도상을 부조로 표현하고 있음을 알 수 있다. 또 하나가 있는데, 그것은 청동기시대(기원전 10~4세기)의 유물로 중국 요서지역의 대릉하 상류의 삼관전자三官甸子에서 출토되었다(도판 10). 삼관전자에서 출토된 것은 두 마리 뱀이 마치 신석기시대 서아시아의 두 마리 뱀 도상이나, 중국의 복희여왜상처럼 서로 엉켜서 개구리를 물고 있다.

현재 발견된 이러한 도상은 만주의 신석기시대 – 만주의 청동기시대 – 경주의 철시시대라는 시대를 거치면서 계속 등장한다. 사람들은 왜 이러한 도상을 만들어 무덤에 부장했을까? 단순한 장식품은 아니었음이 분명하다. 그렇다면 그것은 어떤 의미를 상징하는 것이었을까?

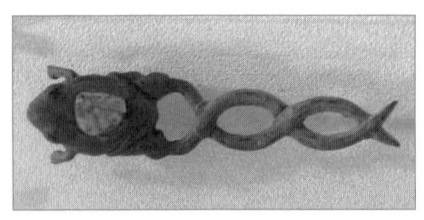
[도판 10] 개구리를 물고 있는 뱀, 중국 대릉하 상류의 삼관전자 출토, 청동기시대

그것은 앞에서 정의한 대로 여성원리를 상징하는 개구리와 남성원리를 상징하는 뱀의 결합으로 자연계의 생명이 유지된다는 것을 말하고 있다. 죽은 자에게 죽을 수밖에 없는 숙명과 부활의 희망을 암시하고 있다.

많은 연구자들이 석기시대 유물의 형상이나 문양에 나타난 개구리를 임신부와 자궁 속의 태아로 이해한다.[6] 기본적으로 개구리는 세계의 여러 지역에서 다산과 풍요를 상징함과 동시에 여성의 성기를 상징한다. 이집트 신화의 헤케트 여신은 땅의 비옥과 풍성한 결실을 가져다주면서 인간의 다산과 안전한 출산을 관장하는 여신이었다. 임산부들은 그녀를 상징하는 개구리 호부를 착용했다. 개구리 여신 헤케트는 훗날 로마로 들어가서 개구리 형상의 램프로 만들어진다. 로마인들은 산모와 아기의 안전을 바라면서 그 램프에 불을 켰다.[7]

일본에서도 조몬시대(신석기~기원전 300년)에 만들어진 개구리 문양이 새겨진 토기가 많이 출토된다. 이들 토기의 용도는 술을 빚는 항아리였는데, 당시 사람들은 개구리 여신이 생명력을 회생시키는 술을 준다고 믿었던 것 같다.[8] 또한 고대 로마에서는 개구리가 육체적 사랑을 상징하였는데, 그것은 개구리가 섹스를 특징으로 하는 신을 대표하는 것으로 여겨졌

---

6) 김영균·김태은, 『탯줄코드』, 민속원, 2008, 390쪽.
7) 김영균·김태은, 『탯줄코드』, 민속원, 2008, 328쪽.
8) 요시다 아츠히코·후루가와 노리코 지음, 양억관 옮김, 『일본의 신화』, 황금부엉이, 2005, 122쪽.

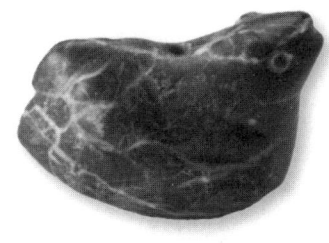
[도판 11] 메소포타미아 기원전 3400년경 부적

기 때문이다.[9]

생명의 리듬을 노래한 풍류정신

이와 같이 개구리는 다산과 풍요를 가져다주는 여성의 자궁 혹은 성기를 상징하는 동물이었다. 그런 개구리를 남자의 성기를 상징하는 뱀이 물고 있다는 것은 바로 섹스를 상징한다.

고대인들에게 섹스는 새로운 생명을 탄생케 하는 중요한 행위였다. 섹스야말로 부활을 상징하는 의례적 행위였다. 자연에서 남성과 여성을 상징하는 두 대표 동물이 성적으로 어울리는 모습은 바로 복희여왜상이 말하려고 하는 것과 같은 상징성을 갖는다.

마침 장식항아리에는 우주자연의 생명의 흐름을 아는 풍류 신인이 거문고로 생명을 노래하고, 그에 호응하여 자연의 음과 양을 대표하는 개구리와 뱀이 사랑을 노래하는 중에, 옆에서는 인간 남녀가 가장 원초적인 자세로 아무런 거리낌 없이 사랑을 나눈다. 이것이 고신라인들이 가졌던 성의식이며 생명관이었다.

---

9) 아리엘 골란 지음, 정석배 옮김, 『선사시대가 남긴 세계의 모든 문양』, 푸른역사, 2005, 340쪽.

[도판 12] 한 사람은 피리를 불고, 두 사람은 춤을 추고 있다. 고신라 토우 장식항아리 뚜껑

고신라의 장식항아리에 표현된 토우들을 통해 우리는 그들이 풍류를 아는 현세지향적인 사람들이었다는 것을 알 수 있다. 그들은 생과 사가 신명줄로 연결된 것을 알고 있었다. 또 다른 장식항아리의 뚜껑에서 보듯이, 피리를 불고 있는 사람 앞에서 두 사람이 팔을 벌리고 춤을 추고 있다(도판 12). 그런데 그 왼쪽에는 뱀 위에 죽은 자의 영으로 보이는 사람이 타고 있다. 당시 뱀은 죽은 자의 영을 나타내기도 했다. 뱀을 타고 있는 영은 그런 생각을 반영해서 만든 것이다. 저승 가는 망자를 위해 피리를 불고 춤을 췄다는 것에서 우리는 생과 사를 하나로 이해했던 신라인들의 의식을 엿볼 수 있다. 그들에게 죽음은 끝이 아니었다. 그들에게 죽음은 자연스런 변화일 뿐이었다. 그들은 언젠가 생명의 리듬을 타고 다시 태어나리라 믿었다.

후대의 화랑과 낭도들이 죽음에 연연하지 않고 정의로운 세상을 만들기 위해 목숨을 바칠 수 있었던 것도 그러한 고신라인들이 가지고 있었던 풍류정신을 계승했기 때문이다.

| 제12장 |

3과 7로 풀어본 장군총의 비밀

3·7일(21일)은 생명의 변화와 관련된 수

고대사회에서 수數는 세계를 이해하는 상징적인 의미를 가지고 있었다. 고대인들은 수로써 현상과 본체를 설명하고 규정했다. 주어진 문화 안의 세계관·가치관·이념 등이 수에 반영되어 있다.[1] 한민족에게도 예외는 아니었다. 한민족은 처음부터 3과 7수에 중요한 의미를 부여하였는데, 3·7 관념은 민족문화에 커다란 영향을 미치면서 여러 흔적을 남겼으며, 오늘날도 그 수리적 힘은 작동하고 있다. 고구려의 유산이자 세계의 문화유산인 장군총에도 3·7 관념이 반영되었다. 이 장에서는 한민족에게 3과 7수가 어떠한 상징성을 갖고 작동했는지, 그 수리구조로 건축된 장군총이 갖는 상징성은 어떤 것인지를 알아보려고 한다.

만주 집안에 있는 장군총은 3·7 구조로 설계되었다. 다시 말하면 3단 묶음으로 7곱 단을 쌓아서 21계단으로 꾸몄다. 왜 장군총은 그러한 구조로 설계되었을까? 장군총을 그렇게 설계한 배경에는 단군시대 이래 이어져온 한민족의 정신문화가 숨겨져 있다. 이집트의 피라미드가 그렇듯이 천손인 고구려왕이 저승으로 가기 위한 통로로 7층 피라미드를 쌓았다. 왕릉이나 피라미드의 구조에는 당시 지식인들이 가지고 있던 생사관이 반영되어 있다는 것은 고대 건축에 있어서 상식이다. 그렇다면 장군총에는 어떤 생사관이 표현되었을까?

[도판 1]에서 보듯이 장군총의 맨 아래 계단을 상대석으로 보면 장군총은 3개씩의 계단을 가진 7층 구조로 만들어졌다는 것을 알 수 있다. 이는 단군신화에 등장하는 3·7 개념을 구조화한 것이다. 단군신화는 온통 3수

---

1) 김열규, 『기호로 읽는 한국문화』, 서강대학교출판부, 2008, 268~269쪽.

[도판 1] 3계단씩 7층 구조로 만들어진 장군총

로 풀어간다. 우선 삼위태백의 삼위는 '봉우리가 3개인 산'을 가리킨다. 환인은 아들 환웅에게 신표로 천부인 3개를 주었다. 또한 환웅은 풍백·운사·우사 3신을 거느리고 무리 3,000명을 이끌고 태백산에 내려온다. 그리고 웅녀는 환웅이 준 마늘 20개와 쑥 한 단을 먹고 굴에서 3·7일(21일) 만에 사람이 된다. 여기서 우리는 3·7일(21일)이 생명의 변화와 관련된 수라는 것을 짐작할 수 있다. 죽음은 생명 변화의 가장 극적인 전환점이다. 그 변화의 수인 3·7이 장군총에 반영되었다.

한국문화에는 3수와 7수가 지속적으로 생명력을 이어오고 있다. 민속에서 아이가 태어나면 3·7(21일)일 동안 금줄을 달아서 외인의 출입을 금한다든지, 민족종교인 천도교의 3·7자 주문呪文 같은 것은 한민족이 이어온 3·7 문화의 대표적인 사례라고 할 수 있다. 3·7일 동안 금줄을 다는 것은 이 기간이 무사히 지나야 아이가 비로소 제대로 사람 꼴을 갖춘다고

[도판 2] 변산 개암사와 울금바위

하는 측면에서 일종의 변화의 완성과 관계가 있다. 유아 사망률이 높았던 위기의 상황에서 아기가 최초로 삶의 험난한 고비를 넘긴 것에 바쳐진 통과의례이다.[2] 동학의 주문도 그것을 암송하여 깨달음을 얻어서 변화를 완성하는 것과 관련이 있다. 웅녀가 곰에서 사람으로 변화한 것과 같은 원리이다.[3] 조상들은 3·7관념이 반영된 21에 주술적인 힘이 있다고 믿었다. 일제강점기에는 새끼줄로 21개의 매듭을 묶은 목걸이를 아이들에게 독감 퇴치용으로 걸어주었다. 이는 21이라는 숫자가 변화를 가져오는 주술적인 힘이 있다고 믿었음을 의미한다.

한국 불교에도 3·7 관념이 반영되어 있다. 경덕왕 시기의 진표율사는 금산수에 있는 순제법사의 명으로 경덕왕 19년에 변산 부사의방에 들어가

---

2) 김열규, 『기호로 읽는 한국문화』, 서강대학교출판부, 2008, 274쪽.
3) 손병욱, 『서산, 조선을 뒤엎으려 하다』, 정보와사람, 2006, 93쪽.

서 미륵상 앞에서 3년 동안 계법을 구했으나 수기受記를 받지 못한다. 그러자 다시 발원한 후 3·7일간 수행하였더니 지장보살이 가사와 바릿대를 주었다고 한다. 다시 수행한 지 3·7일 만에 천안통을 얻어서 도솔천 무리들이 오는 광경을 본다. 이는 전통적인 3·7 관념이 불교신앙으로 스며든 결과이다. 또한 서산대사가 묘향산 원적암에서 열반한 후, 3·7일(21일) 동안 향내가 사라지지 않고 방 안에 풍겼다는 이야기도 마찬가지이다.[4]

3수는 어떤 상징을 가지고 태어났나

3·7이란 숫자를 음양론에 입각하여, 그 수가 양의 숫자이기에 음을 누르고 잡귀를 막는 길한 숫자라고 한다든지, 21일은 양수인 7을 세 번 반복하는 기간이기 때문에 양이 더욱 강하다는 상징성을 띤다고 하는 설명에는 문제가 있다.[5] 왜냐하면 그러한 음양론은 상당히 후대에 완성된 이론이기 때문이다.

그렇다면 3과 7은 구체적으로 어떤 상징성을 가지고 있을까? 먼저 3수에 대해서 살펴보자. 3수는 크게 두 가지 측면에서 나왔다. 하나는 공간적인 측면으로, 세계문화사에 거의 공통적으로 나타나는 우주삼계설, 즉 이 세계는 천상과 지상과 지하세계로 이루어졌다는 생각에서 나왔다. 이러한 삼계관은 구석기시대에 이미 나타난다.

이 삼계를 연결하는 교통로가 바로 단군신화에 나오는 신단수이고, 삼

---

4) 휴정 지음, 법정 옮김, 『선가귀감 : 서산대사집(한국사상사대전집 22)』, 양우당, 1988, 23쪽.
5) 정종수, 『사람의 한평생』, 학고재, 2008, 94쪽.

[도판 3] 각저총의 신단수, 그 아래 곰과 호랑이가 보인다.

한시대 소도에 세웠던 큰 나무이다. 단군신화를 배경으로 한 신단수가 고구려 각저총에 보인다(도판 3). 이 신단수에 의례를 올릴 때도 3수가 작용한다. 당나라 초기의 학자 안사고顔師古는 흉노나 선비를 비롯한 북방 제족이 가을철에 신수(우리의 신단수) 주변을 도는 의식을 행하고 있다고 기록하고 있다. 그리고 이 신수를 도는 의식도 무작정 선회하는 것이 아니라 3번에 그친다고 했다. 3번 선회하는 습속은 오늘날 몽골인들이 길가다 오보(17장 참조)를 만나면 행하는 의식에서도 관찰된다. 이는 삼계에 기원하는 의미를 가진다.

시베리아의 소수민족인 돌간족(북퉁구스족)은 곰이 죽고 나면 사냥꾼들은 곰 주위에 모여서 서로 손을 잡고 태양의 행로에 따라 세 바퀴를 돌고는 말한다. "우리가 너를 죽인 것이 아니라 네 스스로 죽었다. 신이 정한

날이 와서 네가 순서에 따라 죽었다. 나쁘게 생각하지 말고 우리 아이들을 괴롭히지 마라."[6] 참으로 순진하고 소박한 기원이다. 여기서 돌간족이 3회 선회하는 것도 삼계에 기원하는 것이다.

중국이나 우리가 하늘에 제사를 지낼 때 쓰는 향로의 발이 세 개인 것도 삼계와 관련이 있으며, 그리스 델포이 신전의 무녀가 세 발 의자에 앉아서 신탁을 받았던 것도 삼계와 관련이 있다. 무녀가 세 발 의자에 앉아서 신탁을 받은 것은 그녀가 삼계와 소통한다는 뜻이다.

북유럽 신화는 세계수인 이그드라실을 중심으로 삼계를 설정하고 그 삼계를 무대로 이야기가 전개된다. 하계에는 운명의 샘인 우르드 샘이 흐르고 있고, 그곳에는 운명을 주관하는 여신인 운명(Fate), 존재(Being), 필연(Necessity) 세 노른Norn이 살았다. 이 세 여신들은 탄생부터 죽음에 이르기까지 모든 인간의 운명을 결정했다.[7] 이와 같이 3수는 삼계와 관련된 공간적인 수로 그 상징을 가지고 작동하는 측면이 있다.

3수는 영원한 시간의 변화수

3수가 신성한 수로 사용되게 된 두 번째 이유는 시간에 관한 사고에서 나왔다. 즉 과거·현재·미래가 영원한 시간 속에서 끊임없이 꼬리를 이으며 작동한다는 인식에서 3이라는 수가 신성시되었다. 영원한 시간 속에서의 존재의 변화, 그중에서 생명의 변화와 관련하여 3은 특히 주목받았다. 3은 생명이 끊임없이 탄생하고 소멸하는 것을 설명하기 위해 나온 것으로

---

6) 한스 요하임 파프로트 지음, 강정원 옮김, 『퉁구스족의 곰의례』, 태학사, 2007, 120쪽.
7) 케빈 크로슬리-홀런드 지음, 서미석 옮김, 『북유럽 신화』, 현대지성사, 1999, 81쪽.

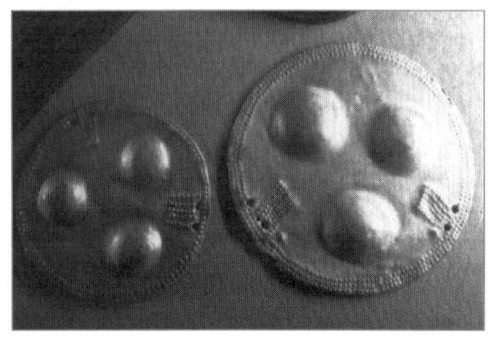

[도판 4] 기원전 3000년경 오스트리아 남부에서 발굴된 황금디스크

흔히 우리가 삼신三神이라고 부르는 것과 관련 있다.

9장에서 설명했듯이 삼신은 신석기시대 세 여신, 터키의 차탈 휘유크에서에서 기원전 6000년 무렵에 만들어진 삼위일체의 여신이 원형이다. 이들 여신들은 한 몸에 처녀·어머니·할머니의 머리, 즉 한 몸에 세 여신의 얼굴을 표현했다. 삼신일체상이다. 선사시대 석기인들은 세 개의 소용돌이 미로가 하나로 연결된 그림을 토기에 남겼는데, 그것은 '세 여신'의 강력한 번식력을 상징한다.

그러한 무늬는 후대의 켈트인들이 즐겨 사용했는데, 그것을 세 개의 태양이 끊임없이 순환하는 것을 상징하는 것으로 해석하는 사람도 있다. 즉 세 개의 태양은 높이 떠 있는 현재의 태양, 사라진 과거의 태양, 떠오르는 미래의 태양을 나타낸다고 보는 것이다. 켈트족이 발흥한 지역인 오스트리아 남부에서 발굴된 기원전 3000년경의 황금디스크는 그러한 견해가 타당할 수도 있음을 보여준다(도판 4). 황금원반의 작은 원 세 개는 과거·현재·미래를, 이를 둘러싼 큰 원은 영원을 의미한다고 볼 수 있기 때문이다.[8]

세 개의 태양이자 세 개의 자궁

서구문화에서 삼신을 나타내는 세 소용돌이 문양에 대응하는 것이 중

---

8) 김영균·김태은, 『탯줄코드』, 민속원, 2008, 291쪽.

국 요서지역의 후기 홍산문화에도 보인다. '세 구멍 옥기'가 바로 그것이다. '세 구멍 옥기'는 삼신의 자궁을 나타내거나, 현재·과거·미래의 태양을 나타낸다. '세 구멍 옥기' 중 양쪽에 곰머리가 있는 것이 여러 점 발견되었는데, 그것은 바로 후대의 단군신화에 웅녀로 표현된 집단의 삼신 마크이다 (1장과 9장 참고). 이 '세 구멍 옥기'를 삼신의 자궁으로 이해할 수 있는 단서가 제주도에 전한다. 제주도의 삼성신화의 배경인 삼성혈이 그것이다. 고을나·양을나·부을나 '세 신인'이 한라산 북녘의 모흥혈, 즉 삼성혈에서 솟아나 고·량·부 세 성씨의 조상이 되었다고 한다.[9] 3수가 작동된 것이다. 그들은 지모신의 세 개의 자궁에서 태어난 셈이다.

세 개의 원이 상징하는 것은 원래는 생산의 여신으로서의 삼신을 상징했는데, 후대에 와서는 삼위일체신의 상징으로 변화되기도 했다. 그러한 사례를 단테의 『신곡』에서 찾을 수 있다. 단테 『신곡』의 결론 부분에서 그는 베아트리체의 유혹에 이끌려 천국을 거쳐 하나님의 보좌로 나아간다. 그곳에서 단테는 삼위일체의 세 위격 뒤에서 불길과 빛으로 이루어진 세 개의 원을 바라보았는데, 이는 하나님의 비인격적인 측면을 나타낸 것이다.[10]

이와 같이 서양에서 삼신은 생명을 낳는 삼신일체의 세 여신에서 출발했지만, 시간이 흐르고 가부장적 질서가 세계를 주도하게 되자 삼신일체 개념이 삼위일체 개념으로 변했다. 모든 생명을 낳는 것을 여성이 주관하는 것이 못마땅했던 모양이다.

---

9) 주강현, 『우리 문화의 수수께끼』, 한겨레출판사, 1996, 120쪽.
10) 조지프 캠벨 지음, 다이앤 K. 오스본 엮음, 박중서 옮김, 『신화와 인생』, 갈라파고스, 2009, 341쪽.

이러한 변화는 우리도 마찬가지이다. 『세종실록』에는 "황해도 문화현 구월산 신당의 북쪽 벽에는 단웅천왕, 동쪽 벽에는 환인천왕, 서쪽 벽에는 단군천왕이 그려져 있는데 그곳 사람들이 늘 삼성으로 부른다"는 기록이 있다. 이 기록을 보면 웅녀를 제외한 이들 삼신이 제사를 받았다는 것을 알 수 있다. 이에 대해서 국문학자 조현설 교수는 "신당이라는 작은 우주를 충만하게 채우는 삼성, 곧 삼위일체가 세 남성 신이다. 남성 중심적 서사에서 웅녀는 모태를 대여해주는 존재 이상이 아니다"라고 지적했다.[11] 원래 후기 홍산문화의 주인공으로 삼신이었던 웅녀가 환웅세력의 유입으로 말미암아 가부장적 신화가 등장하면서 소외된 것이다. 하지만 공식적인 신의 체계에서 밀려난 웅녀는 삼신(=産神)으로서 계속 한민족이 자손을 잉태하고 출산하는 데 관여해왔다. 곰할매는 금정산의 고당할매로, 전국 명산에 있는 노고할매로 그 명맥을 이어오고 있다.

이렇게 보면 오스트리아 남부에서 발견된 황금디스크나 켈트인들이 자주 사용하는 '세 개의 소용돌이 무늬', 그리고 후기 홍산문화에 보이는 '세 구멍 옥기'는 인류가 무의식에서 공감하는 '영원히 생명을 출산하는 자궁'의 상징으로 이해할 수 있다. 이렇게 볼 때 3수는 변화하는 것들이 변화하지 않는 영원 속에서 작동하는 원리를 수로 나타낸 것이다.

삼신은 원래 3명의 여신

또한 동양에서도 삼신이 후대의 철학적 우주론을 반영하여 천·지·인 삼재에 배속되는 세 신을 말하게 되었으며, 우리의 경우 환인·환웅·단군

---

11) 조현설, 『우리 신화의 수수께끼』, 한겨레출판사, 2006, 272쪽.

을 삼신으로 생각하기도 한다. 민속학자 주강현은 삼신의 원형을 환인·환웅·단군의 삼대로 이루어진 삼신체계가 고대신화의 원형을 이루고 이 민족신화가 우리들 안방으로 들어와 삼신신앙으로 새롭게 태어났다고 했다.[12]

그러나 유라시아의 문명사적 관점에서 볼 때 삼신은 산신産神, 즉 생명을 수태하고 보호하며, 출산을 관장하는 여신이 그 원형이다.

[도판 5] 민속박물관에 진설된 삼신상

다시 말하면 삼신신앙은 단군신화가 형성되기 이전부터 있어온 신앙에 기반하고 있다. 일찍이 육당 최남선이 '삼'이라 함은 삼줄·삼불·삼가르다 등에서와 같이 포태胞胎를 뜻하는 것이며 따라서 삼신은 포태신의 뜻을 가진다고 한 말이 옳다.[13] 한마디로 삼신할미는 아기를 점지해주고, 명을 주고, 키워주는 신이다.[14]

우리 민속의 삼신 관련 의례들이 얼마나 3수를 의식했는지 보자. 삼신할머니에게 기도할 때 차리는 삼신상에는 밥, 미역국, 물 세 그릇(또는 각기 세 그릇)을 올린다. 백미는 3되, 시루떡은 3말 3되, 삼색과(또는 각각 세 개씩의 과일)를 갖추기도 한다. 절은 삼배, 소지는 석장을 태운다. 삼신자루에는 백미 3되 3홉을 넣는다. 또한 삼신자루를 달아매는 줄은 세 가닥을 꼬아 하나의 줄로 만드는데, 이를 삼신끈이라 한다. 삼신상은 아기를 낳은 지

---

12) 주강현, 『우리 문화의 수수께끼』, 한겨레출판사, 1996, 122~123쪽.
13) 조자용, 『삼신민고』, 가나아트갤러리, 1995, 53, 56쪽; 육당최남선전집편찬위원회 편, 『최남선 전집(3)』, 현암사, 1973, 241~242쪽.
14) 정종수, 『사람의 한평생』, 학고재, 2008, 26쪽.

[도판 6] 삼신제석

3일째에 차리고, 7일을 기준으로 이레, 두이레, 세이레에도 상을 차린다. 여기서도 3·7 관념이 반영되어 있다. 세이레에는 삼신에게 흰밥과 미역국을 올리고 금줄을 걷는다.[15]

삼신할머니를 그린 삼신탱화에는 세 여신상이 그려져 있다(도판 6). 이들은 불교의 영향을 받아 '삼신(삼불)제석'으로 불리기도 하며, 삼각형 고깔을 쓴 모습으로 그려진다. 작은 고깔이 삼신 밥그릇 위에 세워지기도 한다(도판 5).[16] 삼신을 세 여신으로 표현하는 것에서 우리는 삼신이 할머니·어머니·처녀로 이어지던 신석기시대의 삼신 원형을 만날 수 있다.

3의 철학적 의미

기본적으로 3은 시간과 공간, 즉 3차원에서 사는 인간 경험상 가장 근본적인 완성수이다. 인류는 생존하면서 많은 현상들이 '세 번의 변화를 통해서 하나의 완성을 이루고 그것이 반복된다'는 경험을 했다. 인류는 그러한 경험을 수리적으로 혹은 철학적으로 개념화했다.

---

15) 정종수, 『사람의 한평생』, 학고재, 2008, 99~100쪽.
16) 김영균·김태은, 『탯줄코드』, 민속원, 2008, 186~187쪽.

노자老子는 "도가 하나를 낳고, 하나가 둘을 낳고, 둘이 셋을 낳고, 셋이 만물을 낳는다"라고 했다. 여기서 셋은 둘인 천지, 혹은 음양이 상호작용하여 생성된 기운이라는 데 다수 주석가들이 동의한다. 천지와 음양의 조화로 생성된 기운, 음양과 천지를 완전케 하는 기운, 곧 3은 우주의 근원이다.[17] 수리적으로 3은 1과 2가 합쳐진 숫자다. 여기서 1은 양, 2는 음을 뜻한다. 즉 3은 음양이 합해진 숫자이기 때문에 음양이 하나로 된다. 즉 3은 최초의 완전수이다. 우실하 교수는 북방샤머니즘의 3수 분화의 세계관으로 3수의 발생을 설명한다. "3수 분화의 세계관은 없음(0)에서 하나(1)가 나오고, 하나에서 셋(3)으로 분화된다."[18]

지금까지 3수를 신성시하게 된 배경과 우리 문화에서 3수가 어떻게 적용되는가를 알아보았다. 3은 첫째로 하늘과 지상, 지하 삼계로 이루어졌다는 3계론과 연계된 숫자이다. 둘째로 3은 영원히 생명을 이어 낳는 세 여신인 삼신과 관련된 숫자이다. 우리의 삼신은 홍산문화의 '곰머리 세 구멍 옥기'로 표현된 웅녀 삼신이 그 원형이다. 셋째로 삼신은 삼신일체의 개념과 관련 있다. 환인·환웅·단군이나 기독교의 삼위일체가 그것이다. 넷째로 3은 철학적 개념으로 이 세계는 세 번의 변화를 통해서 형성되고 움직여간다는 관점을 반영하고 있다.

마지막으로 강조하고 싶은 것은 한민족이 3을 유달리 좋아하는 측면이 없지 않지만, 3에 대한 호감과 집착은 인류 보편의 무의식으로 이해해야 한다는 것이다.[19]

---

17) 조현설, 『우리 신화의 수수께끼』, 한겨레출판사, 2006, 276쪽.
18) 우실하, 『전통문화의 구성원리』, 소나무, 1998, 12쪽.
19) 조현설, 『우리 신화의 수수께끼』, 한겨레출판사, 2006, 271쪽.

7수 탄생은 북두칠성신앙에서

한민족을 포함한 인류가 3수를 좋아하게 된 배경에 대해서는 어느 정도 정리되었다. 그렇다면 한민족이 7수를 사랑하게 된 배경과 7수 문화의 탄생지는 어디일까? 7수도 3수와 마찬가지로 인류 보편의식 속에서 자생한 것일까? 아니면 어느 지역에서 발생하고 그것이 주변으로 전파된 것일까? 궁금하지 않을 수 없다. 민속과 관련된 글에서 3수에 대해 설명하는 것은 자주 본다. 그러나 7수에 관한 설명은 대체로 어물쩍 넘어가는 경우가 많다.

이제 한민족이 왜 7수를 좋아하는지와 7수의 발생과 전파에 관해서 살펴보자. 우리나라 사람들이 7을 좋아하게 된 것이 마치 서양문물의 영향인 것처럼 이야기하는 학자도 있다. 물론 그런 측면도 없지 않다. 민속학자 주강현도 자신의 민속학 강좌를 들은 학생 100여 명을 상대로 '한민족이 가장 좋아하는 숫자' 선호도 조사를 해보았다고 한다. 그는 내심 '3'이 단연 우위를 차지할 것으로 알았는데, 결과는 의외였다. 많은 학생들이 '7'을 꼽고 난 다음에야 '3'에 표를 던졌다. 그는 학생들이 7을 좋아하는 이유를 다음과 같이 설명했다. "사실 칠석·칠성 따위를 보면 선조들이 '7'을 좋아했음도 사실이다. 그렇다고 젊은이들이 칠석 때문에 7을 선호한 것 같지는 않다. 아무래도 서양식의 '럭키 세븐', '세븐 스타'의 영향이 아닐까."[20] 그도 지적했듯이 우리에게는 옛 선조들이 좋아하던 7수와 요즈음 학생들이 좋아하는 7수가 따로 있는 셈이다.

몽골을 중심으로 한 북방샤머니즘을 연구한 박원길에 따르면, 북방샤

---

20) 주강현, 『우리 문화의 수수께끼』, 한겨레출판사, 1996, 137쪽.

[도판 7] 운명을 결정하는 일곱 신 중 하늘신 안An을 제외한 6신의 도시를 연결한 선

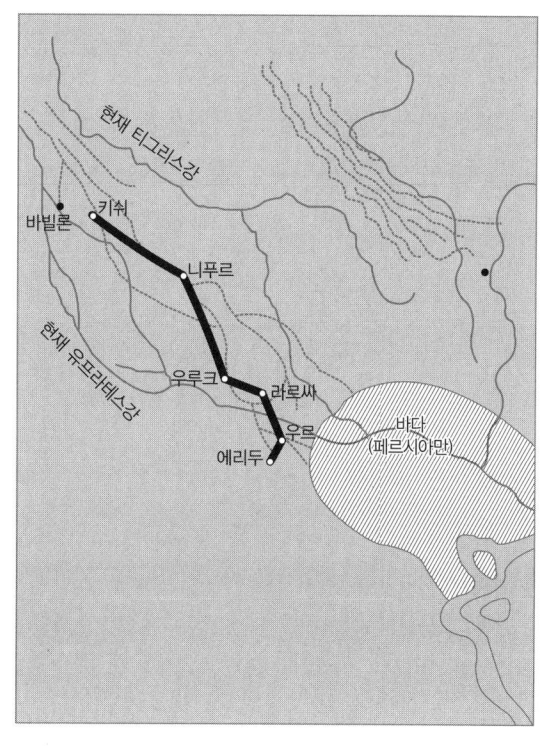

머니즘에 있어 7을 중시하는 민족들은 바이칼호 주변이나 그 서부지역의 삼림지대에서 기원한 위구르·사모예드·예니세이인 등이라고 한다.[21] 바이칼 서부지역 사람들이 7수를 좋아하는 모양이다. 동북아 샤머니즘의 성수에 관한 논문을 발표한 우실하 교수나 고대 서아시아 문화를 연구한 조철수 등은 7수가 고대 메소포타미아에서 발생한 신성한 수라고 본다.

고대 수메르 신화에서는 삼계관과 함께 가장 중요한 성수는 7이다. 7은 그 빈도에 있어서 다른 수와 비교할 수 없을 정도로 반복적으로 사용된다. 또한 성수 7의 제곱수인 49도 '일곱에 일곱을 곱한 수'라는 표현으로 기록되어 있다. 우실하 교수는 "수메르 문명의 특징적인 수는 7이며, 성수 7의 문화가 바로 수메르 문명에서 꽃피었다"고 주장한다.[22]

좀 더 구체적으로 그 내용을 살펴보자. 수메르 문화에서 성수 7은 신들

---

21) 박원길, 『유라시아 초원제국의 샤머니즘』, 민속원, 2001, 53~54쪽.
22) 우실하, 「동북아 샤머니즘의 성수聖數(3.7.9.81)의 기원에 대하여」, 『단군학연구』 제10호, 단군학회, 2004, 209쪽.

의 체계에서 나온 것으로 보인다. 3,600의 신들 가운데 최고의 권위를 가진 신은 '운명을 결정하는 일곱 신'이었다.[23]

조철수는 태고 인류사에서 성수 7의 개념은 수메르 초기 왕조시대의 도시국가 연맹체 시기에 이미 형성된 것으로 추론했다. 또한 그는 주요 신들이 다스리던 여섯 개 도시를 잇는 뱃길을 북두칠성 별자리와 연결시켰다.[24] 그는 큰 신들을 대표하는 여섯 도시를 유프라테스강 하류 남단에서 북쪽으로 이어보면 '에리두-우르-라르싸-우루크-니푸르-키쉬'로 연결되는데, 이 도시들을 여행하는 뱃길이 북두칠성의 여섯 개 별이라고 생각했다(도판 7). 에리두는 지하수를 뜻하는 땅 밑이며 여행하는 방향이 밑(에리두)에서 떠나 와서 남쪽(우르)를 통해 중앙(니푸르)을 지나 북쪽(키쉬)으로 북두칠성 방향으로 간다면 북두칠성의 위쪽 끝별이 하늘로 올라간 하늘 신이라고 생각할 수 있다. 우연의 일치일 수도 있겠지만 이런 점에서 보아, 먼 옛날부터 밤하늘에 떠서 지나가는 북두칠성의 일곱 별을 보고 일곱이라는 관념이 생기지 않았는가 하는 이론이 설득력 있게 생각된다.[25]

일곱 현인, 메소포타미아 최고 문명의 초석을 닦다

메소포타미아의 초기 문화에 7수가 얼마나 중요하게 사용되었는지는 다음 자료들을 보면 알 수 있다. 점토판에 기록된 「인안나의 저승여행」에

---

23) 우실하, 「동북아 샤머니즘의 성수聖數(3,7,9,81)의 기원에 대하여」, 『단군학연구』 제10호, 단군학회, 2004, 211쪽; 조철수, 『수메르 신화(1)』, 서해문집, 1996, 29쪽.
24) 우실하, 「동북아 샤머니즘의 성수聖數(3,7,9,81)의 기원에 대하여」, 『단군학연구』 제10호, 단군학회, 2004, 212쪽.
25) 우실하, 「동북아 샤머니즘의 성수聖數(3,7,9,81)의 기원에 대하여」, 『단군학연구』 제10호, 단군학회, 2004, 212쪽; 조철수, 『수메르 신화(1)』, 서해문집, 1996, 32쪽.

서 7은 매우 중요한 상징 개념으로 사용된다. "하늘의 여주인인 인안나는 지상에 있는 7개 도시에 있던 7개의 신전을 관장하고 있었고", "저승의 대문은 7겹"이며, "저승의 심판관도 7명"이고, "저승사자도 7명"이다.[26] 또한 「악한 귀신을 쫓는 기도문」에서 '악한 우둑 귀신'이라고 알려진 주문呪文에는 "그들은 일곱이다. 그들은 일곱이다", "그들은 일곱에 일곱이며 일곱에 일곱을 곱한 수이다"라고 하여 7명 혹은 49명이라고 기록하고 있다. 7의 제곱수가 등장하는 것은 7이 가장 중요한 성수임을 말한다.[27]

서아시아에 전승되는 이야기로 볼 때 메소포타미아 신석기 농경문화를 일군 지식인의 뿌리는 일곱 현인(Apkallu)이다. 이들이 7명인 것도 이미 이들 지역에서 7수가 성수였음을 반영한다고 볼 수도 있다. [도판 8]은 수메르 문헌에 홍수 이전 시대의 일곱 현인 중 첫 번째 현인인 오안네스이다. 그는 에리두의 첫 번째 통치자와 동시대에 살았으며, '에리두를 정화하는 사제'로 왕의 조언자 역할을 했다. 일곱 현인은 메소포타미아 문명의 예술이나 기술을 창시한 사람들이다. 또한 그들은 신에 대한 숭배를 인류에게 최초로 가르치기도 했다. 일곱 현인은 에리두에 있는 엔키 신전의 대사제로, 기원전 5000년기期에 시작된 에리두 문화의 최고 현자들이다. "압주(지하수)의 일곱 아들들이 물을 거룩하게 한다"는 기록은 결국 지하 생명수의 신인 엔키의 아들이 일곱이라는 의미이고, 그들이 바로 일곱 현인이다.[28]

우리가 잘 아는 대홍수신화에도 7수는 변화의 수로 나타난다. 7일 밤낮 동안 비가 쏟아져 대홍수가 발생했으며, 대홍수가 물러간 것을 확인할 때

---

26) 조철수, 『수메르 신화(1)』, 서해문집, 1996, 108~128쪽.
27) 우실하, 「동북아 샤머니즘의 성수聖數(3,7,9,81)의 기원에 대하여」, 『단군학연구』 제10호, 단군학회, 2004, 217쪽; 조철수, 『수메르 신화(1)』, 서해문집, 1996, 188~189쪽.
28) 조철수, 『수메르 신화(1)』, 서해문집, 1996, 204, 210쪽.

[도판 8] 아시리아 부조에 보이는 '오안네스'

도 7수가 나타난다. 노아는 비둘기가 올리브 가지를 물고 돌아온 지 7일 후, 비둘기를 다시 내보내고는 돌아오지 않자 대홍수가 물러났다고 판단했다.29)

지금까지 살펴본 내용으로 미루어보아 유라시아 문명의 7수 개념은 메소포타미아 지역의 초기 농경문화를 배경으로 탄생했다고 보아도 무방할 듯하다. 7수는 메소포타미아 지역에서 또 다른 배경을 가지고도 탄생한다. 바로 다섯 행성과 해와 달이 합쳐진 7수이다. 그러나 이것은 기원전 4000년대 중반부터 시작된 천문관측 이후에 발생했다. 대체적으로 바빌로니아인들에 의해서 기원전 2350년 이후에 생긴 것으로 본다. 이와 같이 7수는 같은 지역에서 다른 문화를 배경으로 성수로 탄생했다. 즉 7수는 농경문화를 배경으로 한 북두칠성신앙과 유목인들의 별자리 문화를 배경으로 탄생했다. 세계적인 신화학자인 엘리아데 Mircea Eliade도 "하늘을 중층구조로 보는 사유체계 특히 7층으로 구별하는 관념은 고대 메소포타미아에서 처음 보이는 것"이라고 지적했듯이 7수 관념은 그곳에서 일찍부터 사용되었음이 분명하다.30)

---

29) 레이첼 스톰 지음, 김숙 옮김, 『동양신화 백과사전』, 루비박스, 2006, 49, 53쪽.
30) 미르치아 엘리아데 지음, 이윤기 옮김, 『샤머니즘 - 고대적 접신술』, 까치, 1992, 253~254쪽.

7수 천산을 넘어 중국 중원문화로 진입

7장에서도 언급했듯이 한민족 정체성의 시발점인 단군신화의 주인공 환웅세력은 바로 메소포타미아 초기 농경문화권에 편입되어 있던 수시아나인들이라는 것이 필자의 가설이다. 그들이 7수 문화(북두칠성신앙)와 물고기 신인문화(무속에서 명태를 바치는 문화), 그리고 고깔모자를 쓰는 문화(구렁이와 삼각형 도상의 상징)를 가지고 중국 중원지역으로 들어와 소위 '황하문명'이라고 하는 앙소문화의 기초를 닦는다.

7수 문화는 천산을 막 넘어오는 곳에서도 나타난다. 천산남로와 서역남로가 갈라지는 곳의 고대문화에 그 흔적을 남기고 있다. 신장자치구의 타클라마칸 사막 구릉에 조성된 소하묘지의 기둥 장식에 7층 하늘에 대한 관념이 표현되었다. 학자들은 그곳을 기원전 2000년경 어느 작은 왕국의 집단무덤으로 생각한다. 소하묘지는 4,000여 년 전 이곳으로 이주해온 코카서스인의 후예인 백인 여자의 미라, 일명 '누란의 미녀'가 발굴되어 세상을 놀라게 했던 곳이다(도판 9).

소하묘지는 모래언덕에 나무기둥을 세우고 그 아래에 묘지를 썼다. 나무기둥에는 붉은색을 칠했고 모서리를 깎은 기둥 몸체에 7개의 줄 문양을 새겼다. 이 나무기둥은 하늘과 닿으려는 의도로 세운 하늘기둥이다. 그 기둥에 7개의 줄을 새긴 것은 하늘을 7층으로 인식하고 있었다는 것을 반영한다.[31] 묘지 북쪽 끝에 있는 나무방 무덤의 묘실 전면 벽에는 부스러진 진

---

31) 왕빙화, 「신장 고고유물에 나타난 생식기 숭배」, 권영필·김호동 편, 『중앙아시아의 역사와 문화』, 솔, 2007, 63쪽.

[도판 10] 공공족 족휘

[도판 9] 소하묘지에서 출토된 누란 미녀

흙덩어리 위에 7층으로 소머리를 쌓아 놓았다.[32] 이 또한 이들이 7을 신성한 수로 생각하고 있었음을 반영하는 것이다.

7수 문화는 천산 주변을 지나 황하중상류지역에서 꽃피운 신석기문화인 앙소문화에 그 모습을 드러낸다. 칠성신앙은 앙소문화 지역에서 활동하던 공공족의 족휘와 연결해서 생각하면 쉽게 이해된다(도판 10). 공공족 족휘의 중앙에 있는 '공(工)'자형 우주목의 수직선상에 칠성과 북극성이 있다. 그런데 중원의 고대인들은 우주목의 수직선상에 있는 별을 칠성이라고 생각했다. 그러한 사실은 갑골문에서 알 수 있다. 우리가 오늘날 십(10)으로 알고 있는 '十'은 갑골문에서 칠(7)을 나타낸다. [도판 11]의 왼쪽은 '七日己巳夕'이다.[33]

---

32) 이디리스 압두르슬·리원잉, 「로프노르 소하묘지 발굴의 주요 성과」, 권영필·김호동 편, 『중앙아시아의 역사와 문화』, 솔, 2007, 79쪽.
33) 허진웅 지음, 홍희 옮김, 『중국 고대사회』, 동문선, 1993, 201쪽; 陰法魯·許樹安 主編, 『中國古代文化史』, 北京大學出版社, 1989, 141쪽; 陰法魯·許樹安 主編, 『中國古代文化史』, 北京大學出版社, 1989, 128쪽; 김경일, 『갑골문 이야기』, 바다출판사, 1999, 191쪽; 심재훈 엮음, 『갑골문』, 민음사, 1990, 46쪽.

[도판 11] 칠七의 갑골문

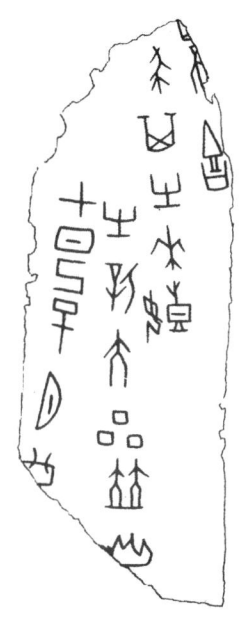

십자(+)로 나타낸 칠은 하늘의 중심에 있는 별을 나타내고자 한 것이다. 즉 당시 사람들은 밤하늘에 떠 있는 북두칠성이 하늘의 중심별이라고 생각했다. 그래서 십자의 형태가 칠을 나타내게 된 것이다. 이 글자는 갑골문 이전 중원의 앙소문화에 이미 나타나는데, 앙소문화는 공공족이 주도했다.

7수 중원에서 동북으로 전파

중원으로 들어온 7수 문화는 다시 동북으로 전파된다. 1992년, 중국 요녕성 서부의 홍산문화 유적인 우하량 제2지점에서 남쪽으로 1킬로미터 떨어진 구릉에서 돌을 피라미드처럼 쌓은 금자탑金字塔이 발견되었다. 금자탑은 폭이 60미터인 사각형 기단에 7층이다. 현재까지 발견된 피라미드형 금자탑으로는 가장 오래된 것이다. 전면에 제단이 설치된 것으로 보아 금자탑은 제사 유적이다. 중국인들은 그 계단식 적석총을 피라미드라고 하며, 그런 측면에서 고구려 장군총도 피라미드라고 부른다. 후기 홍산문화의 유적인 이 7층 피라미드는 규모는 작지만 이집트의 피라미드보다 1,000년 정도 앞선다.[34]

후기 홍산문화에 보이는 7층 피라미드는 자생문화일 가능성을 전혀 부

---

[34] '코리안루트를 찾아서' (9) 뉴허량의 적석총들」, 『경향신문』, 2007년 11월 30일.

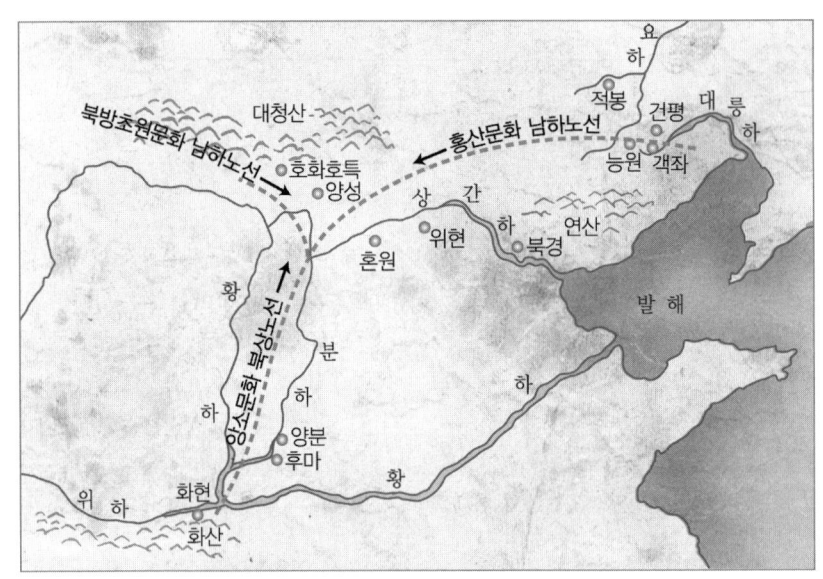

[도판 12] 중원 앙소문화의 북상으로 홍산문화에 7수 문화 전파

정할 수는 없지만, 현재로선 앙소문화의 전파일 가능성도 부인할 수 없다. 저명한 고고학자이자 북경대 교수를 지낸 소병기는 "중국문화사에서, 중원지역의 앙소문화와 요서지역의 홍산문화가 남북으로 확산되면서 합류하고 충돌하는 현상은 기원전 3000년 전후에 전국적으로 영향을 미친 중대한 문화현상이었다"고 하였다. 그는 [도판 12]에서 보는 것과 같은 'Y'자형의 문화벨트를 이루며 두 지역의 문화가 활발히 교류했다고 설명한다.[35]

이렇게 먼저 이동한 7수 문화와 후에 중원에서 이주한 환웅(공공족)세력이 가지고 온 칠성신앙이 이 지역에서 만나고 다시 동쪽으로 이동하여 요동으로 전파되어 고구려에서 장군총과 같은 7층 피라미드를 세우게 된다.

---

35) 遼寧省文物考古硏究所 編, 『牛河梁紅山文化遺址與 玉器精粹』, 文物出版社, 1997, 44~45쪽.

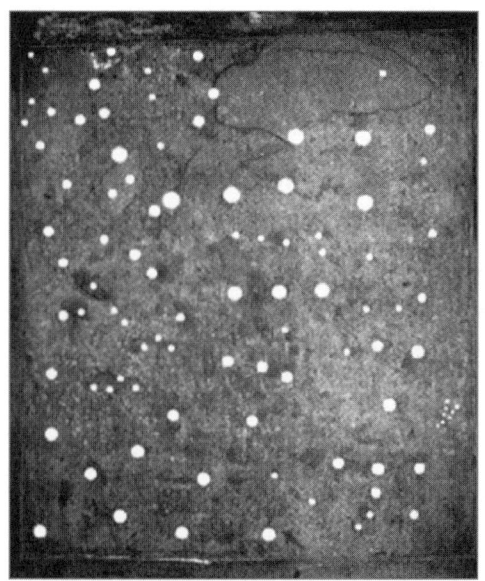

[도판 13] 평양 대동강 남쪽의 진파리 고분의 칠성도

동북지역의 7수 문화 한반도로 유입

1장과 2장을 통해 설명했듯이 후기 홍산문화의 주인공 역할을 하던 웅녀족의 곰신앙은 새로운 종교인 칠성신앙의 기세에 눌려 그 세력이 약화된다. 잠시 우리 민족의 7수 문화를 살펴보고 결론을 맺기로 하자.

우선 고구려인들이 북두칠성을 얼마나 사랑했는지는 무덤벽화나 암각화로도 확인된다. 고구려 고분벽화에는 북두칠성과 삼성을 함께 그린 것이 많은데, 이러한 형식은 중국과 다른 독자적인 표현방식이다. 고구려 독자적인 이 형식의 별자리 그림은 안동시 녹전면 서삼동의 고려벽화묘(12세기 초)나 고려 말 권준의 무덤에도 보인다. 또한 집안 우산하의 바위에는 북두칠성이 일 년 동안 하늘을 도는 것을 표현한 윷판형 그림이 있다(도판

[도판 14] 길림성 집안의 우산하 바위에 새겨진 북두칠성 주행도

14). 그러한 북두칠성 주행도는 안동 수곡리 암각화를 비롯해서 포항·경주·익산 등 전국 도처에서 확인된다.

7수는 고구려나 신라의 신화전설에서도 중요한 상징으로 사용되었다. 주몽이 부여를 떠나올 때 남긴 신표에 관한 이야기에 7수가 나온다. 주몽은 떠나면서 그의 부인에게 말한다.

"만약 당신이 아들을 낳으면, 내가 일곱 고개 일곱 골짜기 돌 위 소나무에 감추어둔 물건이 있으니, 그로 하여금 그것을 찾아 가지고 오면 그를 나의 아들로 맞이하겠소." 주몽의 아들 유리가 이 말을 듣고, 집 기둥을 보니, 과연 돌 위에 소나무가 있고, 기둥 모양은 일곱 모서리를 하고 있었다. 유리가 스스로 이해하기를, 일곱 고개 일곱 골짜기라는 것은 일곱 모서리이고, 돌 위의 소나무라는 것은 바로 기둥이다.[36] 유리는 그 기둥의 구멍에서 부러진 칼을 발견해서 아버지 주몽에게 가 자신이 아들임을 인정받았다.

고구려인들이 3수와 7수를 좋아했음을 보여주는 다른 예도 있다. 『삼국유사』「탑상 제4·요동성 육왕탑편」에는 고구려의 성왕(강우방은 광개토왕으로 봄)이 국경지방을 순행하다가 요동성에서 경험했다는 이야기가 나온다.

성왕이 요동성에 이르렀을 때 5색 구름이 땅을 덮는 상서로운 현상이 일어났다. 그 구름 속에 승려가 보였는데 가까이 가면 사라지고 멀리서 보면 다시 나타나곤 했다. 승려 옆에는 흙으로 쌓은 삼층탑이 있었는데 위는

---

[36] 홍원탁, 『백제왜』, 일지사, 2003, 46~47쪽; 『동국이상국집』「동명왕편」.

[도판 15] 요동성 내성에 있었다는 삼층탑 그림

가마솥을 덮은 것 같았으나 무엇인지 알 수 없었다. 그래서 땅을 파보았는데, 고대 인도 글자가 새겨진 명패가 나왔다. 시종하던 신하가 그 글을 알아보고 말하기를 "이 글자는 '불탑'이옵니다"라 했다. 그러자 왕은 자세히 물었다. 신하가 답하기를 "한나라에 이것이 있었는데 그 이름을 포도왕(본래는 휴도왕인데 하늘에 제사 지내는 부처이다)이라 합니다"라 했다. 이로 인해 왕은 신앙심이 생겨 7층 목탑을 세웠다.[37]

이 이야기에도 3수와 7수가 함께 반영되고 있다. 기존에 있었다가 없어졌다는 3층 토탑이 삼계를 반영하는 우주목의 상징성을 가지고 있었다면, 다시 건축한 7층 목탑은 하늘을 7층으로 보는 세계관이 반영된 것이다. 요동성의 내성內城에 있던 3층으로 표현된 탑은 현재 남아 있는 가장 오래된 탑인 미륵사지석탑에 비해 200여 년 빠르다(도판 15).[38] 따라서 요동성 육왕

---

37) 이범교 역해, 『삼국유사의 종합적 해석(하)』, 민족사, 2005, 72쪽.
38) 강우방·신용철, 『탑』, 솔, 2003, 85쪽.

탑 이야기에서 장군총을 만들 무렵 고구려인들이 가지고 있던 3과 7수에 관한 생각을 읽을 수 있다.

여러 가지 정황으로 보아 7은 고구려 사람들의 정신을 지배하고 있었다. 고구려의 국력이 최고조에 달한 문자왕(492~518년)대에 건립된 평양시 대성구역 청암리 금강사지(498년)의 목탑 터가 7수를 배경으로 건립된 것이 좋은 예이다. 조사 결과 목탑 터는 한 변의 길이가 약 10.5미터, 지름 24.5미터의 원에 외접하는 정팔각형으로 정확히 작도되어 있었다. 24.5미터는 당시 쓰이던 고려자(高麗尺)로는 70자에 해당된다. 더 흥미로운 것은 탑에서 동서 및 남쪽에 위치한 건물과 북쪽 금강계단까지의 거리는 각각 70자의 절반인 35자로 설정되어 있다는 사실이다.[39]

이러한 7수 관념은 신라를 거쳐서 면면히 전해온다. 신라에서도 7수를 신성시했다. 『삼국유사』를 보면 박혁거세는 "나라를 다스린 지 61년 만에 하늘로 올라갔다. 7일 뒤 유해가 흩어져 땅에 떨어졌으며 왕후도 또한 죽었다"고 한다. 탈해전설에는 유독 7이 많이 나온다. 탈해는 그의 어머니가 기도한 지 7년 만에 커다란 알 형태로 태어났으며, 동해에 도착하여 7일 만에 말을 했고, 말을 시작하자 곧바로 토함산에 올라 돌무덤을 지어 7일 동안 머문다. 두 전설에서 7수는 모두 변화의 상징수로 사용하고 있다. 조상들이 7을 변화의 수로 이해하고 있었음을 알 수 있는 대목이다. 또한 『삼국사기』 「잡지·악樂 조」에는 "거문고의 길이 네 자 다섯 치는 사계절과 오행을 본받은 것이고, 일곱 줄은 칠성을 본받은 것이다"는 기사도 보인다.[40] 칠성이 생명의 바람을 조율한다는 의미가 담겨 있다.

---

39) 강우방·신용철, 『탑』, 솔, 2003, 86~87쪽.
40) 허균, 『사찰 100美 100選(상)』, 불교신문사, 2007, 98쪽.

조상들은 7을 왜 변화의 수로 읽었을까? 그것은 '고조선의 청동유물이나 암각화 등에서 보듯이 북두칠성이 시간이나 계절, 방위와 관련해 공통적으로 나타나는 것'에서 답을 얻을 수 있다. 바로 시간의 주관자가 북두칠성이었던 것이다. 모든 생명은 시간의 지배를 받는다. 그래서 조상들은 하늘의 북두칠성이 시간의 지배자로 생명을 주고 생명을 거두어간다고 여겼던 것이다. 중국인들이 사자死者가 숨진 지 7일 만에 그 넋이 영영 저승 세계로 가게 된다고 믿는 것도 북두칠성신앙과 관련 있다.[41]

우리 민속에서 북두칠성은 생명을 주관하는 별이다. 무덤에 칠성판을 놓고 그 위에 시신을 안치하는 것은 바로 생명의 고향으로 돌아가기 위한 장치이다. 억울하게 죽은 이를 저승으로 보내는 해운제를 할 때 저승길을 상징하는 백포의 길이가 7척 7촌인 것도 그가 가는 곳이 북두칠성이기 때문이다.[42] 또한 몇 십 년 전까지만 해도 아들 낳기를 원하는 어머니는 칠월 칠석 자정에 성혈터를 찾아가서 일곱 구멍에 좁쌀을 담고 치성을 드린 후, 그 좁쌀을 한지에 싸서 치마폭에 감추어 가면 생남한다고 믿었다.[43] 이러한 믿음은 칠성이 자식을 내어준다는 생각에서 비롯되었다.

장군총은 칠성님에게 돌아가는 장치

이제 글을 마무리할 때가 되었다. 앞에서 살펴본 대로 우리 민족이 신성시하는 숫자 3은 '할머니 여신-어머니 여신-처녀 여신'으로 이어지는 삼

---

41) 김열규, 『기호로 읽는 한국문화』, 서강대학교출판부, 2008, 264쪽.
42) 하효길, 『현장의 민속학』, 민속원, 2003, 105쪽.
43) 황용훈, 『동북아시아의 암각화』, 민음사, 1987, 244쪽.

신할머니 혹은 이 세상을 하늘과 땅, 그리고 지하세계로 이해하는 삼계관과 관련 있다. 그리고 7은 북두칠성과 관련해서 나온 숫자이다.

장군총은 이와 같은 3과 7수 관념을 배경으로 해서 건축했다. 장군총의 3·7 구조를 이해할 수 있는 자료가 시베리아의 북퉁구스족인 돌간족의 솟대에도 남아 있다. [도판 16]을 보면 일곱 그루의 나무가 있고 그 옆에는 세 개의 솟대 위에 각각 한 마리씩 세 마리 새가 앉아 있다. 이때 세 마리 새는 생명을 주는 삼신을 상징한다고 볼 수 있다. 그것은 '거란신송' 신화에 "삼신三神이 하늘에서 하늘닭(天鷄)을 타고 내려왔다"는 고사에서 엿볼 수 있다.[44] 강원도 해안지방의 솟대에는 세 마리 새를 앉힌 경우가 많다. 그리고 일곱 그루의 나무는 7층 하늘 혹은 칠성을 상징한다.

장군총은 유라시아 문명사에 보이는 세계산 혹은 세계수를 건축으로 표현한 것이다. 즉 3단씩 7층 구조로 된 장군총은 천상과 지상과 지하를 수직으로 잇고 있으며, 그 천상의 정점에 북두칠성이 있다는 것을 표현하고 있다. 이 무덤을 통해서 피장자는 세계의 중심 통로를 통해 생명의 고향인 북두칠성으로 돌아갔던 것이다. 후대의 칠성판이 사람이 죽으면 북두칠성으로 돌아간다는 것을 상징한다면, 장군총 꼭대기에 있었을 무덤방은 바로 북두칠성 자체를 상징했다고 할 수 있다.

고대 이집트에서는 피라미드 북쪽에 신전을 짓고 파라오의 조각상을 만들어 북쪽으로 세우고 그의 눈이 북극성을 향하도록 했다. 이는 북극성에 파라오의 형제가 머물고 있다고 믿었기 때문이다.[45] 동방의 파라오인 고구려왕도 북극성(북두칠성)으로 돌아갔던 것이다.

---

44) 조자용, 『삼신민고』, 가나아트갤러리, 1995, 325쪽.
45) Q채널 2009년 2월 21일 방영.

[도판 16] 시베리아 소수민족 돌간족의 솟대

이러한 일치는 우연처럼 보이지만 어쩌면 우리가 잃어버린 상고시대의 기억 저편에서는 그 연결고리가 분명히 있었을 것이다. 앞에서 7수의 발생과 전파 과정을 설명한 것을 상기해보면, 메소포타미아 지역의 초기 농경문화를 바탕으로 발생한 북두칠성을 중심으로 한 북극성신앙은 동서로 확산되었을 가능성이 있으며, 한민족 정신사의 원형을 이루는 환웅의 무리가 가지고 있던 정신의 뿌리 또한 그곳에서 자라기 시작했을 가능성을 배제할 수 없다.

우리의 무의식 속에 흐르는 정신사가 유라시아의 그것과 연결되어 있음을 자각할 필요가 있다. 그것은 오늘을 사는 우리들이 세계시민으로 성숙하는 계기가 될 것이기 때문이다.

| 제13장 |
마고여신의 상징이 바위에 새겨져 있다

성기를 드러낸 큰 여신

경부선 하행선을 타고 통도사를 지나 신양산 톨케이트를 막 지나서 왼쪽에 보이는 산자락, 그러니까 천성산의 남쪽 자락에는 고대인들의 바위신앙 흔적이 유달리 많다. 이곳은 경남지방에서 부산 금정산 못지않은 바위신앙 군집지역이다. 이곳의 상당히 너른 지역의 화강암에는 석정과 알터가 조성되어 있다. 불교 이전 고유 신앙의 중심지였음을 알 수 있다.

필자는 20여 년 전에 이곳 천성산 아래에 둥지를 틀고 경주로 터를 옮기기 전까지 10여 년을 머물렀다. 서울생활을 청산하고 아무 연고도 없는 이곳에 내려와 스스로 유배(?)생활을 시작했다. 한가함 속에서 필자 스스로가 꿈꾸는 길을 가기 위해서였다. 당시 천성산의 거의 모든 계곡과 능선을 오르내리며 산행 겸 답사를 했다.

행정구역상 양산시 삼성동 뒷산에 해당하는 이곳에는 지금까지 학계에 알려지지 않는 고유 신앙 유적이 많다. 대부분 불교 이전부터 20세기까지 형성된 것들이다. 산 아래 논두렁에 있는 바위에서부터 시작해서 산속의 바위에 이르기까지 그 숫자를 셀 수가 없다. 이번에는 그중 하나를 소개하면서 조상들의 고대신앙에 대해서 생각해보려고 한다.

[도판 1]은 삼성동 마을 끝자락에 있는 피정의 집 '마야'의 뒤쪽에 있는 것이다. 엉덩이가 상당히 큰 여신이 성기를 하늘을 향해 당당히 드러내고 있다. 지름이 1미터는 족히 된다. 요즈음에 어떤 조각가가 바위에 이런 조각을 하여 작품이라고 전시한다면 어떤 반응일까? 외설스럽다고 비난받을 것이다. 시대에 따라 가치관은 변하게 마련이다. 이 바위는 한동안 신성성을 부여받고 신앙의 대상으로 작동했다.

[도판 1] 양산 천성산의 대형 바위에 새겨진 마고여신의 성기

왜 조상들은 바위에 '큰 여신(大母神)'의 성기를 조성하고 거기에 기도를 올렸을까? 지금부터 큰 여신 숭배의 역사를 간략하게 알아보면서 천성산 바위에 새겨진 큰 여신의 성기가 언제 어떤 의미로 새겨졌을까 생각해보자.

구석기부터 대모신 숭배

큰 여신 숭배는 구석기시대부터 있었다. 최근까지 발굴된 여신상만을 두고 볼 때 가장 이른 것은 독일 남부 슈바벤Schwaben 지방의 펠스 동굴에 출토된 것이 가장 오래되었다(도판 2). 맘모스의 어금니로 만든 이 여신상은 약 3만 5,000년 전에 만들어진 것이다. 인류에게 있어 처음에는 여신이 우위를 점하고 있었다. 구석기시대에 여신은 이미 신으로 대접받고 있었

[도판 2] 독일 남부 슈바벤 출토 여신상   [도판 3] 기원전 2만 2000~1만 8000년, 로셀의 여신

다. 여신상을 보면 후대에 만들어진 것들처럼 복부와 엉덩이, 가슴을 상당히 과장했다. 발견자인 니콜라스 콘라드Nicholas Conard 교수는 "이 조형물도 가슴 부분이 커다랗게 부각돼 있고 성기로 여겨지는 부분도 두드러지게 조각돼 있어 다산이나 풍년을 기원하는 일종의 상징물로 여겨진다"고 했다.[1]

다음으로는 그로부터 일만 년 후의 여신상이 발견되었다. [도판 3]은 프랑스 로셀Laussel 지방에서 출토된 구석기시대의 여신상이다. 가슴과 엉덩이가 풍만한 이 여신은 성기를 드러낸 채 오른손에는 달을 상징하는 들소 뿔을 들고 있다. 그리고 왼손은 부풀어오른 배에 올려놓고 있다. 이 여신

---

1) 「구석기 미녀는 '마름모 라인'?」, 『문화일보』, 2009년 5월 16일.

296 바람 타고 흐른 고대문화의 비밀

[도판 4] 구석기시대 여신상, 오스트리아 빌렌도르프

[도판 5] 구석기시대, 시베리아 말타

상에서 우리는 당시 인류가 이미 천체의 움직임과 생명의 변화를 연결시키는 사고를 했다는 것을 알 수 있다.

여신을 하나 더 감상하자. [도판 4]는 오스트리아 다뉴브강에 있는 빌렌도르프Willendorf에서 1909년 철도공사를 하는 중에 발견된 구석기시대 여신상이다. 조각상의 높이는 약 11센티미터 정도. 앞에서 본 슈바벤 여신상의 높이는 6센티미터다. 풍만한 가슴과 튼실한 엉덩이는 여신의 넉넉함을 잘 표현하고 있다. 이 여신상도 정면에서 보면 성기가 강조되어 있다. 그녀 또한 다산과 풍요를 상징하는 여신으로 모든 생명의 어머니였다. 이와 유사한 작품들이 프랑스 남부, 이태리 북부, 체코슬로바키아, 시베리아 등에서도 발견된다. 상당히 광범위한 지역에서 대모신이 숭배되었음을 알 수 있다.

제13장 | 마고여신의 상징이 바위에 새겨져 있다　297

여성 성기 숭배는 생식기능을 인식한 후부터

구석기시대에 남신보다 여신이 더 중시된 것은 여성의 생식능력 때문이다. 여성의 성기와 관련된 성숭배 문화는 인류가 성행위에 의한 생식기능의 지식을 얻게 된 이후에 나타난다. 성숭배 문화의 초기에는 여성 성기 숭배가 우세했다. 그 결과 최초의 신은 '이 세계와 우주를 생성하고 지배하는 어머니 신'이었다. 당시 인류는 이 세계는 어머니가 자식을 낳고 양육하는 방식으로 생성되고 유지되는 것으로 이해했다.

그러한 여신 숭배의 전통은 신석기시대 초기까지 강하게 유지된다. 당시 여성들은 결혼이라는 굴레가 없었기 때문에 성적인 자유를 즐겼다. 의사인 M. J. 셀페이Sherfey는 고고학자와 인류학자가 발견한 것에 근거하여 "기원전 1만 2000년과 8500년에 이르는 관련 자료를 살펴보았을 때, 여성은 완전한 성의 자유를 즐겼을 뿐만 아니라 언제나 자신의 강렬한 성욕을 억누를 수 있는 방법이 없었다"고 지적했다.[2]

당시의 남성은 여성에 비하면 초라한 존재였다. 생명을 잉태하는 것도 여성이었고, 낳는 것도 여성이었을 뿐 아니라 남성이 할 수 있는 것이라곤 여성이 원할 때 섹스의 상대가 되어주는 것뿐이었다. 그러한 문화적 배경에서 위대한 여신이 탄생했다. 위대한 여신의 자궁은 모든 생명뿐만 아니라 우주도 탄생시켰다.

현대문명은 '지칠 줄 모르는' 여성의 성의 욕구를 남성이 '강제로 억누른' 이후에 발생한 것이라는 주장도 있다. 지난 7,000년간 인류는 체계적이고 장기적인 억압으로 주체할 줄 모르는 여성의 성을 길들여 숙녀로 만들

---

2) 왕일가 지음, 노승현 옮김, 『성과 문명』, 가람기획, 2001, 159쪽.

어왔다는 것이다.[3] 여성의 억압된 성이 개방되고 있는 지금의 관점에서 보면 미래는 여성이 주도하거나 남녀가 평등한 사회가 될 것이다. 미래사회는 모계적 성격이 많이 반영되면서 여성에게 사랑받으려고 노력하는 남성이 늘어나게 될 것이다. 어찌되었건 구석기부터 시작되어 신석기시대까지 이어진 모계사회의 전통에서 여신은 대단한 지위를 누렸다.

[도판 6] 태양신을 낳는 아즈텍의 여신

여신상 동쪽으로 전파

현재까지 발견된 고고학 자료만 놓고 보면, 여신 숭배의 전통은 서방세계가 시기적으로 앞선다. 유라시아 대륙의 구석기시대 여신상이 서쪽에서 동으로 전파된 흔적이 보인다. 그러나 바이칼 동쪽에서는 그 서쪽에서 발견되는 것과 같은 종류의 여신상은 발견되지 않는다. 예외가 없지는 않으나 서쪽에서는 여신상을 돌이나 맘모스 이빨로 만들었는데 바이칼 동쪽에서는 흙으로 구워 만들었다. 또한 동쪽이 서쪽보다 제작시기가 늦다. 이러한 정황은 여신상이 서에서 동으로 전파되었음을 의미한다.

그렇다면 최초로 흙으로 여신상을 만든 곳은 어디일까? 그곳은 바이칼 서쪽에 위치한 마이나Maina이다. 그곳에서 흙으로 만든 비너스와 이를 굽던 요지窯址가 발견되었다. 이 유적은 기원전 1만 3,000년 전의 것인데, 그곳에서 만든 것과 유사한 비너스상이 우리나라 동해상의 신암리 유적과

---

3) 왕일가 지음, 노승현 옮김, 『성과 문명』, 가람기획, 2001, 159쪽.

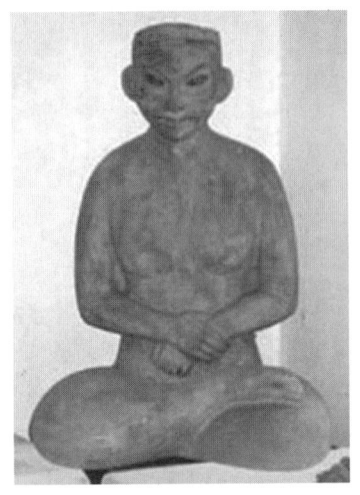

[도판 7] 홍산문화 우하량, 기원전 3500년경

[도판 8] 요령 객좌 동산취, 기원전 3000년경

일본에서도 발견되었다.[4] 같은 계열의 문화가 동으로 전파되었을 가능성을 보여주는 자료이다.

만주지역에서도 소하서문화 시기(기원전 7000~6500년)의 출토품들 가운데에 '흙으로 만든 사람 얼굴상'이 있다.[5] 이 지역에서 흙으로 만든 여신상의 전통은 요서지역의 홍산문화로 이어진다. 최근 홍산문화 시기의 유적지인 요령성 서부 객좌현 동산취東山嘴에서 흙으로 구운 임신한 여신상 두 점이 발견되었다(도판 8). 앞에서 지적한 대로 이러한 지모신 혹은 대모신의 전통은 한반도에서도 발견된다.

---

4) 이동주, 『한국 신석기문화의 원류와 전개』, 세종출판사, 2007, 162쪽.
5) 우실하, 『동북공정 너머 요하문명론』, 소나무, 2007, 108쪽.

한반도의 지모신 마고할미

우리나라의 전설 중에 대모신으로 창조여신의 풍모를 갖춘 여신이 있다. 그녀는 천지를 창조할 만큼 위대한 여신이었으나 단군신화 계통의 남성신에게 그 지위를 물려준다. 하지만 그 여신의 흔적은 이 땅 여기저기에 지금도 살아 있다. 노고, 마고할매 등의 이름으로 말이다.

마고할미의 위치를 가늠할 수 있는 이야기가 있다. 평양시 강동군 남쪽 구빈마을에 전해지는 이야기가 그렇다. 단군이 거느리는 박달족이 마고할미가 족장인 인근 마고성의 마고족을 공격했다. 싸움에서 진 마고할미는 도망친 후 박달족과 단군의 동태를 살폈는데 단군이 자신의 부족에게 너무도 잘해주는 것을 보았다. 마고는 단군에게 마음으로 복종하지 않을 수 없었다고 한다.[6]

이 이야기에서 한민족 초기공동체 형성과정을 엿볼 수 있다. 단군신화에 의하면 하늘에서 내려온 환웅과 웅녀가 혼인하여 단군을 낳는다. 단군신화에는 마고족이 등장하지 않는다. 그런데 위의 이야기에서는 단군족이 탄생하기 이전의 세력으로 마고족을 상정하고 있다. 따라서 이 이야기는 단군조선이 한반도 외부에서 성립되어 한반도로 이주했을 때의 상황을 그리고 있다고 볼 수 있다.

마고족! 생소한 이름이다. 마고에 대한 이야기는 신라시대 박제상이 지었다고 하는 『부도지符都誌』에도 나온다. 이 책은 영해 박씨 집안에 전해내려온 문서로 원전은 함경남도 문천의 박씨 문중 집안에 보관되어 있고, 6·25 때 월남한 저자가 기억을 더듬어 복원한 것이라고 한다. 때문에 그

---

6) 조현설, 『우리 신화의 수수께끼』, 한겨레출판사, 2006, 84쪽.

내용의 신빙성에 의문이 가기도 한다. 그러나 구빈마을에 최근까지도 마고 족에 대한 이야기가 전해지고 있는 것으로 보아 평양을 비롯한 북한지역에 그와 유사한 이야기가 전해지고 있었음은 사실인 듯하다.

일제강점기에 민속학자로 활동하였던 손진태 선생이 수집한 북한의 황해도 평안도 지방의 고인돌 이야기에도 마고할미 전설이 있다. 그 이야기에 따르면 고인돌은 마고할미가 돌 하나는 머리에 이고 두 개는 양팔에 끼고 와서 만들었다고도 하고, 마고할미가 장수들을 위해서 혹은 장수들이 마고할미를 위해서 만들어주었다고도 한다.

물론 마고할미 이야기는 남한에도 전한다. 산청군 금서면 방곡리 지리산 중턱에는 '한국의 피사의 사탑'이라 불리는 '공개바위'가 있다. 다섯 개의 육면체 바위가 마치 피사의 사탑처럼 기울어져 있다. 하나의 무게가 적어도 10톤은 됨직한 바위 다섯 개가 탑처럼 쌓아져 있다. 이 바위에 전해오는 전설에 마고할미가 등장한다. 옛날에 지리산 마고할미가 공기놀이를 하다가 치마폭에 싸서 그곳에 놓아두었다고 한다. 그 공깃돌이 바로 이 '공개 바위', 그러니까 공기바위라는 것이다.

지리산에는 마고할미와 관련된 곳이 하나 더 있다. 바로 신선너덜이라는 곳이다. 신선너덜에는 많은 돌멩이 군락이 있는데 마고할미가 공기놀이를 하다가 그곳에 돌멩이(공기돌)를 쏟아 부어 놓았다 하는 곳이다.

마고전설은 설악산에도 전한다. 내설악에서 신흥사 삼거리를 지나 계속 산행을 하다보면 와선대라는 곳이 나온다. 그곳에서 300미터 정도 더 가면 넓은 너럭바위 지대가 나오는데, 이곳 이름이 비선대다. 이 비선대는 와선대에 누워서 주변경관을 감상하던 마고선麻姑仙이 하늘로 승천하였다 하여 붙여진 이름이다.

거대한 몸집의 마고할미는 창조여신

마고할미 전설에 나오는 여신은 대체로 상상을 초월하는 몸집을 가지고 있다. 거대한 고인돌의 뚜껑돌을 머리에 이고 몸돌을 양손에 들기고 하고, 거대한 바위돌로 공기놀이를 할 정도이다. 전남 화순 운주사의 천불천탑도 마고할미가 세웠다는 설이 있다. 불사를 할 당시 마고할머니가 돌을 옮겨주었단다.[7]

그러한 마고할미의 풍모를 알 수 있는 이야기가 지리산 전설에도 전한다. 그녀는 삼베 구만 필로 치마를 해 입었을 정도의 체구였다. 할미의 덩치가 얼마나 컸던지 마고가 햇빛을 가리고 하동 쪽으로 보고 있을 때는 하동 쪽에 흉년이 들었고, 함양 쪽으로 서 있을 때는 함양 쪽에서 흉년이 들었다. 과연 대단한 체구다. 마고할미는 바로 지리산 산신이었다.

덩치 큰 마고할미 이야기는 영암 월출산에도 전해온다. 이야기에 따르면, 마고할미는 덩치가 상상할 수 없을 정도로 컸다. 그녀가 오줌을 누면 강을 이루어 넘쳐 흘렀으며, 한숨을 쉬면 그 입김이 태풍으로 바뀌었다. 남쪽 바다를 건널 때에는 물이 다른 곳보다 깊어서 치맛자락을 적셨는데, 그 젖은 치마를 벗어 월출산에 벗어놓았더니 온 산을 휘감아버렸다고 한다.

마고할미의 대단한 오줌발 이야기는 다른 형식으로도 전한다. 경기도 양주의 노고산에 사는 노고할미 이야기가 그렇다. "노고산에 있는 노고할미는 얼마나 몸집이 큰지 노고산과 불국산에 다리를 걸치고 오줌을 누었는데 문학재 고개에 있는 큰 바위가 오줌발에 깨져나갔다"는 것이다.[8]

---

7) 주강현, 『마을로 간 미륵(1)』, 대원정사, 1995, 289쪽.
8) 조현설, 『우리 신화의 수수께끼』, 한겨레출판사, 2006, 79쪽.

이와 같이 전설로 전해지는 노고할미는 우선 그 신체가 대단히 크고 세찬 오줌발을 가지고 있다. 마고할미 또는 노고할미로 불린 마고여신은 까마득한 조상들에게 어떤 여신이었을까? 그녀의 이야기에서 공통적으로 드러나는 거대한 몸체와 거센 오줌발 이야기에서 힌트를 얻을 수 있다. 흔히 남자들의 오줌발이 세면 정력도 세다고 한다. 마찬가지로 마고할미의 강한 오줌발은 그녀의 강한 생식력을 표현하고자 한 것이다.

그녀는 바로 구석기시대 유라시아 대륙에 나타나는 대모신의 전통을 잇고 있다. 그녀는 인간을 비롯한 모든 생명을 만든 창조여신이었다. 월출산 마고할미 이야기에서 "마고할미가 만물을 만들어 냈다"고 하는 것은 그녀가 대모신이었음을 의미한다.

자신의 순수한 이름을 잊어버린 베틀굴

대모신으로서의 마고여신은 남신이 창조신의 역할을 대신하기 이전의 창조신이자 민중들이 의지하는 신이었다. 거대한 생식력을 자랑하던 마고여신은 남성신이 주도하는 세상에서도 그 명맥을 이어왔다. 마고여신의 징표가 전국 도처에 남아 있다. 몇 군데만 찾아가보자. 먼저 전남 영암에 있는 월출산으로 가보자. 그곳 월출산 구정봉 가까이에는 베틀굴이라고 하는 여근굴이 있다(도판 9). 이 여근굴은 어쩌면 이 산에 전해오는 마고할미의 자궁일지도 모른다.

현재 그 굴의 이름은 베틀굴이다. 그러나 이 이름에는 순순한 자신의 이름을 부를 수 없는 사연이 숨어 있다. 베틀굴 설명문을 보면 이 굴의 원래 성격을 짐작할 수 있다. "이 굴은 옛날 임진왜란 때 이 근방에 사는 여인들이 난을 피해 이곳에 숨어서 베를 짰다는 전설에서 생긴 이름이다. 굴의 깊이는 10미터쯤 되는데, 굴속에는 항상 음수陰水가 고여 있어 음굴 또는 음혈陰穴이라 부르기도 하는데, 이는 굴 내부의 모습이 마치 여성의 국부와 같은 형상에서 비롯된 것이라 하겠다. 더구나 이 굴은 천황봉 쪽에 있는 남근석을 향하고 있는데, 이 기묘한 자연의 조화에 월출산의 신비를 더해주고 있다."

사실 현장을 답사해보면, 이 굴에서 베틀을 짠다는 것은 불가능하다. 우선 공간의 크기가 베틀을 설치할 정도가 안 된다. 그렇다면 왜 그런 이름이 생겼을까? 이 굴은 원래 지모신의 자궁으로 인근의 많은 어머니들이 자식을 임신하게 해달라고 빌던 곳이다. 그런데 유교가 시대를 압도하던 조선시대에 여근굴, 즉 여성의 성기에 대고 기도한다는 것이 왠지 민망한 느낌이 들었을 것이다. 그래서 베틀굴이라는 이름을 붙였을 것이고, 거기에 맞는 전설을 만들어냈을 것이다.

[도판 9] 영암 월출산 구정봉 베틀굴 전경

그렇다면 왜 하필이면 베틀굴이었을까? 그것은 어쩌면 베틀굴이 여근굴의 다른 이름으로 안성맞춤이기 때문이었을 것이다. 여성의 성기가 바로 베틀북을 닮았기 때문이다. 베틀북은 여성의 성기를 상징하기도 한다. 베

제13장 | 마고여신의 상징이 바위에 새겨져 있다 305

틀굴을 자세히 보면 원래부터 여근 숭배 공간이었음을 알 수 있다. 아래 샘 부분 위에 구멍을 하나 더 파놓았는데 이는 아래 위를 합쳐 여성 성기를 나타내고자 함이었을 것이다.

자연석 여근으로 가장 아름다운 삼막사 여근

지모신의 자궁이자 마고할미의 자궁으로 전국적으로 유명세를 타고 있는 곳이 있다. 경기도 안양시 삼막동 관악산 자락에 있는 삼막사 여근석이 그것이다(도판 10). 한여름 장마철에 삼막사 답사를 갔다. 주차장에 도착했을 때는 비가 오락가락하는 정오쯤이었다. 마침 일요일이라 사람들이 많았다. 가랑비가 부슬부슬 오는 산길을 올랐다. 삼막사에 도착하니 이미 사람들로 만원이었다. 삼막사에서 제공하는 국수를 먹기 위해 줄을 선 사람

[도판 10] 삼막사 여근석

[도판 11] 삼막사 남녀근석

들이 100여 미터는 족히 되었다. 등산으로 출출한 배를 채우기는 안성맞춤일 듯했다. 삼막사의 정성도 대단했다. 그 많은 사람에게 무료로 공양을 베풀고 있으니 말이다. 마고할미가 있어 인심이 더욱 넉넉한지도 모르겠다.

군침을 삼키며 대웅전을 지나 곧바로 마고할미에게로 향했다. 삼막사 남녀근석은 많은 사람들의 입에 오르내리며 유명

[도판 12] 국립민속박물관에 전시된 삼막사 여근석 모사품

세를 타고 있다(도판 11). 또한 이곳의 여근석은 우리나라의 대표적인 여근석으로 경복궁 내 민속박물관 뜰에 모조품이 전시되고 있다(도판 12). 지나는 사람들 마다 한 마디씩 입을 뗀다. 사내들은 더 큰 소리로 떠들며 웃는다. 여성들도 한 마디씩 거들며 웃음 짓는 것은 마찬가지다. 성이 인간에

게 달콤한 환상을 심어주기 때문일 것이다.

그런데 지나는 사람들 중에 조용히 그 주위를 서성거리는 여성이 있었다. 30대 후반에서 40초반 정도 되어 보였다. 그 여성은 남녀근석 주변에서 한참을 서성이며 마음으로 기도를 했다. 아직도 영험 있는 바위에게 무언가를 빌고 있음이 분명했다.

사실 이 바위들이 유명해진 것은 최근의 일이 아니다. 삼막사가 창건되기도 전에 벌써 그 명성을 경인 각지에 날리고 있었다. 안내판에도 신라 문무왕 17년(677년)에 원효스님이 삼막사를 창건하기 이전부터 이들 남녀근석은 숭배되고 있었다고 적고 있다. 그 말은 사실일 것이다. 지금도 4월 초파일이나 7월 칠석날 등 이름 있는 날이면 전국 각지에서 찾아와 촛불과 과일을 차려놓고 기도를 드린다. 때문에 이 남녀근석은 경기도 민속자료 제3호로 지정되었다.

대모신 칠성여래로 신앙되다

삼막사 남녀근석은 자연석임에 틀림없다. 여근석은 크기가 가로 110센티미터 정도 된다. 여근석의 경우 선사시대에 인공을 가했을 가능성도 부정할 수 없다. 자연적으로 여성 성기를 닮기도 했지만 그 선을 어느 정도 갈았다고 볼 수도 있기 때문이다. 어쨌든 자연석에 신성을 부여한 것은 맞다. 집안의 번영과 무병장수도 빌었겠지만, 기본적으로 이들 바위는 기자석, 아이 낳기를 빌던 바위임에 틀림없다.[9]

그것은 이들 바위 옆에 새겨진 마애삼존불로 알 수 있다. 이 마애불은

---

9) 정종수, 『사람의 한평생』, 학고재, 2008, 17쪽.

[도판 13] 삼막사 칠성각 치성광여래

조선 영조 39년(1763년)에 새겨졌고, 영조 40년에 칠성각을 세웠다. 따라서 본존불은 칠성각의 주존인 치성광여래로 볼 수 있다. 양옆에 있는 보살은 일광보살과 월광보살이다. 후불탱화로서의 치성광여래도는 어느 정도 있으나 마애불로 치성광여래를 표현한 경우는 매우 드물어 문화재적 가치도 높다.

삼막사의 여근석이 대모신으로 기능했음은 이곳에 치성광여래를 모신 것으로 알 수 있다. 칠성각과 삼막사 대웅전은 상당한 거리를 유지하고 있다. 보통 사찰의 칠성각은 대웅전의 뒤나 그 옆에 조성하는 것이 보통이다. 그러나 삼막사의 경우 절에서 200여 미터 이상 떨어져 있다. 이곳에 치성광여래를 모시고 칠성각을 세운 것은 이 공간이 원래부터 기자신앙 터이기 때문이다. 치성광여래는 민간에서 신앙하던 칠성님이 불교화된 여래이다. 우리 전래의 칠성님은 인간에게 명을 주고, 명을 주관하며, 인간이 죽으면 명을 거두어가는 분이다. 칠성님의 가장 큰 역할은 인간의 생명을 주관하는 것이다. 그래서 민간에서는 칠성님께 자식을 낳게 해달라고 빌고, 수명을 연장해달라고 빌었던 것이다.

따라서 시간의 역순으로 설명하면 이곳의 치성광여래가 가장 최근의 주신이며, 그 이전에는 칠성님이 주신이었고, 칠성님 이전에는 마고여신 즉 모계사회의 대모신, 즉 큰어미인 마고할미가 주신이었다. 그래서 삼막사의 여근석도 마고여신의 자궁으로 볼 수 있다.

마고바위 공알바위

삼막사의 여근석을 마고할미의 자궁으로 볼 수 있는 근거는 여근석을 마고할미라고 부르는 데서도 찾을 수 있다. 충청북도 충주시 산척면 송강리에 있는 마고바위가 그렇다. 전하는 전설에 따르며 돌확처럼 생긴 이 바위에서 일곱 발자국 떨어져 돌을 던져 들어가면 자식을 임신한다고 한다. 비록 전설의 내용이 조선후기의 사건으로 편집되어 있기는 하나, 마고바위에서 일곱 발자국 떨어져 돌을 던지라는 것은 칠성신앙과 관련이 있고, 여근처럼 생긴 바위를 마고바위라고 부른 것에는 그것이 태고에 뭇 생명을 창조하고 인간을 낳았던 대모신의 자궁이라는 의식이 반영되어 있다.

여성 성기처럼 생긴 바위에 돌을 던지는 습속은 제천시 송학면 무도리에도 현존한다. 송학면 소재지에서 무도리 2구 마을입구 쪽으로 가다보면 철길 가에 나지막한 봉우리가 있다. 이곳에는 지름이 약 1.5미터 정도 되

[도판 14] 제천시 송학면 무도리 공알바위

는 타원형 암석이 있다(도판 14). 암석의 위쪽은 움푹 패여 있고, 그 속에 달걀 모양의 바위가 볼록하게 솟아 있어서 여성의 성기 모양을 하고 있다. 이 바위를 '공알바위'라고 한다. 공알은 우리말로 여성의 클리토리스를 말한다. 마을사람들은 매년 음력 정월 초이틀 자정에 이 바위 앞에서 오곡이 풍성하고 마을의 안녕을 기원하는 제사를 올린다. 대모신, 즉 마고여신이 가지고 있는 생산력이 활성화되기를 기원하는 것이다.

또한 아이를 갖고 싶은 부인들은 이곳에 와서 개울 건너에서 공알바위를 향해 돌 세 개를 던진다. 그중 하나가 공알바위 속으로 들어가면 아들을 낳는다고 한다. 중국에서도 여근석 안에 작은 돌을 던져넣으면 아들을 낳는다고 생각하는 풍습이 있다.[10] 보편적인 유감주술이다.

또 이 공알바위의 구멍을 작대기로 쑤시면 동네 처녀가 바람이 난다고

---

10) 류다린 지음, 노승현 옮김, 『중국 성문화사』, 심산, 2003, 40쪽.

한다.¹¹⁾ 필자가 답사를 간 2010년 6월에도 공알바위 속에는 작은 돌이 들어 있었고, 그 아래에는 대추와 야크루트 한 병이 놓여 있었다. 대추는 아들을 상징한다. 최근에 누군가 이곳에서 아들 얻게 해달라고 기도했다는 증거이다.

대지의 생산력을 상징하는 대모신의 자궁

마고할미가 우리의 대모신이라고 가정할 때 여신의 자궁을 생생하게 표현해놓은 것이 바로 처음에 제시한 경남 양산시 천성산에 있는 여성 성기 바위이다. 이곳 주변에는 상당히 많은 바위신앙이 분포하고 있으며, 마고할미의 성기를 표현한 바위의 옆면에는 무언가 생명력을 표현하기 위해 인공을 가한 구멍이 있다(도판 15). 언뜻 보기에는 거북이를 형상화하려 한 듯하다.

거북이는 신화에서 대홍수 이후 거대한 바다 위에 떠 있는 대지를 받치기도 하고, 하늘기둥을 받치기도 한다. 거북이는 원초의 바다, 어둠의 달과 연관되어 재생을 상징하기도 한다.¹²⁾ 그런데 필자의 답사 경험에 의하면 전국의 유명한 명산에는 대부분 산정 주변이나 봉우리 주변에 거북이 형상을 한 바위가 있었다. 물론 완전한 형태는 아니지만 자연석이 거북이 형상을 하고 있을 때 약간의 인공을 가해서 거북이를 만들어놓았다. 가령 눈 부분에 구멍을 파서 생명을 부여한다든지, 목 부분을 갈아서 모양을

---

11) 주강현, 『우리 문화의 수수께끼』, 한겨레출판사, 1996, 34~35쪽.
12) Jean Chevalier and Alan Gheerbrant, *A Dictionary of Symbols*, Penguin Books, 1996, Tortoise 항목.

[도판 15] 양산 천성산 마고할미 여근 바위의 다른 쪽 면에 파놓은 구멍

[도판 16] 양산 천성산 마고할미 여근 모습, 왼쪽 전방에 거북 형상의 바위가 있다.

제13장 | 마고여신의 상징이 바위에 새겨져 있다 313

[도판 17] 서울 북한산 거북바위

완성한다(도판 17). 점신点神하는 행위이다. 인위적인 신앙 대상물임이 분명하다.

거북바위는 중국 요동지역에서 가장 높은 산으로 중국의 명산 중 하나인 천산千山의 9부 능선에도 조성되어 있었다. 필자가 직접 답사하여 확인하였다. 답사 당시 필름카메라로 촬영하였는데 거북이 너무 크고 거리가 나오지 않아 정확한 모습을 담는 데 실패했다. 다시 답사할 기회가 있으면 제대로 촬영해서 독자들에게 제시하겠다.

중국 동북지역에서 한반도에 이르는 지역에서는 신석기시대 이래 거북을 중요한 상징동물로 신앙했다. 옥으로 만든 거북을 부장품으로 사용한 사례는 기원전 5600년경에 시작된 사해문화에 이미 나타나고 있다(도판 18). 사해문화는 중국 요령성 서부 의무려산 동쪽에 있는 부신阜新 몽고

 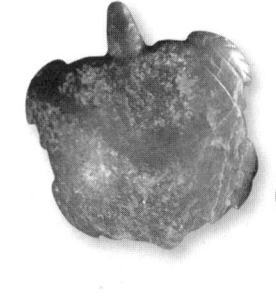 

[도판 18] 사해문화, 부신 호두구 1호묘 출토   [도판 19] 홍산문화, 우하량 5호총 1호묘 출토 옥거북

족 자치현 주변의 신석기문화이다. 이곳에서는 중국에서 가장 이른 시기에 만든 돌로 쌓은 구렁이(龍)의 형상이 발굴되기도 했다. 사해문화보다 늦은 홍산문화 유적에서도 옥으로 만든 거북이 많이 출토되고 있다(도판 19).

생명을 낳는 대지의 신 거북

이와 같이 만주지역에서 일찍이 발생한 거북신앙은 요동을 거쳐 한반도로 확산되었다. 앞에서 말한 요동에 있는 천산의 돌거북을 시발로 해서 한반도의 산에는 많은 돌거북이 조성되어 있다. 이러한 흐름을 이해하면, 우리가 잊어버린 신앙의 한 코드인 거북신앙을 재정립할 수 있다.

고대인들은 거북을 생명을 낳는 상징동물로 생각했다. 하늘의 모양이 거북을 닮았고, 하늘에는 거북이알과 같은 별들이 많다. 고대인들에게 별은 생명의 알이었다. 별이 품 안으로 들어오는 태몽을 꾸고 태어난 인물 이야기에도 그러한 생각이 반영되어 있다. 또한 거북은 여성의 성기를 닮은 측면도 있다. 어쩌면 고대인들은 거북을 대모신의 자궁으로 상상했는

제13장 | 마고여신의 상징이 바위에 새겨져 있다 315

[도판 20] 영암 월출산 구정봉 아래 거북바위   [도판 21] 속리산 수정봉의 거북바위

지도 모른다. 신화학자들은 동아시아에서 거북은 지하세계를 대표하는 동물이었다고 판단한다.[13] 그런 측면에서 생명을 낳는 대모신의 상징으로 거북이 채택되었을 수 있다. 그래서 기자신앙 터 주변에 거북이 등장했던 것이다.

거북이 대모신, 즉 우리의 마고할미의 성기를 상징했음을 보여주는 예로 붙임바위를 들 수 있다. 서울 창의문 밖 길가에는 거북처럼 생긴 큰 바위가 있는데, 아이를 낳지 못하는 여자가 작은 돌로 이 바위를 문지르다 그 돌이 바위에 딱 붙으면 임신을 한다고 전한다. 그래서 이 바위를 부암附岩이라 했고, 서울 자하문 터널이 있는 부암동의 이름이 여기서 유래했다.[14] 여기서 우리는 조상들이 거북을 생명을 잉태하는 자궁으로 인식했음을 알 수 있다.

고구려 고분벽화 중 가장 화려한 것이 사신도이다. 그 사신도의 북쪽

---

13) 아리엘 골란 지음, 정석배 옮김, 『선사시대가 남긴 세계의 모든 문양』, 푸른역사, 2005, 340쪽.
14) 양은희, 「백일·돌·생일」, 『한국민속의 세계(2)』, 고려대학교 민족문화연구원, 2001, 59쪽; 정종수, 『사람의 한평생』, 학고재, 2008, 18쪽.

현무도에는 거북과 뱀이 엉켜 있는데, 이는 북쪽에서 시작되는 생명의 태동을 상징하고 있다. 현무도에서 뱀이 남자의 성기를 상징한다면, 거북은 여성의 성기를 상징한다. 두 동물이 어우러져 있음은 음양이 교합하고 있음을 말한다. 즉 현무는 생명이 잉태하는 어둠의 공간에서의 대지의 잠재력을 상징한다.

이와 같은 거북에 관한 생각을 조상들도 가지고 있었음이 분명하다. 그렇기 때문에 산속 바위 중에 거북을 닮을 형상을 찾아서 그것의 목을 갈거나, 혹은 눈과 입을 파서 생명을 부여하고 그것을 숭배의 대상으로 삼았다.

붙임바위는 마고할미의 자궁

필자가 마고할미의 자궁, 즉 마고할미의 여근이라고 제시한 천성산의 여근바위는 거북이의 등에 묘사된 형국이다. 이는 생명을 생산하는 대지의 자궁으로서의 거북과 마고할미의 그것을 복합상징으로 만들어놓은 것이다. 이 신앙유적은 신석기시대 아직 남성 중심사회가 되기 이전 모계사회의 대모신(지모신), 즉 마고할미 여신의 전통을 잇고 있다.

이러한 마고할미의 전통은 크게는 구석기시대의 대모신으로부터 유래한다. 작게는 중국 동북지역의 신석기문화인 사해문화나 홍산문화의 맥을 잇는다고 볼 수 있다. 특히 요서지역의 옥으로 만든 거북이 바위로 변신하여 성스러운 산에 살면서 인간에게 생명과 풍요와 평안을 가져다주는 전통은 한반도로 전해졌다. 요동 천산의 한 도교 도관에는 지금도 우리의 붙임바위와 동일한 신앙이 행해지고 있다. 이러한 정보들은 한반도 전역에 확산되어 있는 붙임바위 신앙의 유래를 이해할 수 있게 한다. 그 붙임바위는 바로 거북을 상징하며, 거북은 대지의 자궁이고, 마고할미의 자궁이다. 또한 삼신할미의 자궁이기도 하다.

| 제14장 |

통도사 숲 속에는 용왕의 남근이 있다

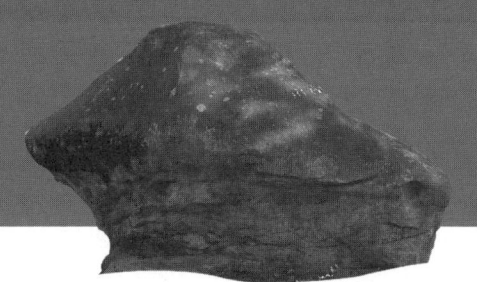

용신들의 거처로 들어온 부처님

통도사는 필자에게 여러모로 인연 있는 공간이다. 1988년부터 10여 년을 통도사에서 멀지 않은 천성산 아래에서 살았다. 당시 통도사 소나무 숲길은 필자가 자주 들르는 산책 공간이었으며, 영취산도 한 달이면 두세 번은 올랐다. 그리고 그 주변에 있는 거의 모든 산길도 필자의 사색 공간이었다. 통도사 주변에 있는 바위신앙 유적지 또한 당시에 답사해서 얻은 자료들이다. 통도사 주변의 바위신앙과 불교와의 인연을 풀어보는 것도 조상들의 정신세계를 이해하는 데 도움이 될 것이다.

양산 통도사는 신라 선덕여왕 때 자장스님이 창건하였다. 당시 이 산의 이름은 취서산이었다. 취서산 북쪽에 있는 신불산 정상에서 바라보면 그 산은 마치 커다란 독수리가 날개를 펴고 동남쪽으로 나는 모습을 하고 있다(도판 1). 한쪽 날개가 자그마치 2킬로미터는 된다. 취서산이란 이름은 그와 같은 산세로 인하여 붙여진 이름이다. 현재의 영축산은 통도사가 창건되면서 부르기 시작했다. 뒷산의 모습이 석가모니가 수행하신 인도의 영축산과 통한다 해서 붙인 이름이다.

이와 같이 산의 이름도 그 공간에서 어떤 종교가 신봉되고 있느냐에 따라 바뀌기도 한다. 자장스님이 통도사를 개창할 때 산 이름만 바뀐 것이 아니다. 그곳에서 신봉되던 민간신앙도 바뀌었다. 취서산이 영취산이란 이름을 얻기 이전에도 이 공간은 상당히 중요한 종교 공간이었다.

그것은 『통도사 사리가사 사적약록通度寺舍利袈裟事蹟略錄』(1705년)에 실려 있는 구룡지 전설로 알 수 있다. 그 책에서 승려로 화한 문수보살은 자장에게 다음과 같이 말한다. 그대의 나라 남쪽 취서산에는 독룡이 거쳐하

[도판 1] 신불산에서 바라본 영취산, 독수리가 날개를 편 형상을 하고 있다.

는 연못이 있는데, 거기에 사는 용들이 독을 품어서 비바람을 일으켜 곡식을 상하게 하고 백성들을 괴롭히고 있다. 그러니 그대가 그 용이 사는 연못에 금강계단을 쌓고 불사리와 가사를 봉안하면 삼재를 면하게 되어 만대에 이르도록 멸하지 않고 불법이 이어질 것이다.

또 다른 전승에 의하면 이곳에는 아홉 마리 용이 살았다. 자장스님은 이들을 교화하여 수용하려 했으나 그중 다섯 마리는 통도사 서쪽에 있는 오룡골로 도망을 갔고, 세 마리는 동쪽에 있는 삼동골로 달아났으며, 나머지 한 마리만 불법을 수용하고 그 터를 수호하겠다고 맹세했다.

용신신앙과 불교의 충돌

이들 이야기를 자세히 들여다보면 구룡신九龍神을 대단히 나쁜 존재로 설정하고 있다. 그러나 그것은 불교를 새로 수용한 세력들이 자신들의 종교가 우월함을 드러내기 위해 조작한 것이다.

불교가 들어오기 이전의 통도사 주변은 용신신앙이 성행하던 곳이다. 따라서 통도사 창건설화에 보이는 구룡전설은 용신신앙과 새로운 종교인 불교와의 충동과 수용과정을 담고 있다. 그 내용으로 보아 대다수의 용신신앙 세력들은 새 종교인 불교가 자신들의 성역을 접수하려는 데 반발했으며 일부만이 수용했음을 알 수 있다.

그 전설의 진실을 복원하면 이렇다. 자장스님이 통도사를 창건하기 이전에 이곳은 용신신앙의 중심지로 인근 주민들의 성소였다. 정월이면 풍농과 무병장수를 기원하는 제를 올렸으며, 자식이 없는 사람은 이곳에서 자식을 낳게 해달라고 빌었다. 그런데 어느 날 갑자기 자장스님과 신라의 관리들이 들이닥쳐 그곳을 떠나라고 다그친다. 상상해보라. 누군들 기득권을 포기하고 떠나고 싶겠는가. 불교가 들어오지 않았다면 그곳에 있던 사제(아마도 무당)들은 인근 주민들의 정신적 어른으로 대접받으며 잘살았을 것이다. 아홉 마리 용으로 표현된 그들에게 그곳은 절대적인 공간이었다.

그런 공간에서 하루아침에 내쳐진다고 생각해보라. 요즘 같은 세상에서는 절대로 있을 수 없는 일이다. 그러나 어찌 하랴, 중앙권력과 새로 힘을 얻고 있는 대종교 앞에서 무력할 수밖에 없지 않았겠는가. 항의하고 농성해도 소용없다면 눈물을 머금고 떠날 수밖에. 최근까지도 도시빈민들이 철거반에게 쫓겨나는 모습을 왕왕 볼 수 있지 않은가. 그 심정을 우리는

[도판 2] 통도사 일주문 밖에 있는 남근바위

헤아릴 수 있어야 한다.

그러나 그들은 쉽게 포기할 수 없었다. 그들이 쉽게 포기하지 않았음은 그들을 독룡이라 표현한 것이나, 타협하지 않고 그들 대부분이 다른 곳으로 이주한 것으로 짐작할 수 있다. 대부분의 용신신앙인들은 자신들의 신앙을 고수하기 위하여 오룡골과 삼동골로 자리를 옮기고 일부만 불교도와 화합하여 불교 신자가 되었다.

『통도사 사리가사 사적약록』에서는 "용들이 독을 품어서 비바람을 일으켜 곡식을 상하게 한다"고 했지만, 사실 용신신앙에서 용은 비바람을 일으켜 곡식이 성장하게 하여 인간에게 풍요를 가져다주는 신인 동시에 인간에게 자손을 주는 신이었다.

용신신앙의 흔적이 통도사 주변에 남아 있음은 그러한 사정을 증명한다. 상가가 밀집되어 있는 통도사 입구에 나지막한 언덕이 있는데 그곳에 커다란 바위들이 모여 있다. 그중 가장 큰 바위는 발기한 남근의 형상을 하고 있다(도판 2). 사진을 보면 알 수 있지만 발기한 남근의 귀두 부분 여기저기에 커다란 구멍이 있다. 자식 낳기를 기원한 어머니들이 귀두 부분의 바위를 갈면서 혹은 갈아서 물에 타 마신 흔적이다.

통도사 일주문을 조금 지나 오른쪽 산등성이를 오르면 또 다른 남근이 있는데, 그 모습이 너무나 사실과 닮았다(도판 3, 4). 필자가 발견한 이 남근

[도판 3] 통도사 입구 첫째 봉우리 정상 주변에 있는 남근바위

[도판 4] 남근바위 윗부분에 오줌구멍을 판 모습

상은 필시 불교 이전 이곳 취서산 용신신앙의 신체神體임이 분명하다. 이 남근상은 주변에 여근이 보이지 않는 것으로 보아 용신신앙의 단독 상징이다.

금와보살과 대석신전

통도사 주변이 이전 민속신앙의 중심지였음은 통도사 자장암에서도 엿볼 수 있다. 자장암의 관음전 뒤에는 커다란 바위 봉우리가 있다. 그곳에는 동부여인들이 동해를 타고 남하해서 남겼을 것으로 짐작되는 이야기가 전한다. 바로 불교로 윤색된 '금와보살' 이야기이다. 먼저 동부여의 금와왕 탄생 이야기부터 보자. 그는 큰돌(大石) 어머니에게서 출생했다.

부루가 늙어 아들이 없으므로 어느 날 산천에 제사 지내어 대를 이을 아들을 구했다.
그가 탔던 말이 곤연에 이르러 큰돌을 보고 마주 대하여 눈물을 흘렸다. 왕은 이것을 이상히 여겨 사람을 시켜서 그 돌을 굴리니 금빛 개구리 모양의 어린애가 있었다. 왕이 기뻐했다. "이것은 하늘이 나에게 아들을 주심이로다." 이에 거두어 기르며 이름을 금와金蛙라고 했다. 그가 자라매 태자로 삼고 부루가 세상을 떠나자 금와는 위를 이어 왕이 되었다.[1]

이 이야기에서 우리는 금와가 돌 어미에게서 태어났음을 알 수 있다. 어

---

1) "見大石相對淚流 王怪之使人轉其石 有小兒金色蛙形 王喜曰 此乃天賚我令胤乎 乃收而養之名曰金蛙." 일연 지음, 이재호 옮김, 『삼국유사』, 솔, 1997, 96쪽.

[도판 5] 중국 길림시吉林市 동남쪽에 있는 주작산朱雀山 8부 능선에 있는 금개구리(金蛙)가 송화호松花湖를 내려다보고 있다. 등의 인공 흔적과 머리에 눈을 판 것으로 보아 신격을 부여하고 있다.

떻게 돌 어미에게서 사람이 태어날 수 있는가? 그것은 금와왕 설화에 숨겨져 있는 비밀을 당시의 문화적 배경을 고려하여 분석하면 알 수 있다. 금와왕 신화의 가장 중요한 신화소인 큰돌에 그 비밀이 숨어 있다. 금와가 탄생한 큰돌(大石)은 단순한 바위가 아니고 당시 부여계가 신앙하던 바위신앙의 성소였다. 금와의 탄생비밀을 알려면 우선 대석大石신앙에 대해서 알아야 한다. 대석에 대한 고전의 풀이를 보자.

반盤은『자전』에서 물을 담는 접시나 사발이라 되어 있고, 같은 뜻을 지닌 반磐은 대석大石이라고 되어 있다. 대석은『서경書經』에서 "풀로 지은 신전인 반석盤石의 뜻으로 이해된다"고 했다.[2] 따라서 대석은 산이나 들판

---

2) 박용숙,『한국 미술의 기원』, 예경, 1996, 221쪽.

에 있는 우뚝한 바위 위나 옆에 지었던 대모신의 신전을 가리킨다. 마고여신의 성기를 바위에 새겨놓았다는 앞 장의 이야기를 참고하면 이해가 빠를 것이다. 양산 천성산 바위 신단에서 가까운 마을 이름이 대석리大石里인 것도 이러한 사정과 무관하지 않다.

대석이 여신을 의미한다는 사실을 이해하고 보면, 부루는 늙도록 아이가 없자 대석신전에 가서 기도를 하고 아들 금와를 얻었음을 알 수 있다. 혹은 부루가 대석신전의 신딸(대모신을 모시는 여사제)이 낳아서 기르고 있던 총명한 아이를 하나 데려다 키웠는지도 모른다. 좀 더 상상력을 발휘해보면 부루와 대석신전의 여사제 사이에서 태어난 아이가 금와일 수도 있다.

절을 받는 개구리

이 금와왕의 탄생 이야기는 동부여인의 이동과 함께 남쪽으로 전달되어 경남 양산 통도사의 자장암에 금와보살이라는 이름으로 살아 있다(도판 6). 이능화의 『조선불교통사朝鮮佛敎通史』「변화금와變化金蛙」에 다음과 같이 기록되어 있다.

축서산 통도사의 자장암 곁의 커다란 암벽에 손가락 하나가 들어갈 만한 구멍이 있는데 그 속에 작은 개구리가 있다. 몸은 청색이고 입은 금색인데 어떤 때는 벌이 되기도 하여 그 변화하는 것을 헤아릴 수 없다. …… 세상에 전하기를 그 개구리는 자장율사의 신통으로 자라게 한 것이다.[3]

---

3) 자장암 안내문에서 옮김.

[도판 6] 금와보살이 산다는 바위구멍

이러한 전설 때문에 자장암을 찾는 방문객은 대부분 금와보살을 찾는다. 그러나 금와보살을 만나기란 그리 쉬운 일이 아니다. 그래서 혹 금와보살이 있을 때 들른 신자들은 구멍 속에 든 개구리에게 연신 절을 한다. 그러고는 자신에게 행운이 있을 거라고 굳게 믿는다.

얼마 전 필자가 방문했을 때도 금와보살이 구멍 속에 있었다(도판 7). 따스한 햇살을 즐기려는 듯 보일 듯 말 듯한 위치에서 미동도 하지 않고 있었다. 보살은 사람들이 연신 자신을 쳐다보고 말을 해도 꿈쩍도 안했다. 마치 자신이 전설 속의 보살인양 의연했다. 삼매에 든 그는 계속 절도 받고 경배의 말도 들었다. 금와보살의 모습을 본 사람들의 얼굴에는 미소가 떠나지 않았다. 사람들은 역시 신비한 그 무엇을 갈망하고 있음이 분명했다. 이성적인 세상보다는 신화적인 세계에 살고 싶은 마음을 읽을 수 있다.

하지만 이날 통도사 입구 소나무 숲길에서 만난 노보살은 달랐다. 햇볕이 내리쪼이는 길가에 역광을 받고 앉아 있는 노보살의 모습이 아름다워 말을 걸었다. "보살님 오늘 법회 있었어요?" "네 오늘 화엄산림법회가 있어요." 그 노보살의 모습이 잔잔하고 아름다워 "보살님 가끔 관세음 보살님

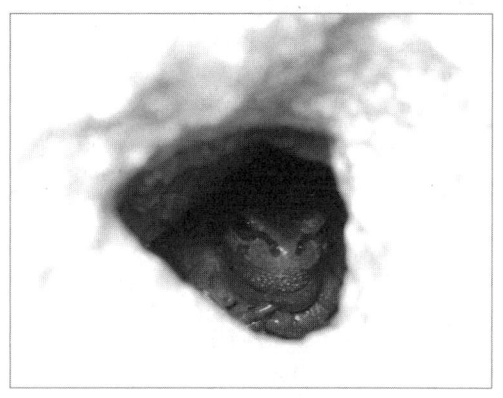

[도판 7] 자장암 뒤 바위구멍 속의 금와보살

친견하시겠네요"라고 했는데, 보살님은 단호하게 말했다. "저는 기복 불교 안 해요." "부처님이나 보살님이 우리에게 복을 가져다주지 않아요. 복은 스스로 지어서 얻어요." 그러면서 자신의 신앙관을 장황하게 늘어놓았다. 그렇다 한국의 불교나 기독교는 지나치게 기복신앙화된 감이 있다.

대석신앙과 불교의 만남

요즘도 많은 사람들에게 행복한 미소를 안겨주는 금화보살 전설의 이면에도 우리가 잊어버린 또 다른 과거의 진실이 배어 있다. [도판 8]은 현재의 자장암이 의지하고 있는 커다란 바위덩어리이다. 사진에서 보듯이 관음전은 이 바위를 등지고 있다. 이곳 또한 자장스님이 머물기 이전부터 주민들의 신앙 공간이었다.

금와가 산다는 구멍과 한 덩어리인 거대한 바위 위에는 지름이 30센티미터 정도, 깊이 20센티미터 정도 되는 인공의 구멍이 있다. [도판 8]의

[도판 8] 자장암 뒤의 대석신단. 탑 앞쪽에 커다란 바위 석정石井이 보인다.

탑 아래에 보이는 검은 구멍이 그것이다. 이러한 인공 혹은 자연 구멍은 석정 혹은 용알터라고 불리며, 전국 명산名山에 어김없이 있다. 이 또한 용신신앙의 흔적이다. 이곳은 대석 신전인 여신전인 동시에 용신신앙터이기도 했다. 금와보살은 여신전인 대석의 구멍에 살고 있는데, 이는 여신의 자궁 속에 살고 있는 것과 같다. 개구리는 유라시아 문명사에서 여성의 자궁을 상징한다. 아마도 금와보살의 원래 역할은 기자신앙의 대상신이었는데, 그 터를 접수한 불교가 금와 개구리를 금와보살로 바꾸었던 것이다.

통도사 주변에 있는 이러한 고유 신앙 흔적을 이해하면 통도사 창건설화에 내포된 비밀을 읽을 수 있다. 그것은 고유 신앙 중의 하나인 용신신앙과 불교가 습합되는 정황을 말하고 있는 것이다. 그러한 습합의 결과 사찰에 용왕각이 지어지게 된다. 그러나 통도사에는 정작 용왕각이 없다. 산신각과 가람각이 있을 뿐이다. 아홉 마리 용 중 여덟 마리가 불교를 거부하고 이웃으로 떠난 탓일까? 취서산의 원래 주인이었던 용들을 모시는 용왕각을 지어 부처님과 함께 사는 모습도 아름다울 텐데 하는 생각을 해본다.

일본으로 반출될 뻔한 진신사리

용왕각을 짓는 것도 중요하지만 통도사에는 문제의 전각이 하나 있다. 그 문제를 짚고 넘어가야겠다. 불교의 삼보를 대표하는 사찰로 해인사·송광사·통도사가 있다. 해인사는 부처님의 말씀인『팔만대장경』을 간직하고 있어 법보사찰로, 송광사는 보조국사를 비롯한 열여섯 국사를 배출했기 때문에 승보사찰로 불린다. 통도사는 부처님의 진신사리와 가사를 봉안했기 때문에 불보사찰이다. 불보사찰로 한국 정신문화의 성지인 이곳 통도사에 의혹이 가는 전각이 있다. 바로 가람각伽藍閣이다.

가람각에 일본의 신상이 모셔져 있다. 어찌 이런 일이 벌어졌는지 의아하다. 통도사와 일본은 좋지 않은 인연이 있다. 일본인들은 통도사 금강계단에 모셔진 진신사리를 탈취하려고 여러 번 시도했다. 첫 번째 시도는 고려 말에 있었다. 우왕 3년(1377년)에 쳐들어온 왜구가 통도사에 모셔진 사리를 탈취하려고 했다. 진신사리를 보호하기 위해 당시 통도사 주지였던 월송은 사리를 가지고 산문을 빠져나와야만 했다. 2년 후 또다시 왜구가 사리를 침탈하려 하자 월송은 사리를 가지고 서울까지 피신했다.

두 번째 시도는 임진왜란 때였다. 왜란 중에 왜구는 금강계단을 파괴하고 사리를 탈취하는 만행을 저지른다. 그러나 다행히도 당시 왜구에게 잡혀 있던 백옥거사가 탈취되었던 사리를 가지고 탈출함으로써 일본으로 반출되는 것을 막을 수 있었다. 정말 극적인 부처님의 가호였다. 만약 당시 사리가 일본으로 반출되었다면 어찌되었을까? 불보사찰 통도사의 위상은 상당히 위축되었을 것이다. 또한 다른 문화재와 마찬가지로 일본은 이 핑계 저 핑계를 대면서 진신사리를 반환하지 않았을 것이다.

[도판 9] 진신사리가 모셔진 통도사 금강계단

이 사건이 있은 지 11년 뒤인 선조 36년(1603년)에 사명대사는 왜적의 침탈을 염려하여 사리를 두 개의 함에 넣어 금강산의 서산대사에게 보낸다. 이 중 하나의 함에 들어 있던 사리는 갈반사(현 태백산 정암사로 추정)에 모셔지고, 다른 하나의 함에 모셔졌던 사리는 되돌아와 통도사 금강계단에 모셔져 현재에 이른다(도판 9).

일본의 칠복신이 왜 통도사에

일본과 이러한 인연을 가진 통도사에 일본인들에 의해 조각된 것으로 보이는 목조각이 가람각에 모셔져 있다(도판 10). 가람각 하면 가람 전체를 수호한다는 의미도 있는데, 그러한 전각에 일본풍의 목조각을 모시고 있다는 것이 참으로 의아스럽다.

가람각은 천왕문의 왼편에 있으며, 4면 단칸의 작은 건물이다. 이 건물은 1706년에 처음 건립되었으며 현재의 건물은 원명스님에 의해 신축되었다. 그렇다면 이 건물에 모셔진 가람신은 1706년 이후에 모셔졌을 것이다. 그런데 가람신으로 모셔진 신상은 일본의 칠복신 중 하나라는 의혹을 뿌리칠 수 없다.

먼저 가람신과 일본의 칠복신 사진을 비교해보자. 사진을 보면 알 수 있듯이 탱화로 그려진 가람신 앞에 모셔진 조각상은 분명 칠복신의 하나인 대흑천大黑天이다(도판 11). 조각상의 복식이나 그 양식 모두 우리에

[도판 10] 통도사 가람각의 대흑천상

게는 낯선 것이다. 이와 같은 양식의 조각상은 한국 전통사찰 어디에도 없다. 칠복신은 일본사람들이 복을 가져온다고 믿는 일곱 신을 말한다. 그 중 대흑천은 인도의 힌두교 시바신과 일본 고대의 오쿠니누시(大國主)가 습합된 신으로 식복과 재복을 관장한다.

이들 칠복신신앙은 인도의 힌두교, 중국의 불교·도교, 일본의 토착신앙이 섞여서 형성된 것으로 무로마치 시대(1336~1573년) 말기부터 성행했다. 따라서 통도사 가람각에 모셔진 칠복신은 임진왜란 이후에 조성된 것으로 볼 수 있다. 칠복신을 가람각에 모신 시기는 일제강점기일 가능성이 높다.

제14장 | 통도사 숲 속에는 용왕의 남근이 있다 333

[도판 11] 일본 신사에 모셔진 대흑천상

당시 일본인에 의해 반입되어 모셔진 것이 지금까지 별 생각 없이 방치되고 있는 것이다. 2010년 통도사를 방문했을 때 그곳 스님에게 이 문제를 질문했는데, 어느 정도 수긍하고 있었다. 그런데 왜 그대로 방치하는지 이해할 수 없다.

필자가 과문해서 그런지 몰라도 한국의 전통사찰 어디에서도 대흑천을 모신 곳은 없다. 따라서 통도사 대흑천은 일본인들이 만들어 반입한 것이 분명하다. 진신사리를 탈취하려 했던 일본인이 만든 대흑천이 가람각에 앉아서 통도사 가람을 수호하는 상징으로 신앙되고 있는 상황은 한 편의 코미디가 아닌가. 그런데도 이런 점을 통도사 쪽이나 일반인 모두 모르고 있는 듯해 아쉽다. 좀 더 면밀한 연구를 해서 칠복신을 모신 전후 사정을 파악한 뒤, 그에 따른 조치가 필요할 것이다. 일본인이 만들어 반입한 칠복신이 가람각에 모셔졌다면, 칠복신은 박물관으로 옮기고 가람각에는 통도사 주변의 원래 주인이었던 용왕을 모시는 것이 좋지 않을까 생각해 본다.

| 제15장 |

단군은 땅의 생명력을 상징한다

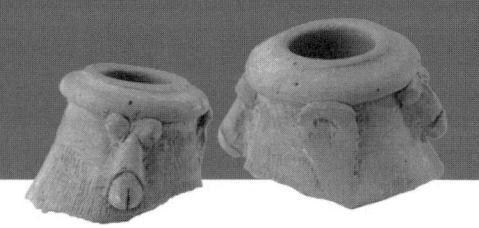

단군할아버지의 계시로 드러난 남근바위

[도판 1] 가평읍 승안리 용추폭포 단황 상제 바위

경기도 가평군 가평읍 승안리에 가면 용추폭포가 있다. 여름이면 바람과 물을 즐기려는 사람들이 많이 찾는다. 그곳 옥녀봉 계곡 미륵소에는 우람한 자태를 뽐내는 남근석이 하나 있다(도판 1). 남근의 높이는 2미터 30센티미터 정도 된다. 이 바위는 사람들의 특별한 위함을 받는다. 2011년 꽃샘추위를 맞으며 방문했을 때도 남근석 주변에는 과일과 과자 등 제물이 바쳐져 있었다. 이번에는 이들 남근과 단군과의 관계를 검토해보자. 잃어버린 조상들의 생명관을 엿볼 수 있는 계기가 될 것이다. 긴 세월의 관점에서 보면 남근신앙과 단군신앙, 그리고 미륵신앙이 하나의 고리를 이루면서 한국인의 무의식을 관통하고 있다.

승안리 옥녀봉 아래에 있는 남근석을 동네사람들은 미륵바위로 부르기도 한다. 그래서 남근석 앞에 있는 웅덩이를 미륵소라 부른다. 미륵신앙은 삼국시대에 뿌리를 내리기 시작해 조선후기가 되면 메시아를 갈구하는 민중들의 염원과 맞물리면서 전국적으로 확산된다. 조선후기의 여성들에게 미륵신앙은 하나의 구원처였다. 미륵이 출현하여서 중생을 구제해주기를 간구하였기에 민중들은 선돌에 미륵바위란 별칭을 부여했다. 그것이 남아선호 사상과 결합, '남자의 물건과 비슷한' 바위에도 미륵바위란 이름

을 붙였다.[1]

조선후기의 남근석은 대체로 기자신앙과 관련 있다. 그러나 원래 남근석은 마을의 풍요와 안녕을 보장하는 힘을 가진 성스러운 물건이었다. 승안리 미륵바위에도 그러한 믿음이 전해지고 있다. 사람들은 이 미륵바위의 귀두를 갈아서 계곡에 흐르는 물에 타 마시며 소원을 빌었다. 더러는 한밤중에 부부가 계곡에서 목욕재계를 한 후 물을 마시고, 미륵바위 아래서 동침을 하기도 했다. 아들을 얻기 위해서였다. 또한 미륵바위 몸통을 손바닥으로 정성껏 비비면 바위가 땀을 흘려 끈적끈적해지고 끈적끈적해진 손으로 소원을 빌면 무엇이든 이룰 수 있다고도 한다.[2] 발기한 남근이 가지고 있는 성적 에너지가 아이를 생산하듯, 사람들이 필요로 하는 소원을 이루어줄 수 있다고 믿었던 것이다.

부루바위 혹은 자지바우

그러나 미륵바위는 이 바위의 본명이 아니다. 이 바위의 본명은 현재 잊혀진 상태다. 어쩌면 이 바위의 본명은 우리말 그대로 '자지바우' 혹은 '부루바위'였을 것이다. 국문학자 구사회 교수는 신라향가 「헌화가」를 기자신앙의 산물인 '좆바위 가요'로 해석했다.

구사회 교수는 「헌화가의 자포암호紫布岩乎와 성기신앙에 대하여」라는 논문에서 '자포암'의 '자포'는 자색紫色이라기보다는 나중에 '자지'로 구개음화가 이뤄지는 '자디(紫的)'를 뜻한다고 주장했다.

---

[1] 주강현, 『우리 문화의 수수께끼』, 한겨레출판사, 1996, 33쪽.
[2] 김대성, 『한국의 성석』, 푸른숲, 1977년, 7쪽.

그는 '자디'가 오늘날에도 중국의 속어나 통속소설에서 남자 성기와 함께 사용되는 경우가 빈번함을 주목하는 한편, 남근을 묘사할 때 '자紫'라는 색채어가 사용된 까닭은 그것이 발기했을 때 검붉은색을 띠고 있기 때문일 것이라고 추정했다. 이렇게 되면 헌화가의 첫 구절에 나오는 자포암은 '자디바위(자지바위)'가 되며, 이것이 곧 현재의 민속학에서 말하는 남근석에 해당한다는 것이다.[3] 구사회 교수의 설을 따르면 신라시대에는 남근석을 우리말 그대로 '자지바위'로 불렀다고 볼 수 있다.

전북 정읍시 칠보면 백암리 원백마을 앞에 있는 남근석은 지금도 '자지바위'로 부른다. 이 자지바위는 크기가 165센티미터, 둘레가 88센티미터 정도 된다. 아이를 낳지 못하는 여성들이 밤에 백설기와 과일 등을 차려 이곳에 치성을 드리고 나서 바위를 돌면서 껴안으면 아들을 낳을 수 있다고 전해져 지금도 찾는 이가 있다고 한다.[4]

자지바위, 다시 힘을 얻다

이 자지바위의 뿌리가 단군과 연결될 가능성이 있다. 남근바위가 땅속에 묻혔다가 다시 세상에 나오는 과정에 단군이나 신선이 꿈속에 등장하는 경우가 많은 것에서 그러한 추정을 해볼 수 있다. 우선 앞에 나온 용추계곡 남근이 그렇다. 이 미륵바위는 이 마을에 거주하는 박옥자가 28세 때에 단군할아버지가 꿈속에 나타나 계시해서 계곡에서 캐어낸 것이다. 원래 박옥자의 고향은 강원도 통천인데 광복 이후에 마고할머니의 점지로

---

3) 「헌화가의 자줏빛 바위는 남근석」, 『연합뉴스』, 2006년 9월 25일.
4) 정종수, 『사람의 한평생』, 학고재, 2008년, 18쪽.

[도판 2] 남해 가천 홍현리 가천마을 남녀근석

이곳에 정착했다. 현재 이 바위를 미륵불이라고 부르지만 단군을 뜻하는 단황상제로도 부른다. 이것을 단순히 단군과 관련지으려는 의도로 파악하는 학자도 있다.[5]

그러나 그것은 단순한 의도가 아니라 우리가 잃어버린 진실의 한 단면일지도 모른다. 집단무의식의 발현으로 들어난 진실일 개연성이 있다. 단군과 남근바위가 과연 연결될 수 있을까? 또 다른 사례를 들고 나서 그 연결고리를 풀어보자.

남해군 서부의 최남단에 있는 남면 홍현리 가천마을에는 우리나라에서 가장 잘생겼다는 암수 미륵바위가 있다(도판 2). 잘생긴 남근과 여근이 있다는 말이다. 그러나 필자가 보기에는 통도사 주변에 있는 남근이 더 우람하고 잘생긴 것 같다(14장 도판 2, 3, 4).

---

[5] 이종철·김종대·황보명, 『性, 숭배와 금기의 문화』, 대원사, 1997, 64~65쪽.

어쨌든 그곳을 찾아가는 길은 이렇다. 경남 사천시 삼천포항과 남해군 창선면을 연결하는 연륙교를 지나 3번 국도를 타고 가다가 지족리에서 삼동면과 연결한 다리를 건너 오른쪽으로 난 1024번 지방도를 달리다 보면 19번 국도와 만난다. 왼쪽으로 19번 국도를 타고 얼마 가지 않아서 다시 1024번 지방도와 연결된다. 이 길을 따라 아름다운 남해의 풍광을 즐기며 한참을 가다 보면 목적지인 가천마을이 나온다. 버스를 타려면 남면읍에서 가천행 군내버스를 이용하면 종점이 바로 가천마을이다.

하늘 향해 힘차게 솟은 남근

가천마을은 남쪽 바다를 향해 계단식 다랭이논이 제법 많은 소쿠리 지형의 마을이다. 설흘산과 응봉산 아래, 바다를 향한 산비탈 급경사지에 곡선 형태의 100여 층의 논이 계단식으로 형성되어 주변의 산세와 잘 어우러져 한 폭의 그림 같은 풍경을 연출하고 있다(도판 3). 디지털 카메라가 많이 보급되자 취미로 사진을 찍는 사람들이 많아지고 있다. 이곳은 그런 아마추어 사진 동호회원들의 필수 답사지로도 유명하다. 그리 넓지 않은 마을에는 상당히 많은 집들이 옹기종기 모여 있다. 70여 호에 180여 명의 마을주민이 산다.

미륵바위는 마을 아래쪽 중앙에서 바다와 하늘을 바라보며 자신의 용모를 뽐내고 있다. 특히 수미륵의 기세는 하늘을 찌를 듯하다. 누가 보아도 신령한 힘이 느껴진다. 그래서인지 이곳 미륵바위는 상당히 유명세를 타고 있다.

필자가 답사한 날은 2010년 6월 하순의 어느 목요일이었다. 그런데도

[도판 3] 남해군 남면 홍현리 가천마을 전경

그곳에 머무는 두 시간 남짓한 시간에 관광버스가 3대나 들어왔다. 웬만한 관광지 못지않은 인파다. 정말 놀랐다. 미륵바위인 남근석을 보러 사람들이 이렇게 많이 모이다니! 얼마 전까지만 해도 상상도 못할 일이다. 물론 산행을 하며 전체를 조망하러 오는 사람도 있다. 그러나 오후에 이곳을 찾은 사람들 대부분은 남근바위를 보고 갔다. 새로운 문화현상이다. 막걸리를 다시 즐기듯 우리 문화에 관심을 가지는 것이다. 물론 그 관심이라는 것이 과거와는 다르다. 과거에는 순박한 신앙심으로 그 바위를 찾았지만, 지금은 호기심을 동반한 관광이다. 성적으로 개방된 시대를 사는 현대인에게 그것은 하나의 흥밋거리이기도 하다. 어쨌든 가천의 남근석은 그 성적 에너지로 말미암아 세상사람들을 끌어모으고 있다. 조선시대에 '자지바위', 혹은 '좆바위'로 불리는 것이 쌍스러워 '미륵'이란 이름으로 불리던 바위가 다시 힘을 되찾고 있는 중이다.

마을에서는 지금도 해마다 음력 10월 23일에 미륵제를 지낸다. 이곳의 남근석은 마을사람들에게 풍요를 보장해주는 신이다. 최근에는 바위 자체의 힘으로 관광객을 끌어들여 마을사람들에게 풍요를 선사하고 있다. 어쨌든 자신의 몫을 당당히 해내고 있으니 마을사람들로는 고마울 따름이다.

신선의 부탁으로 다시 일어선 남근석

이 가천의 남근이 세상에 출현한 이야기도 흥미롭다. 『남해군지』의 기록에 의하면 영조 27년(1751년)에 현령이던 조광진의 꿈에 신선이 나타나, 내가 가천에 묻혀 있는데 우마가 지나다녀 불편하니 나를 일으켜주면 좋은 일이 있을 거라고 말했다는 것이다.[6] 『남해군지』의 기록이 사실이라면, 가천의 남녀근석 또한 단군과 관련이 있다. 왜냐하면 조광진의 꿈에 나타난 신선은 중국 도교 계통의 신선이라기보다는 단군선인의 뒤를 잇는 우리 고유의 신선도, 다시 말하면 풍류도 계통의 신선일 것이기 때문이다. 이러한 관점으로 이해하고 보면, 남근석 신앙은 단군시대의 전통을 잇고 있다고 볼 수 있다.

사실 성기 숭배는 인류의 보편적인 문화현상이다. 생각하는 능력이 점차 발전하자 원시인들은 남녀의 생식기, 성교, 임신을 연관지어 사고하기 시작했다. 이런 과정에서 생식기 숭배, 성교 숭배 및 생식 숭배가 발생하였다.[7] 기본적으로 성기 숭배는 여성 생식기 숭배가 먼저였다. 이러한 정황

---

6) 박정근·김종대·박호원·곽동석·소재구, 『돌의 미를 찾아서』, 다른세상, 2000, 86쪽.
7) 류다린 지음, 노승현 옮김, 『중국 성문화사』, 심산, 2003, 27쪽.

에 대해서는 이미 앞에서 살펴보았다. 여성 성기의 생산력에 착안한 숭배였다. 그러다가 여성이 남성과 성교하지 않으면 아이를 생산할 수 없다는 사실을 인식하고서는 남성 성기도 함께 숭배하게

[도판 4] 감숙성, 돌로 만든 남근, 기원전 2000년경

되었으며, 이후 남성의 권력이 더 강화되자 남근을 더 숭배하게 된다.

우리나라 성신앙의 기원 및 본질을 다룬 민속학자들의 견해는 크게 세 부분으로 나뉜다. 하나는 성신앙이 성이 표상하는 창조적인 생명력에 대한 숭배에서 유래하였다는 것이고, 다른 하나는 인도 시바의 링가 숭배 풍습이 불교에 묻어 들어왔다는 것이고, 마지막은 음양풍수설의 영향에서 비롯되었다는 것이다.[8] 그러나 세계의 보편적인 성기 숭배는 인정하지만, 우리나라에 만연한 남근 숭배는 단군시대의 유산으로 보아야 한다. 물론 그 이전의 막연한 남근 숭배를 부정할 순 없다. 하지만 단군시대의 유습으로 이어진 맥 속에 성기 숭배가 있었음은 분명하다.

고대인들은 자연석이나 자연석에 살짝 인공을 가한 것을 '선돌', '자지바위' 등으로 불렀겠지만, 그것들이 정확히 언제부터였는지 확인할 길이 없다. 왜냐하면 남근으로 숭배된 그것들이 언제부터 숭배되었는지 측량할 길이 없기 때문이다.

그렇다면 고고학적 자료를 가지고 한민족의 남근 숭배의 흐름을 파악하는 수밖에 없다. 여기서 흐름을 파악한다는 것은 초기 한민족 공동체를 형성한 주민과 그들이 이동한 공간에서의 성기 숭배를 살펴본다는 의미이

---

8) 이종철·김종대·황보명, 『性, 숭배와 금기의 문화』, 대원사, 1997, 30쪽.

다. 사실 이러한 주제를 정확히 설명하자면 책 한 권 분량은 필요할 것이다. 때문에 필자가 제시한 단군신화의 주인공인 환웅세력의 이동 공간과 웅녀세력의 공간을 중심으로 간략하게 살펴보기로 하자.

중국 중원과 홍산문화의 남근 숭배

우선 필자는 환웅족인 공공족이 중국 중원에서 발생한 앙소문화의 주인공이라고 하였다. 중국 감숙성에서 발굴된 앙소문화기의 채도에 남녀 성기를 표현한 것이 있다(도판 5). 신석기시대의 중국 중원에 살던 사람들은 토지의 신을 '땅의 어머니'로 생각했으며, 동시에 토지를 남성 생식기의 상징물과 연결시키기도 했다. 이때 남성 생식기는 '땅의 어머니'의 배우자, 혹은 씨를 뿌리는 자였다. 이런 남성 상징물을 보통 '밭의 주인', '밭의 조상'이라고 불렀다.[9]

그 '밭의 조상'을 남근으로 표현했고, 남근 모사물 대부분 '조祖(남성 생식기의 상징)'라고 불렀는데 주로 진흙으로 만들었기 때문에 도조陶祖라 했다. 또한 석조, 옥조, 목조, 동조 등이 고고학의 발굴 과정에서 수없이 발견되었다. 그 대부분은 신석기시대에 속하는 앙소문화 시기와 용산문화 시기에 속하는 것이다.[10]

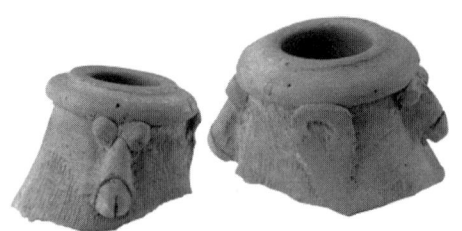

[도판 5] 감숙성 앙소채도에 보이는 남녀근석

이러한 문화는 상나라를 거쳐 계속 전승된다. 상나라시기에 글자를

---

9) 류다린 지음, 노승현 옮김, 『중국 성문화사』, 심산, 2003, 27쪽.
10) 류다린 지음, 노승현 옮김, 『중국 성문화사』, 심산, 2003, 43쪽.

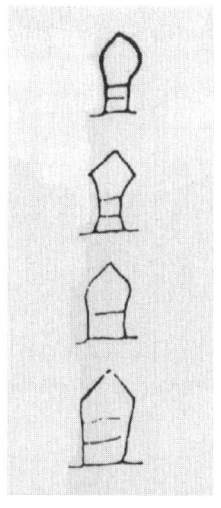

[도판 6] 갑골문 '차且'자

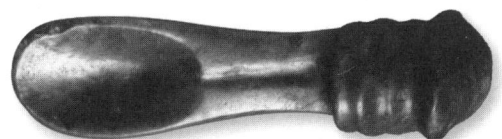

[도판 7] 남근 모형으로 만든 옥 숟가락, 후기 홍산문화

[도판 8] 후기 홍산문화기에 옥으로 만든 남근. 중국에서는 이를 옥조玉祖라 한다.

[도판 9] 중국 요녕성 출토, 흙으로 구운 남근

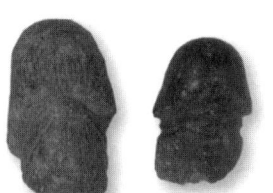

[도판 10] 경주 왕경지구(구황동, 황룡사지) 출토, 돌로 만든 남근

[도판 11] 안압지 출토 남근

제15장 | 단군은 땅의 생명력을 상징한다

만들면서 조상을 의미하는 글자로 '조(祖)'자가 만들어지는데, 이 글자의 왼쪽 '시(示)'는 신을 경배함을 표시하였고, 형태적으로는 거꾸로 걸린 남성 생식기를 나타낸다.[11] 그리고 오른쪽 '차(且)'자는 남근을 상형한 것이다(도판 6). 즉 갑골문의 '조(祖)'는 고대인들이 숭배하던 남근이다.

중국 중원지역뿐 아니라 단군신화의 본무대로 추정되는 중국 동북지역에서도 일찍부터 남근이 숭배되었다. 요서지역의 후기 홍산문화기(기원전 3500~3000년)에 옥으로 만들어진 남근은 정교하기 그지없다(도판 7, 8). 이러한 전통은 계속 이어져 흙으로 구워서 만든 남근이 요령성에서 발굴되었는데, 그 시기는 기원전 3000~2000년경으로 추정된다(도판 9).

현재까지 한반도에서 발견된 남근 유물은 그 시기가 상당히 늦은 편이다. 7세기 말에서 8세기 초의 경주 왕경지구 유적층에서 활석에 남근을 조각한 유물이 발견되었다. 귀두 부분만 남아 있어 아쉽지만 한반도에서 출토된 남근 중에는 가장 정교하다(도판 10).[12] 또한 나무로 만든 남근이 경주 안압지에서 출토된 사례가 있다(도판 11). 이러한 고고학적인 자료들을 놓고 볼 때 한민족의 주도세력이 이동했던 공간에서는 일찍부터 남근신앙이 발달해 있었다는 것을 알 수 있다.

생명의 조상 남근

이제 남근처럼 생긴 바위나 우뚝 솟은 선돌, 그리고 인공을 가미한 남근상이 어떻게 단군과 연결될 수 있는지 알아보자. 중국의 남근 숭배에서

---

11) 류다린 지음, 노승현 옮김, 『중국 성문화사』, 심산, 2003, 61쪽.
12) 이종철, 『한국의 성 숭배문화』, 민속원, 2003, 67쪽.

그것은 조상으로 간주되었다. 그것들은 가장 크게는 모든 생명의 조상이고 작게는 인간의 조상이다.

그런데 이 남근의 이미지를 가지고 있는 가장 원초적인 것은 바로 뱀(구렁이)이다. 유라시아 신석기시대 문화에서 뱀은 가장 원초적인 생명력의 상징이다. 그것은 생명의 영이며, 지혜의 영이자 지하의 신이었다.

땅과 생명의 신을 대표하는 것을 중국에서는 사직신이라고 한다. 주나라의 여조상인 강원은 대지의 여신이고, 그녀가 낳아 기른 아들은 곡물을 뜻하는 '직稷'으로 이름 지었으며, 이후 흙을 쌓아 만든 '사社'는 토지신으로, 대지가 낳은 '직'은 곡물신으로 변했다. 이 둘을 합한 것이 바로 '사직'이다. '사직'은 사회와 국가를 상징하였다.[13]

그런데 우리 문화에도 이와 동일한 구조를 갖는 신이 있다. 바로 환웅과 단군 혹은 단군과 곡물의 신이자 재물의 신인 업신 부루의 관계가 그렇다. 업신에 관한 정보는 『한단고기』와 『신단실기』에서 찾을 수 있다. 이들 책은 정사로 인정받지는 못하지만, 그 내용의 상당 부분은 상당히 오래된 정보를 담고 있을 개연성이 크다.

무술 58년(기원전 2183년), (扶婁) 단제께서 붕어하셨는데 이날 일식이 있었다. 뒤에 백성들은 제단을 설치하였으니 집 안에 땅을 골라 단을 설치하고 질그릇에 쌀과 곡식을 가득 담아 단 위에 올려놓았다. 이를 부루의 단지라고 부르고 업신業神으로 삼았다.[14]

---

13) 류다린 지음, 노승현 옮김, 『중국 성문화사』, 심산, 2003, 63쪽.
14) 임승국 번역, 「단군세기」, 『한단고기』, 정신세계사, 1999, 65쪽.

벼 익은 것을 축하하여 업業이라 하였다. …… 업을 생산 작업의 신이라 한다(祝禾之熟曰業 …… 業爲生産作業之神).[15]

집 안에 땅을 골라 단壇을 쌓고, 흙으로 만든 그릇에 곡식을 담아서 단 위에 놓아두고, 짚을 엮어 덮어놓은 것을 부루단지扶婁壇地라 하고, 혹 업주가리業主嘉利라고도 한다. 단군의 아들 부루가 어질고 복이 많기 때문에, 나라사람들이 그를 받들어 재신財神을 삼았다.[16]

위에 인용한 글을 보면 단군의 아들 부루와 업신, 그리고 벼(곡물)가 서로 관련이 있음을 알 수 있다. 그리고 업을 생산 작업의 신이라고 한 것은 업신이 벼로 대표되는 곡물이 생성되게 하는 에너지라는 의미이다. 곡물이 생성되게 하는 에너지가 바로 구렁이로 상징되었다. 그래서 구렁이가 업신이 된 것이다. 따라서 그 구렁이 업신과 부루는 동격인 셈이다.

중국의 사직신은 공공족의 그것이 원형

여기에서 업신은 곧 중국의 직稷신에 해당한다. 그리고 단군 혹은 환웅은 바로 토지신인 셈이다. 환웅은 하늘에서 땅을 다스리기 위해 내려왔다. 그는 땅을 대표하는 신령神靈으로 내려온 것이다. 환웅과 그의 아들 단군 혹은 단군과 그의 아들 부루의 관계는 앞에서 살펴본 사직신의 관계와 동일하다. 환웅은 땅에 생명의 씨앗을 뿌리는 사社 신이라면, 웅녀는 대지의

---

15) 임승국 번역, 「삼신오제본기」, 『한단고기』, 정신세계사, 1999, 159쪽.
16) 김교헌 지음, 이민수 옮김, 『신단실기』, 흔뿌리, 1994, 44쪽.

[도판 12] 구룡바위(게눈바위) 신단 전경

모신이다. 그 둘의 아들이 단군인데 그는 둘의 관계에서 태어나 생명을 대표한다. 단군과 업신이 된 부루 단군의 관계는 이러한 상징적 관계의 연속선상에 있다. 따라서 부루를 상징하는 입석 혹은 남근바위는 '부루바위'로 불렸을 가능성이 매우 높다.

이러한 사정을 설명할 수 있는 단서가 경주 남산 바위신앙 터와 중국 문헌에 전하는 공공족 관련 신화에 남아 있다. [도판 12]는 경주 남산에 있는 바위신앙 유적이다. 일명 '게눈바위'라고 한다. 바위 조형물을 자세히 보면 생명에너지의 원천인 알을 구렁이가 감싸고 있음을 알 수 있다. 이 유적을 언제 누가 조성하였는지 정확히 판단하기는 어렵다. 그러나 어떤 세력이 조성했나는 두 가지 측면에서 가늠해볼 수 있다.

첫째, 만약 알을 둘러싸고 있는 바위의 형상이 인위적으로 조성한 것이고 그것이 구렁이를 조성하려고 했다면 이 신단은 진한 사람들이 만든 것

[도판 13] 구룡바위(게눈바위) 근접 사진

이라고 볼 수 있다.

알터 부분을 확대한 [도판 13]을 보면 구렁이의 몸을 표현하기 위해서 중앙 부분을 인위적으로 파낸 것을 알 수 있다(화살표). 그리고 알을 품고 있는 구렁이의 머리도 강조했다. 이는 유적을 만든 사람들이 이 신단을 태양의 신단으로 만들려고 했고, 그 형태는 태양을 감싸고 있는 구렁이를 형상화한 것으로 볼 수 있다. 이러한 의식을 면면히 이어온 사람들은 바로 공공족과 그들의 후예이다.

둘째, 게눈바위 신단을 공공족의 후예인 진한인들이 조성한 신단임을 추정할 수 있는 자료가 있다. 중국문화사에 보이는 구룡勾龍이라는 것이 그것이다(도판 14). 『좌전左傳』「소공 29년」에는, "공공씨에게 구룡이란 아들이 있었는데 후토后土가 되었다. …… 후토는 사社가 되었다"고 기록되어 있다.[17] 즉 구룡은 공공의 아들인 동시에 토지신이었다.

이성계가 조선을 창업하고 경복궁 서쪽에 세운 사직단에도 사단社壇과 직단稷壇이 있다. 단에는 석주를 각기 세워 후토씨后土氏와 후직씨后稷氏를 배향하였다. 우리는 사직이 중국문화를 본뜬 것으로 이해하고 있지만,

---

17) 하신 지음, 홍희 옮김, 『신의 기원』, 동문선, 1990, 172쪽.

위에서 살펴본 바와 같이 사직의 사신인 후토
는 바로 공공의 아들이다. 따라서 사직단은 우
리 조상들이 중원에 남겨놓은 문화를 후대에
다시 역수입한 셈이다.

[도판 14] 옥구룡, 주나라

구룡은 [도판 14]에서 보듯이 태양을 사리
고 있는 용(구렁이)이다. 구勾는 상형문자에서
본래 해와 뱀의 복합으로 이루어진 글자이다.[18] 구룡은 바로 태양의 정기
를 머금은 존재이다. 그는 원래 뱀이었다. 공공은 원래 인면사신이었기 때
문에 그의 아들인 구룡은 당연히 뱀이다. 그러나 시간이 지나면서 중국문
화사에서 용으로 바뀐 것이다. 뱀이 용으로 바뀐 것은 인문의식의 발달에
서 찾을 수 있다. 인간의 의식이 발전하자 뱀이라는 구체물을 자신들이 조
상이나 우주 생명에너지의 근본으로 인정하기가 불편했던 것이다. 그래서
상상의 동물인 용을 창안하고 그것에 이전에 뱀이 가지고 있던 상징을 부
여했다.

태양의 에너지를 상징하는 뱀은 지하신의 아들

자, 이제 다시 남근석으로 돌아가서 이야기를 풀어보자. 인류는 자신들
이 성적 교접을 통해 아이가 태어난다는 사실을 인지한 후 세계도 남신과
여신의 결합으로 탄생했을 것이라고 생각했다. 그러한 관점에서 세계를 창
조하는 에너지의 원천 중 하나로 남신의 남근을 상정하게 되었는데, 그때
남신의 남근에 해당하는 상징동물이 바로 뱀이었다.

---

18) 왕대유 지음, 임동석 옮김, 『용봉문화원류』, 동문선, 1994, 203쪽.

그렇다면 토지신인 후토가 어째서 뱀과 태양이 결합된 존재로 상정되었을까 궁금할 것이다. 그것은 신석기 초기 주민들의 자연에 대한 이해와 관련 있다. 그들에게 뱀과 태양은 지하신에 속한 것들이었다. 지금이야 태양이 하늘에 떠 있는 항성이라는 사실을 모두 알고 있지만, 당시 사람들은 아침이면 지평선에서 떠올라 저녁이면 서쪽 지평선으로 사라지는 태양을 보고 태양은 지하에서 떠오른다고 생각했다. 실제로 에벤키 등 북방민족은 뱀을 태양의 상징으로 여긴다. 에벤키 신화에 등장하는 뱀의 영혼 세벤키Sevenki는 샤먼의 화신이기도 하다.[19]

그런 관점에서 지하신에 속하는 태양과 뱀은 모든 생명력의 원천이었다. 태양의 햇살이 대지여신의 자궁에 쏟아지면 거기에서 생명의 싹이 솟아난다. 그 햇살은 바로 뱀으로 표상되었다. 우리말 화살이 그렇듯이 '삼각형의 머리를 가진 긴 물체'인 뱀은 햇살의 상징으로 차용되었다. 그 지하신의 아들이 대지에서 꿈틀꿈틀 솟아나는 모습을 상상해보라. 모든 생명이 움트는 모습이 시적으로 그려질 것이다. 그 뱀이 바로 사람을 포함한 모든 생명의 영靈이다.

뱀으로 상징된 지하세계의 생명력, 그것을 표상한 것이 바로 남근석이요 선돌이다. 그 선돌은 생명력의 상징이기에 마을에 풍요와 안녕을 제공한다. 풍요는 그 생명력의 변화로 만들어지는 풍성한 곡물이고, 안녕은 그 강한 생명력의 밝은 에너지로 어둡고 습한 기운을 몰아내주기 때문에 얻을 수 있다. 입석이 고인돌과 함께 조성되어 있다는 것에서 우리는 한반도의 남근신앙이 고유의 것이라고 주장할 수 있다. 입석, 즉 선돌과 고인돌

---

19) 김선자, 「홍산문화의 황제 영역설에 대한 비판 – 곰신화를 중심으로」, 이평래 외 지음, 『동북아 곰신화와 중화주의 신화론 비판』, 동북아역사재단, 2009, 201쪽.

의 관계는 여근과 남근의 관계이다. 고인돌이 상징하는 것은 대지의 어머니의 자궁이고 선돌은 대지의 남근인 셈이다.

고깔모자를 쓴 단군과 파라오

필자는 단군이 고깔모자를 썼을 것이라고 주장한 바 있다. 그 이유는 간단하다. 한민족 공동체의 형성에 지대한 영향을 미친 공공족은 유라시아 문명사에서 고깔모자를 쓰는 것을 창안한 집단의 후예일 가능성이 매우 높기 때문이다. 실제로 조선후기에 제작된 '무속 12거리도'를 보아도 단군이 고깔모자를 썼을 개연성이 있다. 제석거리는 단군삼신을 모시는 굿거리인데, 이때 무당은 고깔모자를 쓰고 굿을 한다(도판 15). 다른

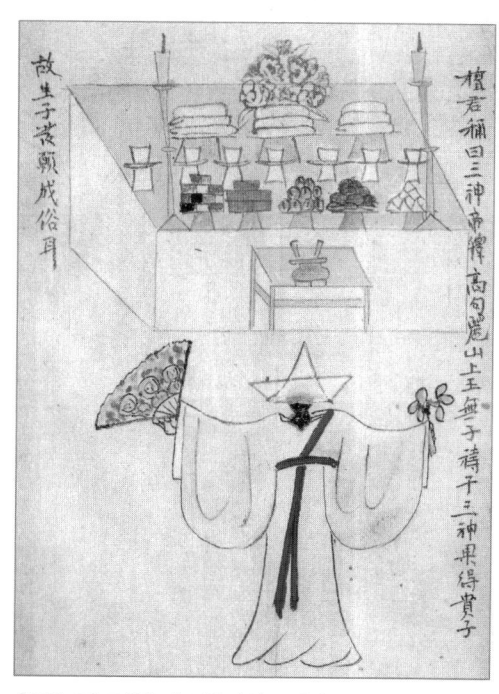

[도판 15] 조선후기 서울지역 12거리 중 제석거리 장면

신령을 모시는 나머지 11개의 거리에서는 무당이 고깔을 쓰지 않는다.[20]

우리나라 무속에서 무당이 고깔모자를 쓰는 것은 그들이 생명의 영인 뱀의 신령을 모시기 때문이다. 그것은 자신들이 모든 생명의 영을 모신다는 뜻이며, 그 생명의 영신들과 소통할 수 있다는 의미이기도 하다. 그렇기

---

20) 서울대학교 규장각 편저, 서대서 해제, 『무당내력』, 민속원, 2005, 33쪽.

때문에 고깔모자는 한민족 정신사의 가장 원형적인 문화유산이다.

[도판 16] 동제의 신체인 남근석의 귀두에 고깔을 씌웠다.

[도판 16]에서 보듯이 동제의 신체인 남근석도 원래는 고깔모자를 쓰고 경배를 받았다. 그것은 그 마을의 토지신인 남근이 원래 뱀으로 표상된 남근이기 때문이다. 세계적인 신화학자 엘리아데를 비롯한 거의 모든 신화학자들이 인정하듯이 고깔모자는 뱀의 삼각형 머리를 표상한다. 따라서 고깔모자를 쓰고 있는 남근은 바로 대지에 스며 있는 생명력을 상징한다.

대지의 생명력이 세상에 모습을 드러낸 상징적인 대표가 바로 단군이다. 공공의 아들 후토가 토지신이 되었듯이, 공공족의 수장과 웅녀가 만나 태어난 단군 역시 토지신이다. 때문에 단군에게도 고깔모자를 쓰는 전통이 전해졌을 것이며, 그 신인神人의 전통을 형식적으로나마 계승한 무당도 고깔모자를 쓰는 것이다. 후삼국의 혼란기에 미륵을 자처한 궁예가 금으로 된 고깔모자를 쓴 데에도 어떤 상징이 숨어 있었을 것이다.

단군의 씨를 받은 사람들

따라서 우리 조상들이 남근처럼 생긴 바위나, 바위로 만든 남근, 선돌 등에 기도를 해서 낳은 자식은 바로 단군할아버지의 씨를 받은 것이나 마찬가지다. 필자가 보기에 우리의 선돌문화는 우리식의 토지신에 대한 경배였으며, 그 선돌이 표상하는 것은 단군이었다.

우리의 단군은 이집트의 왕 파라오와 동일한 상징적 존재이다. 뱀머리와 삼각형, 그리고 상上이집트의 왕관은 일정한 관계가 있다. [도판 17]은 기원전 9세기경에 만들어진 펜던트이다. 이 펜던트를 보면 상이집트의 왕들이 쓰던 고깔형의 왕관을 신성한 뱀인 우레노스가 쓰고 있다. 마치 우리의 남근석이 고깔을 쓴 것과 같다. 이러한 관념이 극단적으로 반영된 단어가 바로 '파라오Pharao'이다. 이집트의 파라오는 남근을 상징하는 신이다. 이는 성기 숭배를 가리키는 '팰리시즘phallicism'의 'phalli'가 '파라오'에서 왔다는 사실에서 알 수 있다.[21] 또한 그리스의 디오니소스는 제우스와 데메테르의 아들인데 그의 상징이 남근인 것도 동일한 의식의 소산이다.[22]

[도판 17] 기원전 9세기에 만들어진 이집트 펜던트

성기 숭배의 또 다른 극단적인 예는 예수의 성기와 관련된 믿음으로도 나타난다. 중세 유럽에서는 최소한 열두 곳의 지방에서 예수가 할례를 받은 후에 남긴, 이른바 '성스런 포피(Holy Prepuce)'에 대한 믿음이 있었다. '성스런 포피를 한눈으로 보면' 임신하지 못하는 어떤 여자도 아이를 낳을 수

---

21) 박용숙, 『지중해 문명과 단군조선』, 집문당, 1996, 108쪽; James Wyly, *The Phallic Quest*, Inner City Books, 1999, p. 28.
22) 아리엘 지음, 골란 지음, 정석배 옮김, 『선사시대가 남긴 세계의 모든 문양』, 푸른역사, 2005, 281쪽.

있다고 믿었다.[23]

　문화사의 관점에서 보면 유라시아의 문명사에 일정한 고리가 있음을 확인할 수 있다. 그것을 과거에는 자생문화로 읽었지만, 이제는 어떤 흐름의 역사에너지가 작동하면서 만들어냈을 가능성도 염두에 두어야 한다.

---

23) 왕일가 지음, 노승현 옮김, 『성과 문명』, 가람기획, 2001, 101쪽.

| 제16장 |

남근을 봉납받는 여신들

애랑이 전설과 남근

강원도 삼척시 원덕읍 신남리에는 제법 유명세를 타고 있는 신당이 하나 있다. 바로 해신당이다. 아름다운 해안 절경을 끼고 있는 신당은 이제 원통하고 외로운 처녀신이 사는 신당이 아니다. 주변엔 건물도 많아졌고, 주차장도 아래위로 갖추었다.

이곳에는 애랑이에게 매년 바치는 남근을 소재로 문화상품화한 테마공원이 조성되었다. 성인 3,000원의 입장료를 받는데도 손님이 줄을 잇는다. 단순한 호기심 너머에는 성에 대한 시대적 의식이 반영되고 있다. 남근조각공원에는 남근조각 경연대회를 통해 제작된 65점의 작품이 야외에 전시되어 있다. 그야말로 남근의 천국이다. 65점의 남근은 나지막한 뒷산을 배경으로 드넓은 태평양을 바라보며 여기저기서 각기 자신들의 힘과 위용을 뽐내고 서 있다. 아직은 이런 모습이 낯선 탓인지 관람자들 대부분 조금은 어색해 한다.

그러면서도 옆을 지나는 80대 할머니마저도 "희한하게 세워서 잘해 놓았네!" 하며 웃으신다. 젊은 연인도 연신 입가에 웃음이 떠나지 않고, 큰 남근 앞에 혹은 그 위에 걸터앉아 사진을 찍으며 재미있어 한다. 시골에서 온 듯한 중년 남자가 "세게 세웠네!"라고 하자 함께 온 남녀 모두 웃음보가 터진다. 좋은 시절 만나 남녀노소가 광장에서 어울려 생명력을 느끼며 즐거워한다.

이곳에 이러한 성의 광장이 열릴 수 있었던 것은 이곳에 전해지는 애잔한 전설 때문이다. 옛날 신남마을에는 애랑이라는 처녀가 살았다고 한다. 그 애랑이에게는 미래를 약속한 덕배라는 총각이 있었다. 어느 봄날 애랑

[도판 1] 남근조각공원의 남근 12지상

이가 마을에서 떨어진 바위섬으로 미역을 따러 간다고 하자 덕배는 떼배로 그녀를 바위섬에 데려다주고 자신은 밭에 나가 일을 했다. 밭일을 하고 있는데 갑자기 바람이 거세게 불었다. 불안한 덕배가 해변으로 달려나왔지만 이미 배를 띄울 수가 없었다. 덕배는 위험에 처한 애랑을 바라볼 수밖에 없었다. 애랑은 바위에서 살려달라고 덕배를 부르다가 높은 파도에 휩쓸려 그만 죽고 말았다.

그 사건이 있는 뒤로는 이곳 바다에서 고기가 잡히지 않았을 뿐더러 배가 뒤집혀 죽는 사람이 끊이질 않았다. 그러던 어느 날 마을 노인의 꿈에 물에 빠져죽은 애랑이 나타났다. 애랑은 자신은 시집도 못 가고 처녀로 죽었기 때문에 너무 억울하니 그 원한을 풀 수 있도록 남근을 깎아서 바치면 고기도 잘 잡히고 사고도 없을 거라고 했다. 그래서 마을사람들은 신당을 짓고 나무로 남근을 만들어 처녀의 원혼을 달랬다(도판 2). 그랬더니

[도판 2] 해신당의 애랑이 영정과 제물로 바쳐진 남근

고기가 전과 같이 잡혔다고 한다. 지금도 음력 정월대보름과 10월의 오일 午日에 제사를 지낸다. 정월대보름 제사는 풍어를 기원하는 제사이고, 10월 오일의 제사는 12지 동물 중에 말의 남근이 제일 크기 때문에 이날을 잡았다고 한다. 큰 물건에 대한 환상은 귀신도 가지고 있는가 보다. 제사를 지낼 때는 당일 낮에 만들어놓은 소나무 남근 3개 또는 5개씩을 짚으로 엮어 올린다. 남근에는 붉은 황토를 칠해서 실물과 같은 피부색을 낸다.[1]

처녀신의 재생산력과 풍어

청춘남녀가 사랑 한 번 못해보고 죽으면 저승에 가지 못한다는 생각은

---

1) 이종철·김종대·황보명, 『性, 숭배와 금기의 문화』, 대원사, 1997, 60~61쪽.

예나 지금이나 비슷하다. 억울하다는 원망이 그러한 귀신을 낳는지도 모른다. 외롭고 고독한 중생이기에 늘 누군가와 하나가 되고 싶은 열망을 버리지 못한다. 귀신 이야기를 보면 우리나라에는 유독 처녀귀신이 많다. 애랑이 전설도 그러한 예 중 하나이다.

익사한 처녀신의 원혼을 달래기 위해 남근을 깎아 바치는 이야기는 강원도 강동면 안인진 2리 해랑당에도 전한다. 신당에 전하는 전설에 따르면, 지금으로부터 약 500여 년 전에 강릉부사가 기생들을 데리고 이곳으로 놀러왔다. 그때 해랑이라는 기생이 나무에 그네를 매고 뛰다가 그만 벼랑 아래 바다로 떨어져 죽었다. 부사는 해랑이의 원혼을 달래주기 위해 사당을 짓고 제사를 지내주게 했다고 한다. 그녀 또한 처녀의 몸으로 횡사를 했으니 원통하지 않았겠는가. 그래서 제사를 지낼 때 해랑이의 한을 풀어주기 위해 소나무로 만든 남근을 제물로 바쳤다. 목제 남근을 바치는 것은 풍어의 효과를 얻기 위한 것이었다.[2]

그런데 이곳에서는 20여 년 전부터 남근을 바치지 않는다. 이유인즉슨 60여 년 전 이천오라는 마을이장 부인에게 해랑이의 신이 씌어서는 김대부라는 신과 결혼을 시켜달라고 했다는 것이다. 그래서 마을에서 두 신을 결혼시켜주었다. 그래도 한동안 옛 방식대로 소나무로 만든 남근을 짚으로 엮어 매달아주다가, 최근에는 남근을 바치지 않는다.[3] 무속에서는 미혼의 젊은 남녀가 죽으면 영혼결혼식을 올려준다. 해랑이가 얼마나 외로웠으면 450여 년이 지난 후에 남자귀신에게 시집을 갔을까? 역시 외로움은 귀신이나 사람이나 마찬가지인가 보다.

---

2) 이종철·김종대·황보명, 『性, 숭배와 금기의 문화』, 대원사, 1997, 58~59쪽.
3) 이종철·김종대·황보명, 『性, 숭배와 금기의 문화』, 대원사, 1997, 59~60쪽.

그런데 위의 두 이야기를 살펴보면 처녀가 바다에 빠져죽었고 그 처녀의 원혼을 달래기 위해 남근을 바치자 고기가 많이 잡혔다고 한다. 남근을 바치는 동기가 처녀귀신의 원한을 달래기 위해서라고 하면서도 정작 중요한 것은 풍어를 기원하는 것이었다. 이야기의 구조는 간단하다. 처녀가 바다에 빠져죽어 그 원혼이 고기잡이를 방해했고, 처녀의 혼을 달래기 위해 남근을 바치니 고기가 많이 잡혔다는 것이다.

대모신 숭배의 전통

이러한 이야기의 이면에는 과거 큰 여신, 즉 대모신에게 남근을 바치던 습속이 숨겨져 있다. 그러한 습속이 강원도 고성군 문암리 망개마을 서낭제에 남아 있다(도판 3). 망개마을에는 수서낭과 암서낭이 있는데, 매년 정월 초 3일에 제를 올린다. 현재는 유교식으로 변형된 제를 올리기 때문에 수서낭 중심으로 제의가 진행된다. 수서낭제가 끝나면 암서낭으로 가 암서낭에게 전날 깎아놓은 남근을 바친다. 반드시 오리나무를 이용해 세 개를 깎는데, 이 남근을 여서낭신의 신체인 바위구멍에 꽂아 구멍이 한 번에 맞으면 풍어가 온다고 믿는다. 한 번에 맞는다는 것은 궁합이 잘 맞는다는 의미이며, 성적 결합이 잘되면 성적 에너지가 배가된다. 따라서 좋은 결과가 생길 것이라고 믿었던 것이다. 제물로 쓰였던 남근은 재물을 불러오고 집안을 태평하게 한다고 믿었다.[4]

그런데 여신에게 남근을 바치는 이러한 전통은 주로 동해안을 중심으로 전해오고 있다. 그러한 행위는 과거 대모신 숭배의 전통을 계승한 것으

---

4) 이종철·김종대·황보명, 『性, 숭배와 금기의 문화』, 대원사, 1997, 54~57쪽.

[도판 3] 문암리 망개마을 별신제 중 암서낭제

로 추정할 수 있다. 앞에서 노고할미와 연결하여 대모신 신앙을 살펴보기도 하였지만, 노고할미 신앙은 바위에 여근을 새겨놓거나 바위 신체에다 풍요와 안녕, 그리고 자식을 기원했다는 점에서 남근을 바치는 신앙의례와는 다르다. 이는 둘 다 대모신을 모시지만 그 문화 전통이 다른 계통임을 의미한다. 왜 그와 같은 다른 전통이 생겼을까? 그것은 한민족의 초기 공동체를 형성한 주민이 여러 갈래이기 때문이다.

그렇다면 동해안을 중심으로 전해오는 대모신 신앙의 뿌리는 어디에서 찾아야 할까? 민속학자들은 동해안 서낭당의 주신은 여신이었을 것이라고 한다.[5] 대모신인 여신에게 남근을 바치는 의례는 현재의 터키 지방에서 발생한 종교에서 가장 극명한 사례를 볼 수 있다. 그런데 필자는 기존에 발표한 책에서 부여족의 핵심 엘리트들의 기원이 이 지역에서 활동하던 '프리기아인'이라는 가설을 제시한 바 있다.[6] 대모신에게 남근을 바치는 행위는 바로 그 프리기아의 종교의례에서 행해지던 풍습이다. 『성性, 숭배와 금기의 문화』에는 우리나라 남근봉납 신앙과 유사한 형태의 신앙으로 대모신 키벨레 숭배를 예로 들고 있다.

우리나라에서 보이는 남근봉납 신앙 형태와 유사한 의식이 서아시아의

---

5) 김인회, 『한국과 중국의 민간신앙』, 보고사, 2002, 63쪽.
6) 정형진, 『부여족의 기원과 이동, 고깔모자를 쓴 단군』, 백산자료원, 2003.

'아티스제'에서도 보인다. 죽음과 부활이 의식 속에 상징적으로 표현된 아티스Attis는 신들의 어머니인 키벨레Cybele, 곧 아시아의 풍요의 위대한 여신에 의해서 사랑을 받는 젊고 아름다운 목동이다. 아티스 의식의 셋째 날은 '피의 날'로 알려져 있다. 종교적 흥분이 최고조에 달하면 그들은 몸에서 생식기를 떼어 여신상에게 바친다. 나중에 절단된 생식기를 소중하게 싸서 흙이나 키벨레에 바쳐진 성전의 지하실에 매장한다. 이러한 의식은 아티스를 소생시키고 또 봄의 햇빛을 받아서 잎과 꽃이 피어나는 자연의 부활을 촉진시키는 것으로 생각했다.[7]

아티스제에서는 남근의 모형물이 아니라 실제로 사제가 자신의 성기를 잘라 키벨레 여신에게 봉납했다. 아마 이러한 의식이 실제로 행해졌다는 것에 대해서 의아해하는 사람들도 있을 것이다. 그러나 그것은 사실이었다. 사람이란 무언가를 진심으로 믿으면 그것이 객관적 사실인지 판단하려 하지 않고 맹목적으로 행동하는 나약한 존재이기도 하다. 불안전하고 불안한 존재이기보다는 맹목적이나마 무언가를 믿어 안정을 찾고 싶은 존재, 그가 인간인가! 간혹 어떤 수행자는 욕망에 이끌리는 것이 싫어 자신의 성기를 절단하기도 한다.

로마시대에도 여신에게 남근을 바쳤다

아티스제는 프리기아에서 발생했지만, 로마로 전파되었으며 그곳에서도 성행했다. 로마제국 시대에도 대모신 키벨레에게 제사 지내는 남성 사

---

7) 이종철·김종대·황보명, 『性, 숭배와 금기의 문화』, 대원사, 1997, 165쪽.

제는 여전히 자신의 남근을 잘라 대모신의 신전에 바쳐야만 했다(도판 4, 로마시대 조각).[8]

터키 지방에서 이러한 의례가 발생할 수 있었던 싹은 이미 터키 중부의 아나톨리아 지방의 신석기문화에 배태되고 있었다. 1960년대 발굴된 이 일대의 신석기 유적지에는 여신에게 제사 지내던 신전이 있었다. 그 신전에서 크기와 형태가 다른 조각된 남근이 많이 발견되었다. 남근봉납 의례가 초기 농경사회에 이미 성행하고 있었음을 보여주는 자료이다. 이에 대해 호키스J. Hawkes는 『신의 여명

[도판 4] 대모신 키벨레와 그의 애인 아티스

(Dawn of The Gods)』이라는 책에서 "이러한 남성의 상징이 여신의 신전에 가득 차 있었던 까닭은 그것이 여신을 기쁘게 하기 위해 바쳐진 것"이라고 지적했다.[9] 동일한 지역에서 후대에 발생한 대모신인 키벨레 여신 또한 사제들의 실제 남근을 봉납받아 즐거움을 느꼈다. 모든 생명의 어머니 여신께서 잔인하기도 하시지!

아티스제는 성적 결합에 의해서 생명이 태어나고 식물이 부활한다는 관념을 반영하고 있다. 목신인 아티스의 피(정액)가 대지의 여신이자 대모

---

8) 왕일가 지음, 노승현 옮김, 『성과 문명』, 가람기획, 2001, 158쪽.
9) 왕일가 지음, 노승현 옮김, 『성과 문명』, 가람기획, 2001, 158쪽.

[도판 5] 대전 괴정동 출토 청동의기. 나체로 밭을 갈고 있다.

신인 키벨레의 자궁에 뿌려지면 모든 생명이 부활하는 것이다. 그 순환의 리듬 한가운데는 영원히 낳기만 하고 죽지 않는 대모신이 있으며, 태어나면 숙명적으로 죽었다가 부활해야만 하는 아티스, 즉 태어난 자들의 숙명이 있다.

그러한 관념이 농경작업이나 어로작업에 반영되어 다산, 풍요 및 풍어를 기원하는 생산주술이 생겨났다. 곧 여성과 경작지의 동일시, 남근과 쟁기의 동일시, 농경작업과 생식행위의 동일시가 그것이다.[10] 그러한 의식을 반영한 청동기가 대전지역에서 발견되었다(도판 5). 경작지인 여신의 몸에 벌거벗은 사제가 쟁기로 밭을 갈고 있다. 성적인 유감주술로 풍년을 기원하고 있다.

조선시대 남근을 모시던 부근당

다시 이야기의 초점을 우리 문화로 돌려보자. 우리에게는 남근을 소중히 모시는 전통이 있었다. 그것도 관아에서 공식·비공식으로 말이다. 조선시대의 관아에는 부근당(부군·부군당)이 있었는데, 이곳에 남근을 바치며 제사를 올렸다.

과연 이 부근당에 모시는 남근의 성격은 어떤 것이었을까? 그것이 동

---

10) 이종철·김종대·황보명, 『性, 숭배와 금기의 문화』, 대원사, 1997, 171쪽.

해의 해신당이나 해랑당, 망개마을 암서낭에게 바치는 남근과 같은 성격일까? 사실 이러한 질문에 대답하기 위해서는 우리 문화의 형성 배경에 대한 깊은 지식이 필요하다. 우리 문화는 다양한 문화들이 유라시아 대륙에서 흘러들어와 하나의 복합문화를 이룬 것이 특징이다. 물론 남방에서 들어온 해양문화도 섞여 있다.

민속학자 주강현은 그것의 성격이 동일하다고 보았다. 그는 여신에게 남근을 올리는 신앙은 조선시대에도 있었다고 하면서, 조선후기 이규경李圭景의 『오주연문장전산고五洲衍文長箋散稿』에 나오는 부근당을 그 근거를 들었다. 이규경은 책에서 "부근이라 함은 네 벽마다 나무로 만든 많은 남근을 걸어놓은 것을 말함이니 음탕하기 이를 데 없다"고 하였다. 이를 주강현은 현재 경희대박물관의 무속실에 있는 원효로 부근신이 여신인 것과 연결하여 동해의 해랑당이나 해신당처럼 부근당에 남근을 깎아서 여신에게 바쳤던 것으로 이해했다.[11]

[도판 6] 1933년경 부근당의 남근과 집신

이러한 관점은 이능화의 『조선무속고朝鮮巫俗考』에도 보인다. 이능화는 "서울의 부군당에는 송각씨(혹은 손각씨)를 모셨기 때문에 목경물木莖物을 많이 매달아놓아 지나치게 음란하다"고 했다. 여기서 목경물은 남근을 말하며, 여신을 모셨기 때문이라고 한 것으로 보아 여신에게 봉납한 것으로 이해할 수 있다.

이들의 주장처럼 부근당에 모셨던 남근이 여신에게 바쳐진 것일까? 여

---

11) 주강현, 『우리 문화의 수수께끼』, 한겨레출판사, 1996, 31~32쪽.

신에게 바쳐졌다고 하기에는 의문점이 많다. 우선 그 명칭을 살펴보자. 『성, 숭배와 금기의 문화』라는 책에서 저자는 '부근'이라는 명칭은 부군付君(府君), 부군당府君堂으로 달리 기록되어 있으나 남성 성기인 남근과 같은 의미로 파악된다고 했다.[12] 부근당이 남근과 같은 의미로 사용되었다면 부근당의 본래의 신은 남성 혹은 남근 그 자체였을 것이다. 또한 이규경의 『오주연문장전산고』에서, "옥은 말하길 부근이란 관사의 뿌리로서 목경을 거는 뜻은 사람의 뿌리가 신경腎莖이기에 그에 따른 것이라고도 한다"고 적고 있다.[13] 이 대목에 주목하고 보면 부근신은 원래 터신, 즉 토지신이었음을 알 수 있다.

부근은 우리 고유의 터주신

이와 비슷한 주장을 하는 민속학자가 있다. 『성, 숭배와 금기의 문화』에서 저자는 "사신社神은 토지신을 말하며 직신稷神은 오곡신을 말하는 것이기에 농경문화의 시작에서부터 사직신 숭배는 있었고 이러한 사직신 숭배에 부근 습속이 끼어들었다"고 했다.[14] 필자는 그러한 지적이 상당히 일리가 있다고 본다.

부근이 토지신이었음은 『조선왕조실록』 「중종 12년」(1517년)조에 실린 내용으로도 짐작할 수 있다. "우리나라 각사各司 안에 모두 신을 설치하여 제사하는 풍습이 있는데 부근이라 하였으며 행해온 지 이미 오래이므로

---

12) 이종철·김종대·황보명, 『性, 숭배와 금기의 문화』, 대원사, 1997, 47쪽.
13) 이종철·김종대·황보명, 『性, 숭배와 금기의 문화』, 대원사, 1997, 48쪽.
14) 이종철·김종대·황보명, 『性, 숭배와 금기의 문화』, 대원사, 1997, 47쪽.

능히 혁파하는 자가 없었다."15) 여기에는 분명히 신을 설치하여 제사하는 풍습이라고 하였다. 즉 신인 남근이 제사를 받는 대상물이었던 것이다.

어쩌면 중국문화를 수입해서 세운 조정의 사직단 말고 또 다른 맥으로 이어져온 사직신 숭배, 그러니까 우리 고유의 사직신 숭배가 바로 부근당 제사였을 것이다. 부근당이 원래 터주신으로 출발했음을 보여주는 단서를 이수광의 『지봉유설』에서도 찾을 수 있다. 그는 책에서, "지금 풍속에 아문(관아를 이름)에 기도하고 제사 지내는 곳이 있는데 이것을 부근이라고 하며, 새로 부임하는 관리는 반드시 여기에 제사를 지내어 복을 빈다고 한다. 이것은 대개 무당이나 박수 같은 온당치 못한 데서 나온 일들이다"라고 했다.16)

여기서 이수광의 관념을 유교의 눈이 아니라 우리 고유의 눈으로 뒤집어보면 부근의 진실을 짐작할 수 있다. 이수광은 "부근은 새로 부임하는 관리가 반드시 제를 올리고 복을 비는 곳"이라 했다. 이는 그곳이 새로 부임한 관아와 그 관아가 관할하는 공간의 주인 격인 신이 모셔졌다는 것을 의미한다. 또한 그는 그것이 무속과 관련 있는 전통이라고 했다. 이는 부근에 제사하는 습속이 우리 고유의 믿음 체계와 관련된다는 의미이다. 따라서 필자는 부근당은 우리식의 사직신 전통, 즉 터주신을 모시던 곳으로 이해한다.

필자의 이러한 견해는 민속학자인 정종수의 견해와도 일치한다. 그는 조선시대에는 중앙과 지방 관아에서 지신과 곡신에게 드리는 사직제를 지냈다고 하면서, 이때 신물로 남근을 깎아 붉은 칠을 하고 푸른 글씨를 써

---

15) 이종철·김종대·황보명, 『性, 숭배와 금기의 문화』, 대원사, 1997, 47쪽.
16) 이종철, 『한국의 성 숭배문화』, 민속원, 2003, 87쪽.

서 당 안에 걸던 것을 부근이라 한다고 했다.[17] 원래 부근은 여성신에게 바치던 것이 아니었다.

이렇게 보면 부근당은 우리식의 터주신 신앙이 무속의 전통으로 계승되어 오던 습속이었으나, 조선후기로 오면서 변질되어 여성신에게 남근을 바치는 것으로 왜곡되었던 것으로 추정할 수 있다. 따라서 부근당 제사와, 동해안을 중심으로 행해졌던 여신에게 남근을 바치는 제사는 다른 계열의 문화전통으로 이해해야 한다.

국동대혈의 수혈신은 지신이다

그렇다면 부근신을 모시던 전통은 어디에서 연유한 것일까? 그 연결고리를 고구려의 남근 숭배 전통에서 찾을 수 있다. 남근신앙의 흔적이 고구려 관련 문헌에 나온다. 『삼국지』「위지동이전·고구려조」는 "그 나라 동쪽에는 큰 굴이 있으니 수혈이라 일컫는다. 10월이 되면 온 나라 사람들이 모여 수신隧神을 맞아 나라 동쪽으로 와서 제사를 지낸다. 이때 나무로 만든 수신을 신좌 위에 놓는다"고 기록하고 있다. 이와 비슷한 이야기는 『후한서』「동이열전·고구려조」에도 나온다.

민속학자들은 여기에 보이는 수신을 목제 남근으로 보면서, 그것이 고구려인의 성기 숭배의 한 단면을 보여준다고 한다.[18] 그러면서 고구려의 수혈신 제의가 강원도지역에 나타나는 성기봉납 제의와 동일한 뿌리를 가졌을 것으로 추정한다.

---

17) 정종수, 『사람의 한평생』, 학고재, 2008, 25쪽.
18) 이종철·김종대·황보명, 『性, 숭배와 금기의 문화』, 대원사, 1997, 37쪽.

그러나 앞에서 설명했듯이 강원도지역의 성기봉납 제의는 대모신에게 성기를 바치던 문화와 맥을 같이하고 고구려의 성기 숭배는 다른 문화전통을 가진 것으로 이해해야 한다. 고구려의 그것은 우리의 업신문화와 관련 있다. 고구려의 수신제는 10월에 열리는 행사로 추수감사제의 성격을 가지고 있다. 추수감사제의 제의 대상으로 가장 적합한 것이 곡령의 신인 업신이다. 앞 장에서 업신은 생산작업의 신이고 재물의 신이라고 했다. 업신은 곡물의 신인데, 햇곡을 담아서 모시는 단지를 '부루단지' 혹은 '업주가리'라고 한다. 부루단지라는 명칭은 단군의 아들 부루에서 유래한다.[19] 그가 농사의 풍요를 가져다주었기 때문이다. 이 업신은 중국문화사의 직稷신에 해당한다.

[도판 7] 공공족의 족휘

고조선의 문화를 계승한 고구려의 수신은 대지의 어머니 자궁에 생명에너지를 불어넣는 역할을 한다. 이때 수신이 머무는 수혈은 대모신의 자궁이다. 고구려의 수신은 어디에 그 뿌리를 두고 있을까? 그것은 단군의 아버지 환웅, 즉 공공족이 가지고 있던 자연계의 생명 순환관과 관련 있다.

고조선문화에서 중요한 역할을 했을 공공족의 의식에서 뱀은 생명의 빛이자 에너지이다. 뱀은 태양에너지가 변화된 상징동물이고, 곡식의 영이자 생명의 영이며, 지하의 신이다. 공공족은 우주목을 중심으로 태양과 뱀의 생명에너지가 작동한다고 생각했다(도판 7).

공공족의 이러한 의식이 북방민족의 의식에 남아 있다. 북방민족은 뱀을 태양의 상징으로 여긴다. 만주족은 뱀을 태양과 태양 빛의 상징으로 생각하며 햇빛이 지상으로 내려오면 그 햇살 하나하나가 땅속으로 들어가

---

19) 서울대학교 규장각 편저, 서대석 해제, 『무당내력』, 민속원, 2005, 11쪽.

[도판 8] 일본 신사에서 남근을 신좌에 앉히고 거리 행진을 하고 있다.

뱀이 된다고 여겼다.[20] 만주족은 필자가 제시한 단군숙신족 계열이다.

따라서 고구려의 수혈에 모셔졌던 수신은 바로 태양에너지의 변화신으로서의 뱀을 남근으로 상징화한 것이다. 이때 남근은 여신에게 봉납하는 의미보다는 곡령으로서의 의미가 강하다. 그가 대지의 자궁에 들어가 곡식을 잉태시키기 때문이다. 따라서 풍성한 곡식이 있게 한 그에게 10월에 감사제를 올렸던 것이다.

고구려의 수신제 모습은 일본 신사에서 행하는 풍년제에서 찾아볼 수 있다. 일본에서는 나무로 커다랗게 만든 성기를 신사에 봉안하고, 제의를 올리는 곳이 여러 군데 있다. 아이치현(愛知縣)에 있는 다가타신사(田縣神社)에서 매년 3월 15일에 행하는 풍년제豊年祭에는 직경 60센티미터, 길이 2미터 정도 되는 통나무로 깎은 남근을 여럿이 둘러메고 거리를 돌고 난 뒤에 신전에 봉안하고 풍년을 기원하는 제의를 올린다. 제의의 목적은 풍농, 가업 번영, 자손 번성 등이다(도판 8).

---

20) 김선자, 「홍산문화의 황제 영역설에 대한 비판 – 곰신화를 중심으로」, 이평래 외 지음, 『동북아 곰신화와 중화주의 신화론 비판』, 동북아역사재단, 2009, 201~202쪽.

372 바람 타고 흐른 고대문화의 비밀

남근봉납은 소아시아의 습속이 유입된 것

지금까지 살펴본 내용을 정리해보자. 동해안지방에는 여신에게 남근을 봉납하는 전통이 전해 내려오고 있다. 이러한 전통은 전국적인 현상이 아니라 동해안지역에 국한된다. 이는 동해안을 타고 내려온 남근봉납 전통이 있기 때문일 것인데, 그러한 전통은 초원을 타고 동으로 이동한 소아시아의 전통이 아닌가 한다. 필자는 부여족의 핵심이 소아시아의 프리기아에서 망명해온 사람들이라는 가설을 발표했는데, 소아시아에서는 초기 신석기시대부터 대모신에게 남근을 바치는 문화가 있었다. 그것이 프리기아의 대모신 키벨레에게 그의 사제들이 진짜 성기를 바치는 풍습으로 발전했고, 이 풍습은 서쪽으로 들어가 로마에서도 성행했다. 그 한 가닥이 동으로 이동한 프리기아인들에 의해 혹은 동으로 이동한 문화 전파에 의해 한반도 동해안까지 전파되었을 가능성이 있다.

하지만 조선후기의 부근당 여신에게 바친 남근은 다른 문화전통을 갖는다. 그것은 고조선에서 고구려를 통해 한반도로 들어온 터주신 신앙과 관련 있다. 뿐만 아니라 조선후기의 부근당 풍습은 그 본래의 전통이 왜곡된 것이다. 부근당의 남근은 본래 그 관아와 관아가 관리하는 지역을 관장하는 터주신이었다. 그 터주신은 고구려의 수신과 맥이 닿는 신으로 남근으로 상징화된 구렁이가 그 본래의 신체였다. 따라서 부근당 제사와 동해안을 중심으로 행해졌던 여신에게 남근을 바치는 제사는 다른 계열의 문화전통으로 이해해야 한다.

| 제17장 |
조상들은 왜 피리에 13개의 구멍을 뚫었을까?

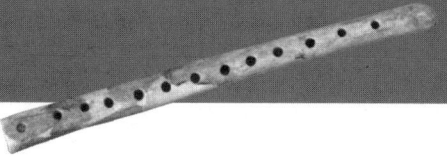

보현사 13층 석탑

추석이면 전국은 고향을 찾는 사람들로 북적인다. 귀향길의 어려움도 감수하고 사람들을 고향으로 이끄는 힘은 어디에서 오는 것일까? 단순한 전통에서 비롯된 것일까? 가을 상달에 조상에게 차례를 올리는 것은 우리의 오랜 전통이다. 특히 농경사회에서 추수감사제 성격의 제례는 중요한 연중행사다. 우리의 추석은 오곡이 풍성하게 무르익는 음력 8월 보름이다. 정월대보름이 농사를 준비하는 기준이라면, 추석은 추수하는 시기의 기준이다. 왜 하필 보름이 기준일까? 고대사회에서 달이 시간의 기준이었기 때문이라고 간단하게 답할 수도 있다.

그러나 보름을 그 시간의 중요한 분기점으로 삼은 데는 다른 이유도 있었다. 보름달은 인간의 감성을 움직이는 힘이 있다. 보름달은 인간에게 무언가 풍성함과 원만한 감정, 행복한 감정을 일으킨다. 그러한 느낌이 나는 날을 축제의 날로 삼으려는 심리적인 동기가 있었을 것이다. 인류는 달에게서 많은 것을 배우고 느꼈다. 달이 인류의 정신사에 미친 영향은 매우 크다. 세계적인 신화학자인 조지프 캠벨은 달이 인간에 준 영향에 대해서 다음과 같이 정리했다.

밤하늘은 인류에게 경이로움과 놀라운 감정의 원천을 제공해왔다. 실제로 달은 지구와 그 위의 생명체들, 그리고 조수와 인간 내부의 조수에 물리적 영향력을 행사하고 있다. 인류는 오랜 세월 동안 이 사실을 잠재의식으로 경험해왔을 뿐만 아니라 의식적으로도 인지해왔다. 여성의 생리 주기와 달의 주기의 일치는 인간의 삶을 구조화하는 물리적 현실이며, 경이로

[도판 1] 원각사지 10층 석탑

[도판 2] 묘향산 보현사 8각 13층탑

움을 불러일으키면서 관찰되어온 신비한 현상이다. 천체의 세계와 인간의 세계 사이에 삶을 구조화하는 어떤 관계가 있다고 하는 기본적인 관념은 달의 주기가 지닌 힘을 깨달으면서 시작되었을 것이다. 달은 은빛 접시다. 그 접시는 자신을 향해 울부짖는 개와 늑대, 여우, 자칼과 코요테에 대하여 어떠한 영향력을 행사한다고 여겼다. 이러한 이유로 달은 신화를 형성하는 데 있어서 태양보다 더 강력한 역할을 해왔다.[1]

달은 우리 민속신앙에서 그렇듯이, 지구상의 인류에게 '생생력生生力의 상징'의 원형이자 원점이다. 달은 대지모의 어머니이고 대모(Great Mother)의 어머니이다. 인류는 영생도 풍요도 달에 걸어서 빌고 또 빌어왔다.[2]

그러한 달과의 관계 속에서 태어난 인류의 문화유산으로는 어떤 것이 있을까? 그러한 문화유산은 상당히 많다. 우선 석탑을 들 수 있다. 원각사지나 경천사지 10층탑과 같은 예외가 있기는 하지만, 우리나라 탑은 기본

---

1) 조지프 캠벨 지음, 다이앤 K. 오스본 엮음, 박중서 옮김, 『신화와 인생』, 갈라파고스, 2009, 407쪽.
2) 김열규, 『기호로 읽는 한국문화』, 서강대학교출판부, 2008, 277쪽.

[도판 3] 안강읍 옥산리 정혜사지 13층 석탑

적으로 3·5·7·9·13층의 홀수 탑이 주를 이룬다. 그런데 10층탑도 자세히 관찰해보면 3층에다 7층을 쌓은 형태라는 것을 쉽게 알 수 있다(도판 1). 우리 전통의 수리인 3·7 개념이 반영된 탑이다.

 탑의 층수가 각각인 것에도 다 이유가 있다. 탑의 층수와 그 상징에 대해서 관심을 갖는 사람은 그리 많지 않다. 탑에는 유라시아 문명을 일구어 온 사람들의 수와 상징들이 숨어 있다. 이 중 13층탑은 달의 변화수와 관련 있다. 13층탑은 우리나라에 2기가 현존한다. 하나는 경북 경주시 안강읍 옥산리 정혜사지 13층 석탑이다(도판 3). 이 탑은 통일신라 시대인 9세기경에 만들어졌으며, 국보 제40호로 지정되었다. 통일신라 시기의 13층탑으로 망덕사 동서 쌍탑이 13층이었다고 하나 지금은 사라졌다. 또 하나는 북한 묘향산 보현사에 있는 13층 석탑이다(도판 2). 이 탑은 3단으로 된 댓돌과 연

[도판 4] 중국 요녕성 조양 시내에 있는 13층 전탑

꽃 대좌형 기단 위에 13층을 쌓았다.

학자들은 13층탑이 중국적인 탑이라고 한다. 실제로 『동경통지東京通志』에는 정혜사지 창건에 중국인이 관여한 것으로 기록되어 있다. 『삼국사기』에 의하면 13층탑이 있었던 망덕사도 중국 황실의 안녕을 위해 지은 절이었다고 한다.3) 당시 중국의 전탑은 13층이 주류를 이루었다.4) 그러나 우리나라의 13층 석탑의 형태나 구조는 독자적이다.5) 13수가 중국에서 고대부터 널리 쓰였던 것은 사실이다. 그러나 뒤에서 살펴보겠지만 13수를 성수로 생각한 것은 중원문화와 다른 우리 문화이기도 했다는 점을 알아야 한다.

중국의 13층 전탑이든, 한국의 13층 석탑이든, 일본 나라현의 단잔진자談山神社에 남아 있는 13층 목탑이든, 부처님의 사리나 불경을 모시는 탑의 구조를 13층으로 한 것은 달의 변화수를 반영한 것이 분명하다. 달의 탄생과 죽음, 그리고 부활은 불교 교리인 무상·윤회와도 잘 부합한다. 13층탑이 조성된 배경이다. 물론 13층탑이 세워진 배경을 중국문화사에 보이는 13중천重天 개념과 연결할 수도 있다. 중국인들은 13층 하늘에는

---

3) 강우방·신용철, 『탑』, 솔, 2003, 184쪽.
4) 강우방·신용철, 『탑』, 솔, 2003, 184쪽.
5) 강우방·신용철, 『탑』, 솔, 2003, 185쪽.

천제가 거처한다고 믿었다.[6] 그렇다 해도 그 13중천이라는 개념이 나온 배경은 달의 변화수임에는 틀림없다.

13일의 금요일

기독교를 믿는 서양사람들은 13일의 금요일을 상당히 불길한 날로 여긴다. 특정한 숫자를 좋아하거나 싫어하는 것은 동양이나 서양이나 마찬가지이다. 숫자에 마력이 있다고 보기 때문이다. 서양에서 13이 불길하다는 미신이 생긴 배경은 예수의 최후의 만찬과 관련되었다는 설이 가장 유력하다. 예수는 십자가에 못 박혀 죽기 전날, 열두 제자와 만찬을 함께하며, 유다의 배신을 모두에게 일러주었다. 이때 모인 사람의 수가 예수를 포함한 13명이다. 또한 예수가 죽은 날이 금요일이라는 설이 있다. 그래서 13이라는 숫자와 금요일이 겹치면 불행과 저주가 일어난다는 미신이 생겨났다. 오늘날에도 서양에서는 13명이 함께 식사를 하면 그해 안에 한 명이 죽는다는 미신이 있다.

동양에서 4가 죽을 사死를 연상시킨다고 해서 꺼리듯이 서양에서도 13을 꺼린다. 그래서 대부분의 병원에는 13호실이 없으며, 고층 빌딩과 엘리베이터에도 13층 표시가 없는 곳이 많다. 우리가 4자에 대해서 느끼는 감정을 그들도 느끼기 때문이다. 〈13일의 금요일〉이라는 공포영화는 서양인들이 가지고 있는 그러한 심리적 공포를 자극하기 위해 만든 영화이다. 이러한 13일의 금요일 미신이 서양에서는 현재에도 흥밋거리이다. 영국 BBC 방송 등 외신에 따르면 13일의 금요일, 13시 13분에 영국의 13세 소년이 벼

---

[6] 왕대유 지음, 임동석 옮김, 『용봉문화원류』, 동문선, 1994, 444쪽.

[도판 5] 로셀의 여신

락을 맞은 사건이 화젯거리가 되었다. 서양에서 불길하다고 여겨지는 숫자 13이 여러 번 겹쳤는데도 다행히 이 소년은 큰 부상 없이 목숨을 건졌기 때문이다.[7]

그러나 예수 이전에도 13이라는 숫자는 인류문화사에서 매우 의미 있는 숫자였으며 많은 고대 문물에 13이라는 수가 배어 있다. 달의 변화수인 13은 이미 구석기 시대 유물에 나타난다. 구석기시대에 살던 인류는 달이 자랐다가 이지러지고, 그것이 반복되는 것에서 창조의 원리를 생각해냈다. 즉 그들은 달의 변화에서 생명의 변화를 읽었다. 식물이나 동물들이 달의 변화와 마찬가지로 태어났다가 죽고 다시 태어난다고 생각했다. 부활이나 윤회의 의식이 이미 구석기시대에 어렴풋이 싹트고 있었다. 구석기인들은 이미 달을 순환적 시간의 리듬을 상징하는 것으로, 달이 우주적 생산에 관여하는 것으로 생각했다. 구석기인들이 생각해낸 대모신은 바로 그런 달의 원리를 체현하고 있었다.[8]

그들이 대모신을 달과 연관 지어 생각했음은 '로셀의 여신'으로 알 수 있다(도판 5). 이 조각상은 프랑스 남부 도르도뉴Dordogne에 있는 로셀의 바위 은신처에서 발굴되었다. 대모신은 오른손에 달을 상징하는 들소의 뿔을 들고 있다. 자세히 보면 뿔에 달이 차오르는 13일을 나타내는 13개의

---

7) 「'13일의 금요일' 13시 13분에 벼락맞은 英 13세 소년」, 『조선일보』, 2010년 8월 15일.
8) 진 쿠퍼 지음, 이윤기 옮김, 『세계문화 상징사전』, 까치, 1996, 218쪽.

금이 그어져 있음을 알 수 있다. 달은 초승달에서 보름달까지 13일간 조금씩 커진다. 또한 왼손으로는 부풀어오른 자신의 아랫배를 가리키고 있다.

로셀의 여신상에서 우리는 그들이 이미 달이 차오르는 변화와 여성 자궁의 임신 사이에 밀접한 관계를 의식하고 있었음을 짐작할 수 있다. 프랑스 남부에 살던 구석기인들은 달이 여성의 출산과 관련된 월경과 밀접한 관계가 있다고 생각했음이 분명하다.

이와 같이 구석기시대부터 인류는 여성과 달, 그리고 생명의 번식이 밀접한 관계가 있다고 인식했다. 따라서 달의 변화수인 13은 대모신의 생산력과 관련된 숫자이기도 하다. 신범순 교수는 "수의 역사에서 13은 무엇보다 선사시대 이후 여성의 신성한 생명력의 리듬을 대표하는 숫자였으며, 남성 중심의 체계가 들어서면서 그 이후 억압된 숫자였다"고까지 설명한다.[9]

몽골의 13오보

달이 차오르고 이지러지는 13수와 관련된 유적 유물은 세계적으로 나타난다. 우리와 문화적으로 친연관계에 있는 몽골인들도 13수에 대해 인식하고 그것을 종교시설물에 반영했다. 몽골의 서부지역에 많이 보이는 13오보가 그것이다. 몽골의 오보는 단순히 이정표나 경계표의 구실을 수행하는 오보와 신앙대상으로서의 위치를 점하는 경우가 있다. 우리의 서낭당과 비슷하다.

신앙대상으로서의 오보에 대해서 청대의 문헌은, "오보는 토지와 주민을 보호하는 신령이나 땅과 물에 사는 용들의 거주지 및 그들에게 제사

---

[9] 신범순, 『이상의 무한정원 삼차각 나비』, 현암사, 2007, 117쪽.

지내는 장소로 건설된 것이다"라고 했다. 몽골의 오보는 독립 오보, 5개의 오보, 13개의 오보, 군락 오보 등 그 형태는 다양하다. 그런 몽골의 오보 중 13오보는 중요한 제사 장소나 사원 주변에 많이 세워진다. 따라서 이 오보의 숫자를 13에 맞춘 것에는 이유가 있었을 것이다. 13오보는 주로 초원지대에 세워졌으며, 중심적인 오보를 중심으로 주변의 작은 오보가 양 옆이나 십자형으로 늘어서 있다.[10]

몽골인들은 왜 13오보를 만들었을까? 몽골학자들도 그 수리적 기원에 대해서는 깊이 연구하지 않은 것 같다. 몽골 헙스걸 아이막 바인주르흐 솜에서 동북부로 100여 킬로미터 떨어진 올랑올 솜에 있는 얼린 다와에 13오보가 있다. 이 오보가 세워진 이유를 학자들은 세 가지로 요약한다. 하나는 이 지역에 있는 13개의 몽골부족의 단합과 통합을 염원하는 뜻에서 세웠다는 것이고, 둘은 온 누리를 상징하는 팔방八方과 하늘세계, 그리고 땅의 세계를 상징하는 숫자로 10을 얻고, 시왕세계에 존재하는 삼라만상이 과거와 현재 및 미래를 거쳐 평안하라는 뜻으로 3을 더해 13오보를 세웠다는 것이다. 나머지 해석은 주 오보를 중심으로 좌우에 일렬로 시위한 12오보는 12간지를 뜻한다는 것이다.[11]

이들이 제시한 답은 단순한 숫자이거나 불교적이거나 중국문화의 영향을 받은 해석이다. 그러나 몽골인들이 13수를 성수로 생각한 배경의 뿌리는 다른 곳에 있을 가능성이 높다. 그것은 오랜 전통을 가진 시베리아 샤머니즘과 관련된 수로 보아야 한다. 몽골의 소수민족의 하나인 브리야트족 무당들은 신이 내린 뒤에 스승 무당에게 굿을 배우면서 13번의 '차나르

---

10) 박원길, 『유라시아 초원제국의 역사와 민속』, 민속원, 2001, 262~265쪽.
11) 장장식, 『몽골민속기행』, 자우출판, 2002, 114~116쪽.

굿' 의식을 치른다. 이 굿은 보통 사나흘 걸리는 큰 굿으로 13번의 차나르를 무사히 마쳐야만 큰무당이 될 수 있다.[12]

왜 13번의 굿을 해야 큰무당이 될 수 있었을까? 그것은 달의 변화수와 관련 있다. 달은 빛이 사라진 3일 동안 저승세계를 여행하고 다시 떠올라 13일의 변화를 겪으며 보름달이 된다. 달이 13번 변해서

[도판 6] 원나라의 수도였던 내몽골 상도유적지의 13오보

보름달이 되듯이 신입무당도 13회의 차나르를 통해 큰무당이 된다고 생각한 것이다. 달은 생명의 탄생과 죽음 그리고 부활을 관장한다. 13오보의 신앙대상 또한 달과 관련 있다. 앞에서 제시한 청대의 문헌에서 13오보의 핵심 신앙대상은 땅과 물에 사는 용이라고 했다. 동양문화사에서 용신신앙은 달과 관련 있다. 따라서 13오보의 원초적 기원은 달과 관련한 용신신앙에서 찾아야 한다.

칭기즈 칸의 아버지가 몽골인들에게 극적으로 부상하는 장면에도 13이라는 숫자가 등장한다. 칭기즈 칸의 어머니 허멜룬은 타타르족 여인이었다. 그녀는 이웃 부족인 메르키트의 젊은 지도자에게 시집을 가기로 되어 있었다. 칭기즈 칸의 아버지 예수게이는 몽골의 결혼 풍습에 따라 초원의 신성한 장소에서 첫날밤을 치르기 직전에 신부를 약탈하기로 결심하고 실행에 옮겼다. 그때 약탈해온 처녀가 바로 칭기즈 칸의 어머니 허멜룬이다.

---

12) 장장식, 『몽골민속기행』, 자우출판, 2002, 59~60쪽.

그러한 악연으로 후에 두 부족은 심각한 전쟁을 치른다. 그것이 타타르 부족과의 13차 전쟁이다. 이 전쟁에서 예수게이는 승리했고, 그는 주변 부족들의 주목을 받는다.[13]

몽골학자 박원길의 말을 빌리면 이때의 '13차 전쟁'을 몽골학자들은 '무수한 전쟁'으로 해석한다고 한다. 단순히 많은 전쟁이라는 의미로 사용했을 것이라는 것이다. 그러나 위에서 본 13의 의미를 이해하고 보면, 13차 전쟁은 하나의 주기가 끝나고 새로운 주기가 시작되는 시간 개념이 반영되었음을 알 수 있다. 즉 신입무가 큰무당이 되듯이, 예수게이의 시대가 시작되는 것을 알리는 전쟁이었다는 의미일 수 있다.

청나라 제실에서 토지신에게 제사 지낼 때 사용하던 신목인 소나무도 가지가 13개 층이어야 했으며, 나무에는 9척 길이의 오색 비단을 매달았다.[14] 여기서 신목의 가지가 13개 층이 있어야 한다는 조건은 달의 변화수인 13을 하늘의 층으로 이해한 것이다.

이러한 생각은 마야나 아즈텍인들도 가지고 있었다. 마야 문화 연구자인 실바누스 몰리Sylvanus G. Morley에 따르면, 마야에서는 13개의 하늘이 층층이 배열되어 있으며, 가장 낮은 층이 지구다. 상계의 신 13명이 각 층에 나누어 살고 있다. 13개의 상계만 있는 것이 아니라 9개의 하계도 있었다.[15] 아즈텍의 지하세계는 9개의 지옥으로 구성되었으며, 천상은 13개의 천국으로 구성되었다.[16]

---

13) 김종래, 『밀레니엄맨 칭기스칸』, 꿈엔들, 2005, 38쪽.
14) 최남선, 「불함문화론」, 이홍규 엮음, 『바이칼에서 찾는 우리 민족의 기원』, 정신세계원, 2005, 47쪽.
15) 조지프 캠벨 지음, 홍윤희 옮김, 『신화의 이미지』, 살림, 2006, 128쪽.
16) 조지프 캠벨 지음, 홍윤희 옮김, 『신화의 이미지』, 살림, 2006, 195쪽.

이와 같이 마야나 아즈텍에서도 13층의 하늘에 9개의 하계가 있다고 했다. 그런데 청나라에서도 13층의 하늘을 나타내는 소나무에 9척 길이의 오색 비단을 매달았다. 13과 9수에 대한 문화가 공존하고 있다. 9수의 상징을 파악하는 것도 고대문명을 이해하는 열쇠 중의 하나이다.

2012년 12월 21일 지구 종말

마야인들은 2012년 12월 21일에 종말이 온다고 예언했다. 그날이 지구 종말론의 단초가 된 것은 마야력이 2012년 12월 21일로 끝나기 때문이다. 그런데 마야인들의 역법에도 13이라는 숫자가 중요한 역할을 하고 있다. 20진법을 사용한 마야 달력에서 하루는 1킨Kin이고, 20킨은 한 달인 1위날Uinal이 된다. 또한 1년은 1툰Tun, 20툰은 1카툰Katun, 그리고 20카툰은 1박툰Baktun이 된다.

마야력의 1년인 1툰은 18위날에 5킨을 더한 것이다. 즉 1위날이 20일이니까 18위날은 360일이고 거기에 5킨, 즉 5일을 더한 365일이 1년이다. 그런데 고대 마야인은 그레고리력을 기준으로 대주기가 5,125년 단위로 운행된다고 계산했다. 그리고 400년을 한 주기로 해 특별한 의미를 부여했는데, 이것이 바로 박툰이다.

그레고리력 5,125년을 마야 달력으로 환산하면 5,200툰이 되고, 이를 400툰 단위로 나누면 13박툰이 된다. 고대 마야인은 13을 두렵고 신성한 숫자로 믿어왔으며, 마야 달력의 시작일인 기원전 3114년 8월 13일로부터 13번째 박툰이 끝나는 날이 바로 기원후 2012년 12월 21일이다[17]. 또한 마

---

17) 신규섭, 「이란과 중앙아시아의 신년축제(노루즈) 연구」, 2007년 한국이슬람학회 춘계학

야나 아즈텍에서는 13일을 한 주로 삼았다.[18]

마야인들의 400년 주기인 박툰이 13회 지나면 지구의 종말이 온다는 것도 앞에서 설명한 달의 주기와 관련해서 생각해보면 그 의미를 이해할 수 있다. 3일간 지하세계를 여행하고 부활한 달이 13일의 변화를 겪은 후 보름이 되고 나면 이제 다시 이지러진다. 다신 그 힘이 약화되는 것이다. 이제는 희망이 아니라 불행이 시작되는 것이다.

하지만 400년 주기의 13박툰이 지났다고 해서 달이 사라지는 것은 아니지 않는가? 하나의 대주기가 지나고 나면 새로운 대주기가 시작될 것이다. 무릇 희망을 가지고 새 시대를 기다리며 혼란한 시기를 견뎌내는 인류에게는 또 다른 신세계가 기다린다. 지구 종말설에 현혹될 필요는 없다. 그러한 희망은 예수의 죽음과 부활에 잘 은유되어 있다. 그리스도와 마찬가지로 달은 죽었다가 부활한다. 달은 사흘 동안 어두워진 상태에 있다가 부활한다. 예수 또한 사흘 밤 동안 입구를 커다란 바위로 가로막은 무덤 속에 있다가 부활했다.[19] 구시대의 멸망은 새 시대의 희망이다.

마야문명을 연구한 몰리 교수에 따르면 마야인들이 역법을 발견한 시기는 기원후 320년이고, 그들의 연대기에서 근본이 되는 시작점은 기원전 3113년이다. 이에 대해서 그는 "그러므로 마야의 연대기는 실제의 사건이 아니라 가상적 사건으로 시작된 것처럼 보인다. 아마도 그것은 세계 창조와 같은 가정적 사건일 것이다"라고 지적했다.[20] 이러한 관점에서도 우리는

술대회, 2007년 5월 26일.
18) 조지프 캠벨 지음, 홍윤희 옮김, 『신화의 이미지』, 살림, 2006, 187쪽.
19) 조지프 캠벨 지음, 다이앤 K. 오스본 엮음, 박중서 옮김, 『신화와 인생』, 갈라파고스, 2009, 407쪽.
20) 조지프 캠벨 지음, 홍윤희 옮김, 『신화의 이미지』, 살림, 2006, 185~186쪽.

마야력의 종말일에 대해서 지나치게 의미를 둘 필요는 없다.

13개의 기둥을 박은 세계 최고 천문대

『오마이뉴스』의 답사 보도에 따르면, 중국 산시(山西)성 린펀(臨汾)시 타오스(陶寺)향에서 세계에서 가장 오래된 천문대가 발굴되었다. 유적은 반원형으로 너비 약 20미터 정도에 평평한 지형이다. 군데군데 지름 10센티미터 정도의 구멍이 10여 개 뚫려 있었다. 중국 고고학자와 천문학자들은 이 유적의 역사를 기원전 2100년께로 추정하고 있다.

총 면적이 1400제곱미터인 이곳을 중국학자들이 천문대 터라고 보는 이유는 13개의 기둥이 서 있던 자리 때문이다. 이들은 "이것으로 미뤄볼 때 정 동쪽에서 떠오르는 일출을 관측하고, 1년 12절기를 정확히 측정했을 것"이라고 주장하고 있다. 따라서 『상서尙書』「요전堯典」에 나오는 "해와 달, 별의 움직임을 살펴보고 사람들에게 시간을 알려줬다"는 기록이 역사적 사실임이 증명됐다는 것이다.[21]

이 기사가 전하는 내용이 사실이라면 중국에서도 신석기시대부터 13이라는 숫자가 변화의 수로 사용되었음을 알 수 있다. 그것이 천문관측대의 좌표로 사용되었음도 매우 흥미롭다. 13이라는 숫자를 천문관측에 사용한 사람들이 또 있다.

2007년 아메리카 대륙에서 가장 오래된 태양관측대(기원전 300년경)가 페루의 찬키요에서 발견되었다. 그 유적의 관측대 앞에는 낮은 능선을 따

---

[21] "중국 역사 1만 년으로 끌어올려라", 신화·전설을 역사로 만드는 '공정'」, 『오마이뉴스』, 2004년 10월 19일.

라 남북 방향으로 13개의 탑이 조성되어 있다. 능선에 조성된 13개의 탑은 비록 태양을 관측하기 위해 조성하긴 했지만, 그것은 달의 변화수인 13수를 의식하고 만든 것이다.

『연합뉴스』 2007년 3월 2일의 보도에 따르면, 찬키요의 13개의 탑은 낮은 언덕의 능선을 따라 남북 방향으로 약 300미터에 걸쳐 세워져 있다. 여기서 동쪽과 서쪽으로 각각 230미터 떨어진 거리에 관측소로 보이는 두 개의 구조물이 있다. 75~125제곱미터 넓이의 장방형 탑들은 일정한 거리를 두고 서 있어 멀리서 보면 가지런한 치아 모양의 스카이라인을 이룬다. 서쪽 관측소에서 보면 맨 오른쪽 탑의 바로 오른쪽에서 12월 하지의 해가 떠오르고, 맨 왼쪽 탑의 바로 왼쪽에서 6월 동지의 해가 떠오르는 것을 볼 수 있다. 이 탑들은 고대 페루인들이 태양이 한 탑에서 다음 탑으로 넘어가는 데 걸리는 날짜를 계산해 달력을 삼았음을 의미하는 것이라고 학자들은 말한다.

13개의 구멍이 뚫린 옥피리

처음에 13층탑을 설명하면서 학자들이 이를 중국적인 탑이라고 한 것에 대해서 우리 고유문화에서도 13을 성수로 생각했다는 것을 알아야 한다고 했다. 제주신당의 원조라는 북제주군 송당리에 있는 '송당본향당'에서는 음력 정월 13일과 2월 13일, 그리고 7월 13일과 10월 13일에 제사를 지낸다.[22]

송당본향당에서 제사를 13일에 지내는 것도 13이라는 수를 중시한 결

---

22) 박성수, 『단군기행』, 교문사, 1988, 164쪽.

[도판 7] 청동기시대(기원전 1500년 이전) 피리

과였을 것이다. 음력 13일에 제사를 지내기 때문에 그날이 보름은 아니지만, 원래 13일을 선택할 때에는 13수의 상징이 갖는 의미를 중시했을 것이다. 마야나 중국에서처럼 우리 조상들도 13층의 하늘이 있다고 생각했고, 그중 13천, 즉 가장 높은 하늘에 제사한다는 의미가 있었을 것이다. 그것은 사실 보름달에 제사하는 것이나 마찬가지다. 13천 자체가 초승달부터 보름으로의 변화 단계마다 하나의 하늘로 상정했기 때문이다. 보름달은 그 자체로 부활하는 신의 얼굴이고 변화하는 생명에너지의 상징 그 자체이다.

조상들이 달의 변화수인 13을 읽어내고 그 수로 생명의 율동을 노래한 유물이 있다. 조상들도 13번의 변화 리듬이 생명의 무궁한 변화와 동조한다고 생각했다. [도판 7]은 함경북도 웅기군 굴포리 서포항에서 발견된 청동기시대의 유물이다. 뼈로 만든 피리인 이 유물은 기원전 1500년 이전에 만들어졌다. [도판 7]에서 보듯이 이 피리의 구멍은 13개이다.

왜 조상들은 피리에 13개의 구멍을 뚫었을까? 지금까지의 글을 읽은 독자들은 그 답을 이미 눈치 채고 있을 것이다. 그것은 피리로 달의 생명원리를 노래하기 위해서였다. 조상들은 3일간의 지하세계, 즉 명부에 머물다가 부활하는 달, 그리고 13일의 성장을 통해서 보름달이 되는 모습에서 생명의 순환원리를 읽었다. 사실 거의 대부분의 고대종교는 달의 이러한 순환원리를 모방한 교리를 가지고 있다.

모세가 산에 올라 야훼로부터 이스라엘 민족 해방의 소명을 받아 이집트에서 이스라엘 백성으로 구출해내고, 다시 올라 야훼로부터 10계명을 받은 곳은 시나이Sinai산이다. 이 산의 이름은 메소포타미아의 달의 신 '신Sin'의 이름과 관련이 있다. 모세가 시나이산에서 내려왔을 때 그는 하나님의 에너지를 받아서 몸에 광채가 번뜩였다. 그래서 얼굴에 베일을 썼으며, 그의 이마에는 빛의 뿔이 돋아났다. 바로 달의 신비의 뿔이다.[23] 달의 뿔은 앞에서 살펴본 구석기시대의 로셀의 여신상에 이미 드러나고 있다.

이란과 중앙아시아 지역의 신년축제인 노루즈는 봄의 도래와 자연의 소생을 말한다. 이 행사는 초기 조로아스터교에서 비롯되었는데, 대부분의 이란인들은 13일 동안 축제를 즐긴다. 그런데 13일째 되는 날은 나쁜 징조의 날로 간주되며, 불운을 방지하기 위해 야외로 나간다. 이 또한 달의 변화수가 가지는 상징을 반영한 것이다. 초승달부터 상승하던 긍정적 에너지가 하강하기 시작하는 날이기 때문이다.

피리소리에 달이 멈추다

3,500년 전 조상들이 피리에 13개의 구멍을 뚫은 이유를 이제 짐작할 것이다. 13이라는 개념은 수로서는 아니더라도 이미 구석기시대 유라시아 대륙의 서쪽 사람들이 인식하기 시작했다. 또한 그것은 대륙을 건너 중남미 주민들의 성스러운 숫자가 되었으며, 중국에서도 기원전 2000년경의 천문관측에 적용하였다.

---

[23] 조지프 캠벨 지음, 다이앤 K. 오스본 엮음, 박중서 옮김, 『신화와 인생』, 갈라파고스, 2009, 408쪽.

이와 같이 문명사에 나타나는 13수는 대부분 달의 변화수와 관련된다. 그것은 천문관측의 기준으로, 탑의 층수로, 시간을 재는 숫자 등으로 사용되었다. 그렇다면 조상들이 피리에 13개의 구멍을 뚫은 것도 달의 변화수를 의식한 것으로 추정할 수 있다.

시간적으로 늦기는 하지만 피리소리와 달과의 관계를 암시하는 단서를 국선의 무리에 속했던 월명사月明師의 행적에서 찾을 수 있다. 그는 경덕왕 19년(760년) 4월 초하루에 해 두 개가 나타나 열흘 동안 사라지지 않는 괴변을 「도솔가」 혹은 「헌화가」로 불리는 향가를 불러 없앤 것으로 유명하다. 풍류도의 무리에 속했던 그는 피리를 잘 불었다. 언젠가 달밤에 피리를 불면서 문 앞의 큰 길을 지나가니 달이 그를 위해 가는 것을 멈추었다고 한다. 그가 월명사라 불린 것도 그 일 때문이다.[24] 피리소리에 달이 감응한 것이다.

또한 청동기시대의 피리가 어떤 상징성을 가지고 사용되던 것인가는 신라의 삼보 중 하나였다는 '만파식적'으로 알 수 있다. 만파식적은 죽어서 용이 된 문무왕과 천신이 된 김유신이 합심하여 용을 시켜 동해의 한 섬에 보낸 대나무로 만들었다고 한다.

만파식적이 가지는 상징성은 대나무를 얻기 위해 동해의 섬으로 간 신문왕과 용과의 대화에 함축되어 있다. 왕이 용에게 묻기를 "이 산과 대나무는 어떤 때는 갈라지고 어떤 때는 합해지는데 어찌하여 그러한가?"라고 하자, 용이 대답하기를 "비유해서 말씀드리자면 한 손으로 손뼉을 치면 소리가 나지 않고 두 손으로 손뼉을 치면 소리가 나는 것과 마찬가지입니다. 이 대나무라는 물건도 합한 연후에 소리가 나는 것이오니 영명한 대왕께서

---

24) 이범교 역해, 『삼국유사의 종합적 해석(하)』, 민족사, 2005, 454쪽.

[도판 8] 프리기아의 아티스와 그의 피리 (왼쪽 위)

도 소리로 천하를 다스릴 좋은 징조입니다. 왕께서 이 대나무를 가져다가 피리를 만들어 부시면 천하가 화평해질 것입니다"라고 했다.

『삼국유사』에 전하는 내용처럼 만파식적이 동해바다에 나타난 신이한 섬에서 가져온 대나무로 만들었다고 믿는 사람은 없을 것이다. 그것은 통일과정에 생긴 흩어진 민심을 수습하기 위한 하나의 상징물이다. 그런데 하필 피리였을까? 그 답은 그 피리가 탄생하는 이야기의 구조 속에서 찾을 수 있다. 이야기의 구조에는 첫째, 용왕이 등장하고, 둘째, 천신이 등장한다. 그 두 신명이 합쳐서 대나무를 선사했다. 그것은 고유의 용신신앙과 새로 부상하는 불교신앙의 융합이기도 하다. 이 둘은 당시 백성들이 믿는 주 신앙이었다. 그렇다면 피리는 원래 어떤 신앙인들이 사용하던 것일까? 당연히 용신신앙인들의 신성한 악기였다고 볼 수 있다.

생명의 노래를 부르다

이 장의 주제는 달의 변화수 13이 유라시아 문명과 중남미 문명 곳곳에 그 흔적을 남기고 있다는 것과 우리나라 청동기시대의 13개의 구멍이 뚫린 피리 또한 달이 전하는 생명의 노래를 부르는 도구였다는 것이다.

달과 대지와 바람과 용, 이 모두는 유라시아 문명사에서 달의 신과 관련이 있다. 수메르 문명의 달의 '신' 신은 바람의 신 엔릴의 장남으로 대지

[도판 9] 창부倡夫, 1800년대 서울

와 바람의 신이다. 달은 지상의 물과 상호호응하며 움직이는 천체이다. 달은 물의 신이기도 하다. 용은 달의 정精이 변화한 신화적 동물이다. 용은 구체화되지 않은 생명에너지를 상징한다. 그 생명의 질료가 변하여 생명의 꽃이 피어난다. 피리는 바로 그 생명의 꽃이 피어나고 졌다가 다시 부활하는 리듬을 조절하는 상징적 도구이다.

때문에 유라시아 고대종교의 재생 신들은 악기를 들고 연주하는 모습으로 그려진다. 그들은 죽었다가 부활하는 생명의 원리를 노래한다. 우르에서 출토된 달의 왕은 매혹적인 하프를 켰으며, 프리기아의 아티스는 피리를 불었다(도판 8). 서포항에서 발굴된 피리도 그러한 제의적인 노래를 하는 데 사용되었을 것이다.

| 제18장 |
누가 새 시대의 희망인 솥을 거는가?

반복되는 종말론

21세기 들어, 산업혁명 이후 급성장해온 인류문명에 위기의 조짐이 여기저기서 나타나고 있다. 세계 금융시장이 요동치는가 하면, 새로운 질병이 나타나고, 기후가 급변하면서 자연재해가 빈발하고 있다. 바야흐로 위기의 시대다. 최근에는 2012년 지구 멸망설까지 유포되고 있다. 천문현상의 영향으로 지구가 멸망한다느니, 고대 마야의 달력에는 2012년 12월이 대주기의 끝이라느니, 태양의 흑점이 대폭발할 것이라는 등이 그러한 것들이다.

그러한 설들은 세상의 기존질서가 붕괴할 조짐을 보이면 어김없이 나타난다. 역사 속의 말세는 수도 없이 많았다. 그러나 정작 세상이 종말을 고한 적은 없다. 말세에 대한 집단의식이 발현하는 것은 그 구성원들이 느끼는 잠재의식 때문이다. 딱 부러지게 이것이다 설명할 순 없지만 기존에 유지되던 질서가 무너지려고 한다는 것을 그 구성원들이 비슷하게 느끼는 것이다.

그렇게 느끼는 것은 우리 모두의 책임이자 동시에 아무에게도 책임이 없다. 우리 모두의 책임이라는 것은 과거 말세라고 했던 세상을 극복하고 새로운 세상을 일구면서 가졌던 우리들의 마음이 변한 것에서 또 다른 말세의 원인을 찾을 수 있기 때문이다. 동시에 아무에게도 책임이 없다는 것은 그러한 변화는 어쩌면 자연스런 역사의 리듬인지도 모르기 때문이다.

긴 역사를 통해서 우리는 수없이 학습했지만, 하나의 생명의 장場인 이 우주에서 모든 생명이 공생하기 위한 삶의 자세를 견지하기를 주저해왔다. 말세라고 느낄 때 사람들은 그렇게 살지 않았기 때문에 오는 하늘의 벌이라고 느끼면서, 그렇게 살아야 한다는 당위성에는 공감하지만 이내 망각하고 이기심에 빠져 다른 생명을 존중하는 것을 잊어버린다.

산업혁명 이후 인간의 삶은 물질적으로는 엄청나게 풍요로워졌다. 그러나 그 반대급부로 지구는 몸살을 앓고 있다. 이기적으로 자연을 이용한 결과 지구의 기온은 갑자기 상승하기 시작했고, 전 지구적인 자연재해는 증가하고 있다. 금세기 중에 인류문명은 변화의 태풍 속으로 진입할 가능성이 있다. 어쩌면 이미 그 변화의 소용돌이 속에 있는지도 모른다. 그러한 변화의 조짐이 나타나면 두 가지 부류의 긍정적인 세력이 작동한다. 하나는 세상을 현실적으로 구원하겠다는 정치세력이고, 하나는 정신적으로나 영적으로 사람들을 변화시켜 새로운 세계를 건설하려는 세력이다.

인류의 문명사는 한 아이가 어머니의 자궁에서 태어나 성장하고 활동하다 죽음에 이르는 것처럼 어떤 리듬을 가지고 변화해왔다. 불교에서는 만물의 이러한 과정을 성주괴공成住壞空이라고 하면서, 모든 것이 무상함을 가르친다. 한 시대가 끝나려 하고 새로운 시대가 잉태하려 할 때면 어김없이 세상에는 영웅호걸과 사악한 무리들이 동시에 발호한다.

위기의 세상을 구하려는 영웅들과 위기를 이용해 사리사욕을 더욱더 챙기려는 사악한 세력이 세상 여기저기에 등장하지만, 정작 대부분의 사람들은 누가 진정 세상을 구할 자인지 판단하지 못하고 방황한다. 인류문화사를 보면 인류의 정신적인 스승들은 누가 영웅호걸인지 사악한 무리인지 알 수 있는 눈을 제공하려고 부단히 노력했다. 선악을 구별하는 가장 근본적인 시각은 상식에 있다. 상식적인 눈으로 바라보면 위선자나 가짜 메시아를 구분할 수 있다. 그럼에도 세상사람들은 항상 속고 또 속는다. 마치 자신들은 누군가에게 속기 위해서 존재하는 것처럼 말이다.

그러한 변화시대에 자신이 그 변화의 주인공임을 자처하기 위해 내세우는 상징물이 있다. 바로 다리가 셋 달린 솥이다. 마지막 장인 18장에서는 이 솥이 가지는 의미와 상징성에 대해서 생각해보려고 한다.

미륵신앙의 성지 금산사

그러한 솥이 한반도 서남쪽 산속에 숨겨져 있다. 그 솥은 지금껏 한민족 정신사의 보이지 않는 맥을 이어오는 상징물로 작동해왔다. 이제 그 솥을 찾아가 어떤 비밀이 숨겨져 있는지 알아보자. 전라북도 김제시 금산면 모악산 남쪽 기슭에는 금산사라는 유명한 절이 있다. 모악산은 동진강과 만경강 유역의 기름진 평야를 바라보며 평지에 우뚝 솟아 있다. 드넓은 평야의 어미산인 셈이다. 모악산의 무제봉은 조선시대 기우제 터로 유명하다. 모악산에는 알터가 남아 있다. 이는 선사시대 사람들의 신앙터로, 그들은 바위에 앉아 열심히 돌을 비비며 무언가 간구했을 것이다.[1)]

알터는 모악산이 불교가 들어오기 이전부터 인근 주민들의 신앙의 메카였음을 말한다. 그러한 사실은 진표율사에 관한 기록인「관동 풍악 발연수 석기關東楓岳鉢淵藪石記」에서 찾아볼 수 있다. 율사가 교법을 받은 후 금산사를 세우고자 산에서 내려왔다. 대연진에 도착했을 때 홀연히 용왕이 나오더니 옥가사를 바치고 권속眷屬 8만을 거느리고 금산수金山藪로 모시고 가자 사람들이 사방에서 모여들어 며칠 되지 않아 절이 완성되었다.

여기서 주목할 것은 용왕의 등장인데, 이는 물론 진표율사의 권위를 높이기 위해 표현된 문구로 볼 수도 있지만, 금산사가 조성된 곳이 연못이

---
1) 주강현,『마을로 간 미륵(1)』, 대원정사, 1995, 79~80쪽.

[도판 1] 김제 금산사 미륵전

었다는 것을 고려하고 금산수라는 명칭이 '금산늪'이라는 의미가 있는 것으로 보아 용신신앙의 중심지였을 가능성을 배제할 수 없다. 경남 양산의 통도사를 창건할 때도 그곳이 원래 용신신앙의 중심지였음을 앞에서 설명한 바 있다.

청의동자의 보살핌

여기서 먼저 고유의 용신신앙과 미륵신앙이 결합된 토착 미륵신앙을 이해하고 넘어갈 필요가 있다. 김정기는 익산 미륵사 금당 밑의 공간구조와 경주 감은사지 금당의 용혈龍穴에 주목했다. 미륵사는 미륵을 모시는데 그 마루 밑에 공간을 마련해두었다. 이는 감은사와 마찬가지로 용이 드

[도판 2] 돈황 막고굴 제268동 서쪽벽 미륵교각좌상, 북량北凉

나들게 하기 위함으로 해석될 수 있다. 미륵불과 용이 밀접한 관계가 있다는 사고가 반영되었다. 일부에서는 용을 미륵불의 화신으로 보기도 한다. 김정기는 미륵과 용이 우리의 고유한 발음인 미르, 미리가 서로 음이 닮았다는 점도 지적한다. 또한 미륵사지 연구에 평생을 바쳐 온 김삼룡은 용화회상으로 상징되는 금당 아래에 물을 담아 용을 인도하게 했으리라고 추정한다.[2] 마침 미륵사의 미륵삼존불은 도솔천인 하늘에서 하강하지 않고 미륵사 터의 연못에서 솟아오른 것도 용과 미륵과의 연관성을 암시한다. 민중신학자 서남동도 "미륵신앙은 한국인의 무의식의 구조 속에 있는 용(미륵)의 원조형과 결부되어 있다"고 지적한다.[3]

어쨌든 금산사가 유명해진 것은 신라 경덕왕 때 진표율사가 조성한 미륵대불 때문이다. 그 미륵님이 바로 솥의 비밀을 간직하고 계신다. 솥의 비

---

2) 주강현, 『마을로 간 미륵(2)』, 대원정사, 1995, 344쪽.
3) 주강현, 『마을로 간 미륵(2)』, 대원정사, 1995, 359쪽.

[도판 3] 보살사유반가좌상, 3세기 중기, 간다라 출토

밀에 다가가기 전에 먼저 진표율사가 그곳에 미륵대불을 조성한 배경부터 알아보자.

진표율사는 열두 살에 금산사로 출가해서 숭제법사의 제가가 된다. 그는 스승의 가르침에 따라 이름난 산을 두루 돌아다니며 수행하다 선계산(지금의 변산에 있는 산) 부사의암에 머물며 망신참법亡身懺法으로 수행한다. 그것은 몸을 희생하면서 정진하는 수행법이다. 율사가 미륵상 앞에서 부지런히 계법을 구했으나 3년이 되어도 수기를 받지 못하자, 결단을 내려 바위 아래로 몸을 던지니 홀연히 푸른 옷을 입은 동자가 율사를 손으로 받들어 바위 위에 모셔놓는 이적이 일어난다. 이에 힘 받은 율사는 다시 21일을 기약하고 밤낮으로 열심히 수행했다. 이레째 되던 밤에 지장보살이 손에 쇠로 된 지팡이를 흔들며 오셔서 가사와 바리때를 주었다.

율사는 영험이 따르는 것에 감복하여 더욱 정진했다. 21일이 되자 드디어 천안을 얻어 도솔천의 무리들이 오는 광경을 보게 된다. 미륵보살이 다가와 율사의 머리를 만지면서 말하기를 "훌륭하여라 대장부여! 이처럼 계

를 구하기 위해 몸과 목숨까지도 아끼지 않고 간절히 참회하는구나" 하였다. 율사는 지장보살에게서 정계淨戒를 받고 미륵보살에게서는 『점찰경占察經』과 간자簡子 189개를 받는다. 간자를 주면서 미륵보살은 "너는 이것으로 세상에 불법을 전하여 사람들을 구제하는 방편으로 삼아라"라고 했다.

미륵보살, 도솔천에서 내려오다

여기서 주목할 것은 진표율사의 미륵신앙은 『미륵하생경彌勒下生經』을 바탕으로 한 것이라는 점이다. 이는 이후 전개되는 미륵신앙과 그것을 바탕으로 한 사회변혁 운동의 원천적 에너지로 작동한다. 도솔천에 계시는 미륵이 이 땅에 내려오는 장면이 그의 전기에 두 번씩이나 나온다. 한 번은 열심히 법을 구하는 율사의 정성에 감복하여 경전과 간자를 주기 위해 하강하시고, 두 번째는 율사가 금산사를 완성하자 미륵보살이 도솔천에서 구름을 타고 내려와 율사에게 계법을 준다.[4] 인도의 불교 성자 아산가 Asanga(5세기)도 미래불인 미륵을 친견하고 해탈을 성취했다고 한다.[5] 동아시아에서 미륵이 하강하여 직접 계와 간자를 전해 받은 인물은 진표율사가 최초이다. 그만큼 그의 위상도 높다 하겠다.

미륵보살로부터 경전과 간자, 그리고 계법까지 받은 진표율사는 금산사를 중창하고 그곳을 미륵신앙의 본거지로 만들었다. 그러한 배경에는 백제 지역에 널리 행해지던 미륵신앙의 전통이 살아 있었기 때문이다.[6] 『일

---

4) 이범교 역해, 『삼국유사의 종합적 해석(하)』, 민족사, 2005, 358~377쪽.
5) 조지프 캠벨 지음, 홍윤희 옮김, 『신화의 이미지』, 살림, 2006, 122쪽.
6) 주강현, 『마을로 간 미륵(1)』, 대원정사, 1995, 80쪽.

본서기』권9에 보면, 552년에 백제가 일본에 최초로 불교를 전해줄 때, 보낸 물건 중에 미륵석불이 있다. 이는 당시 백제에 미륵신앙이 성행하고 있었음을 반증하는 사료이다.

서산마애삼존불의 미륵

백제에서 미륵신앙이 성행했음을 보여주는 단적인 예로 서산시 운산면 용현리에 있는 마애삼존불에 조성된 미륵보살상을 들 수 있다(도판 4). 서산마애불은 해발 307미터의 상왕산 기슭에 조성되어 있다. 이곳은 조성 당시 백제의 수도인 부여로 가는 길목, 즉 대중국과의 해상교통로였다. 당시 태안반도는 중국의 신문화를 받아들이는 가장 중요한 기점의 하나였다. 마애삼존불은 백제가 제해권을 탈환하여 중흥의 기치를 높이 들던 위덕왕 말년경이나 위덕왕이 돌아간 직후인 6세기 말엽에 조성되었을 것으로 추정한다.[7]

[도판 4] 서산마애삼존불

미륵반가사유상은 중앙의 본존인 석가여래입상의 좌협시로 조성되었다(도판 5). 여기서 간략하게나마 미륵상의 발생과 전파 과정을 알아보고 넘어

---

7) 최완수, 『한국 불상의 원류를 찾아서(1)』, 대원사, 2003, 283쪽.

[도판 5] 서산마애삼존불의 좌협시 미륵보살반가사유상

가자. 미륵상은 2세기 중기에 쿠샨제국의 간다라 지역에서 처음 만들었다. 그 형태는 미륵보살입상, 미륵보살교각좌상, 미륵보살사유반가좌상 세 가지이다.[8] 미륵보살상은 처음에는 원만한 성인 남성을 표준으로 제작되었으나, 3세기 중반경에 이르면 간다라 지역에서 다른 보살상과 마찬가지로 수염이 소멸하면서, 거의 여체와 비슷한 모습으로 변한다.

특히 미륵보살이 여자라는 생각은 북위에서 황제가 곧 지금 세상의 여래라고 생각하던 문성제(452~465) 이후에 문명태후와 영태후가 차례로 나와 여자이면서 섭정으로 대권을 잡고 천하를 호령하면서 더욱 일반화되기 시작했다.[9] 그런 여성스러운 미륵보살상이 서산마애불에도 그대로 나타난다. 국보 제83호 반가사유상이 여성스럽게 만들어진 것도 그러한 변화를 반영하고 있다. 처음 간다라 지방에서 미륵상이 조성될 때는 건장한 남성이었는데, 동방으로 오면서 점점 여성화·중성화되었던 것이다. 최완수가 국보 제83호인 반가사유상의 모델이 미륵의 화신으로 실제 출현한 선덕여왕일 것이라고 보는 것도 그러한 문화 흐름의 시각

---

8) 최완수, 『한국 불상의 원류를 찾아서(1)』, 대원사, 2003, 278쪽.
9) 최완수, 『한국 불상의 원류를 찾아서(1)』, 대원사, 2003, 281쪽.

을 반영하는 것이다.[10]

서산마애불상은 중국에서 바다를 건너 곧바로 들어왔다. 바닷길로 중국을 통하여 직접 들어와 다시 탄생된 이들 삼존불의 아름다움은 당대 백제 불교의 수준과 깊이를 잘 드러내준다. 또한 미륵신앙이 널리 퍼져 있었음을 웅변해준다.[11] 서산마애불과 같은 삼존불 구성은 아직 세계에서 발견된 예가 없다.[12] 그만큼 당시 백제인들의 독창적인 생각이 드러난 작품이다. 단순한 모방이 아니라 백제인의 심성에 맞는 불상을 조성한 것이다.

미륵보살상은 생각에 잠긴 듯한 자세를 취하기는 했으나 얼굴 표정은 환희에 가득 차서 웃음기가 만연하다. 바라보기만 해도 얼마나 행복한가! 보살이 전하는 마음과 보는 이의 마음이 어울려 마음 깊숙한 곳에서 살며시 피어오르는 미소를 느낄 수 있다. 답사를 다녀와서도 한동안 눈가에서 그 미소가 떠나지 않았다. 우리 주변에 그런 천진동자가 있다고 생각해보라. 그 동자를 볼 때마다 우리는 행복할 것이다. 어쩌면 마애불을 조성한 석공의 마음이 그러했을 것이고, 당시 백제인들이 그러한 마음을 함께 공유하고자 했을 것이다.

이슬비가 내리는 어느 여름 마애삼존불을 찾아갔을 때, 안내하시는 분이 재미있는 전설을 들려주었다. 옛날 이곳 산신령이 본부인과 애첩을 데리고 살았다고 한다. 중앙의 본존불이 산신령에 해당하고 우협시인 제화갈라보살이 본부인, 좌협시인 미륵보살이 애첩이란다. 산신령이 젊은 애첩을 너무 사랑하니까 본부인이 화가 났다. 그런데도 산신령의 사랑을 듬뿍

---

10) 최완수, 『한국 불상의 원류를 찾아서(1)』, 대원사, 2003, 281쪽.
11) 주강현, 『마을로 간 미륵(2)』, 대원정사, 1995, 248쪽.
12) 최완수, 『한국 불상의 원류를 찾아서(1)』, 대원사, 2003, 285쪽.

받고 있던 애첩이 본부인을 향해 메롱 하고 놀리니까 화가 난 본부인이 짱돌을 들고 던지려고 한다는 것이다. 순박한 주민들이 해학적으로 전한 전설이 재미있어 적어 보았다.

우리나라 미륵신앙은 불교가 들어온 초기부터 성행하였다. 미륵보살은 늦어도 6세기부터는 신자들의 주목을 크게 받기 시작한다. 571년(고구려 평원왕 13년)에 조성된 신묘명 삼존상에는 작고한 부모가 세상에 다시 태어나서 "미륵을 직접 만나게 되기를 희망한다"는 글귀가 적혀 있다. 최초의 신라 사찰인 흥륜사에도 미륵이 봉안되어 있었다. 또한 지금까지 남아 있는 7세기 이전의 불상 가운데서 미륵상이 차지하는 비중은 석가모니 및 관음보살과 더불어 가장 높은 편이다.[13]

반가사유상은 도솔천에서 하생한 메시아

필자는 고등학교 시절 국립중앙박물관에 자주 갔다. 일주일에 최소한 두 번 이상을 갔던 것으로 기억한다. 당시 필자에게는 버릇이 하나 있었다. 그것은 전시관을 한 바퀴 돈 후 청동미륵반가사유상 앞에서 오랫동안 머물며 그와 마음의 대화를 나누는 것이었다. 사춘기의 어려움을 보살과의 대화로 해결하려 했던 셈이다. 하지만 당시에는 그가 누구인지 몰랐다. 단지 불교의 한 보살인 줄만 알았다. 이 반가사유상을 취하고 있는 보살에 대한 정확한 정보를 알고 싶은 사람들이 많을 것이다.

반가사유상으로 표현된 미륵보살은 어떤 분을 형상화한 것일까. 일부 학자들은 반가사유상을 석가모니가 태자일 때 뭇 생명의 고통을 보고 고

---
13) 백승종, 『한국의 예언문화사』, 푸른역사, 2006, 265쪽.

뇌에 찬 사유를 하는 모습을 형상화한 것으로 보기도 하나, 미륵보살은 원래 석가모니의 실제 제자였던 것으로 경전에 나온다.[14]

『현우경賢愚經』 권12 「바파리품波婆離品」에는 미륵보살이 석가모니의 직계 제자 중 한 사람으로 나온다. 그는 중인도 바나라국 재상의 아들이었다. 32상호를 타고 난 그는 왕사성에 머물던 석가모니를 찾아가 법을 구한다. 미륵보살의 명석함을 알아본 석가모니는 이모이자 자신을 길러준 마하파사파제가 자신에게 주려고 정성들여 짜놓은 금루가사를 미륵에게 준다. 그러고는 미륵은 장차 이 세상의 인간 수명이 8만 4,000세가 될 때, 즉 56억 7,000만 년 후에 다시 지구상에 태어나서 성불하고 용화수 아래에서 세 번 설법을 하여 널리 중생을 제도할 것이라고 예언한다. 이와 비슷한 내용은 『중아함경中阿含經』 등 소승 경전에도 나오며, 『법화경法華經』 등에서는 석가모니 회상의 상수보살로 등장한다.[15]

앞에서도 설명했듯이 미륵상은 미륵보살입상, 미륵보살교각좌상, 미륵보살사유반가좌상 세 가지이다. 그런데 서산마애불의 미륵보살상을 비롯한 삼국시대의 미륵보살상은 모두 입상이나 사유반가좌상을 취하고 있다. 봉화 송화산 석조반가사유상, 금동미륵보살반가사유상(국립중앙박물관), 금동미륵보살반가사유상(국립경주박물관), 백제 활석제반가사유상(국립부여박물관) 등이 대표적인 사유반가좌상이다. 최근 돈황 막고굴을 연구한 중국학자에 따르면 교각좌상은 상생미륵보살상이고 반가좌상은 하생미륵보살상이라고 한다.[16] 그의 의견이 옳다면 한국의 미륵신앙은 주로 『미륵하

---

14) 허균, 『사찰 100美 100選』, 불교신문사, 2007, 184~185쪽.
15) 최완수, 『한국 불상의 원류를 찾아서(1)』, 대원사, 2003, 276~277쪽.
16) 최완수, 『한국 불상의 원류를 찾아서(1)』, 대원사, 2003, 281쪽.

생경』을 기반으로 한 메시아사상을 담고 있다고 볼 수 있다.

한국의 미륵신앙은 처음부터 도솔천에서 하강하여 중생을 구제하는 역할을 수행한 셈이다. 이렇게 출발한 미륵신앙은 8세기 후반 진표율사에 의해서 대중화의 전기가 마련된다. 그의 행적에서 미륵이 빈민을 구제한 일화가 발견된다. 그가 강원도 명주 지방에 머물 때 큰 흉년이 들어 많은 백성들이 굶주리게 되었다. 이에 진표는 그들을 구제하기 위해 미륵법회를 열었다. 그러자 갑자기 고성의 바닷가에 수많은 물고기가 저절로 죽어서 떠올랐으며, 사람들은 그것을 건져다 팔아서 식량을 마련할 수 있었다고 한다.[17] 가난한 백성을 어여삐 여기는 미륵의 심성이 잘 드러난다.

진표, 미륵을 한국의 미륵으로 모시다

진표율사는 인도에서 발생하여 중국을 거쳐 한국으로 들어온 미륵을 한국의 미륵으로 바꾸었다. 진표는 도솔천에서 구름을 타고 내려온 미륵보살을 친견하는 영광을 누렸지만, 그가 보여준 행적의 행간에서 그가 한국인의 정서에 맞는 미륵 관념을 정립했음을 알 수 있다. 그의 마음속에 있던 미륵은 어쩌면 단군신화에 등장하는 환웅이었는지도 모른다. 손병욱 교수는 한국의 미륵 불교는 고유한 토속신앙과 깊이 습합된 불교이며, 미륵불은 바로 삼신 중 환웅신의 불교적 변용으로 간주되어 왔다고 지적한다.[18] 일리가 있다고 본다.

진표율사의 미륵은 확실히 인도에서 발생한 미륵과는 다르다고 볼 수

---

17) 백승종, 『한국의 예언문화사』, 푸른역사, 2006, 269쪽.
18) 손병욱, 『서산, 조선을 뒤엎으려 하다』, 정보와사람, 2006, 147쪽.

있다. 앞에서 다루었던 용신신앙과의 습합이 그렇기도 하고, 그가 미륵보살에게서 받았다는 『점찰경』도 사실은 중국에서 만들어진 위경일 가능성이 높다. 이 경전의 진위논쟁은 수나라에서 이미 한 차례 있었고, 당시 조정에서는 위서로 판결하고 탐참법을 금하는 칙령까지 내렸다. 이에 대해서 일연스님은 잘못되었다고 항변하나 수나라의 조사 결과 『점찰경』의 바른 이름과 번역한 사람·시간·장소가 없다고 한 점이나,[19] 참회 내용을 결정하는 방식이 중국에서 점치는 방식을 차용한 것으로 보아 위경임이 틀림없다. 진표율사가 점을 치는 방식으로 사람들을 참회시키려 한 것 자체가 이미 석가모니 불교와 거리가 멀다. 어떻게 석가모니께서 점을 보아 죄를 뉘우치는 법을 설했겠는가?

그렇지만 윷놀이를 연상케 하는 나무 대쪽을 던져서 그 결과를 보고 참회하는 의식인 점찰법회를 통해 대중을 교화하려 한 진표율사의 의도는 이해할 수 있다. 당시 진표율사가 포교하고 다닌 곳은 대부분 신라의 변방이었다. 변방에 사는 그들에게 교리문답식의 강의를 통해 불법을 전하기는 어려웠을 것이다. 그런 이유로 진표는 『점찰경』에 의거한 방편을 사용했다고 볼 수 있다.

『주서』「백제전」에서는 백제사람들은 의약과 점복술에 능하다고 했다.[20] 진표는 과거 백제 지역이었던 금산사를 중심으로 포교하면서 민간에서 성행하던 점복술과 『점찰경』에 의거한 탐참법을 연결하려 했던 것 같다. 이러한 그의 의도를 미륵불의 토착화로 이해할 수 있다. 그는 어려운 경전보다는 실천하는 미륵불교를 만들고자 했던 것이다. 그는 백성들이

---

19) 이범교 역해, 『삼국유사의 종합적 해석(하)』, 민족사, 2005, 362~364쪽.
20) 김성구 발췌 번역, 『중국정사 조선열국전』, 동문선, 1996, 230쪽.

참회하고 바르게 살도록 가르쳤으며, 착하고 바르게 살면 미륵님의 풍요롭고 의로운 세상이 온다는 신념을 백성들에게 주었다. 이 단순한 논리는 한 민족이 이전부터 가지고 있던 정신세계와 맞닿아 있다.

미륵을 무쇠솥 위에 세우다

진표율사가 지향한 또 다른 특색은 미륵을 이 땅의 주인이요, 모든 생명을 기르는 부모로 이해한 것이다. 그런 의식은 단군신화에서 환웅에게 배속되었던 특성이다. 환웅이 하늘(미륵의 도솔천)에서 내려와 세상의 주인으로 세상을 이익되게 하지 않았는가. 그런 미륵을 상징하는 코드로 그는 '무쇠솥'을 선택했다.

하여 진표는 용이 살던 연못을 숯으로 메우고 무쇠로 만든 솥을 놓은 다음 그 위에 미륵대불을 안치했다. 진표가 미륵대불을 안치하기 위해 설치했던 무쇠솥은 지금도 금산사 미륵전 지하에 모셔져 있다 (도판 6). 두 번의 큰 화재에도 무쇠솥은 녹지 않고 만들 당시의 모습

[도판 6] 금산사 미륵전의 무쇠솥이 단 아래 보관되어 있다. 어두워 조금밖에 보이지 않는다. 오른쪽 위에 미륵대불 일부가 보인다.

을 유지하고 있다. 필자가 이 책을 집필하기 위해서 다시 답사를 간 날도 사람들로 북적였다. 많은 사람들이 미륵전에 안치된 무쇠솥을 만져보기 위해 지하통로로 내려가 솥을 만지며 소원을 빌었다. 솥의 에너지가 지금도 작동하고 있는 셈이다.

진표율사는 왜 미륵불의 대좌로 연화대좌가 아닌 무쇠솥을 선택했을까? 우선 솥의 문화사를 살펴보자. 솥은 기본적으로 밥을 하는 도구이다. 밥은 생명을 유지시켜주는

[도판 7] 상나라 시기 삼족정

기본이다. 따라서 솥은 생명을 유지시켜주는 물질, 풍부함, 풍요로움, 수용과 양육이라는 여성원리를 가지고 있다. 즉 만물을 길러내는 속성을 가진다. 서양에서 가마솥이 성배와 같은 의미를 지니는 것도 솥의 그러한 속성 때문이다.[21]

세발솥은 안정감과 완벽함을 의미하며, 이른바 정립鼎立이란 말은 거기서 비롯되었다. 이 세발솥은 인류문화사에서 상당히 의미 있는 자리를 차지하고 있다. 원시사회에서 음식을 조리할 때, 세 개의 돌을 놓고 그 위에 솥을 걸었는데, 그것을 조합해서 만든 것이 세발솥이다. 이른바 삼족정三足鼎이다(도판 7). 또한 원시사회에서 솥은 항상 집의 중앙에 자리하고 있었다. 때문에 솥은 중앙·중심이라는 상징성을 갖게 되었다.

아폴론이 자신의 신전을 지킬 사제로 만들기 위해 납치한 크레타인 선원들을 델피로 이끌고 올라갈 때, 신비한 빛이 이들 행렬을 에워싸더니 그

---

21) 진 쿠퍼 지음, 이윤기 옮김, 『세계문화 상징사전』, 까치, 1996, 54~55쪽.

[도판 8] 경복궁 근정전의 세발솥

빛줄기 속에서 나타난 세발솥이 쏜살같이 날아가 신전의 한가운데에 자리 잡았다고 한다.[22] 세발솥이 세상의 중심이라는 상징성을 갖고 있음을 보여주는 예이다.

고대 동양문화권에서 세발솥이 왕권을 상징한 것에도 세발솥이 세상의 중심이라는 상징이 담겨 있다. 그것은 제정일치 시대의 제의권과 관련 있다. 천자인 황제 혹은 왕만이 하늘에 제사를 지낼 수 있었는데, 세발솥은 하늘에 제사하는 제기의 대표적 물건이었다. 하늘에 제사 지내는 행위는 바로 땅의 중심에서 하늘의 중심과 소통하는 행위였다. 하나라 우왕이 천하 9주의 금속을 거둬들여 9개의 솥을 주조하여 제위帝位 전승의 보기寶器로 삼은 것에도 천하의 중심에서 생명을 주도한다는 상징이 담겨 있다. 이 구정九鼎은 은나라, 주나라, 진나라로 전해졌다.

솥이 생명을 유지하는 데 필요한 음식을 만드는 도구라는 것에서 사람을 기르는 정신적인 음식도 만들어낸다는 상징이 만들어졌다. 그래서 임금은 신성한 솥에서 만든 음식으로 천하의 어진 이를 향응하고, 훌륭한 인재를 불러 그들의 중지를 모음으로써 바른 정치를 할 수 있다고 믿었다. 경복궁 근정전 좌우에 있는 솥도 그와 같은 상징을 담고 있다(도판 8).[23]

---

22) 유재원, 『그리스 신화의 세계(1) : 올림포스 신들』, 현대문학, 1998, 223~224쪽.
23) 한국문화상징사전 편찬위원회, 『한국문화 상징사전』, 동아출판사, 1992, 445쪽.

미륵의 꿈 환웅의 꿈

솥의 상징을 정리해보자. 솥은 자애로운 하늘 부모가 세상의 중심에서 세상만물을 기르는 상징적인 도구이다. 바로 미륵보살의 이상과 일치하며, 동시에 그것은 단군신화에서 환웅이 실현하고자 했던 이상이다. 진표율사는 그러한 솥 위에 미륵불을 안치했던 것이다. 이것이 진표율사가 숨겨놓은 숨은 비밀이다.

진표는 당시 백제지역에 성행하던 미륵신앙과 웅녀의 아들 단군을 통해 백제지역으로 전해진 우리 고유의 의식을 접목시켰던 것이다. 그의 수행일지에는 우리 고유의 3·7 수리사상이 그대로 드러난다. 그는 망신참법으로 계를 얻으려고 7일 기한으로 기도했고, 다시 7일을 더 기도했으며, 3년을 공부하여도 소득이 없자 바위 아래로 몸을 던지니 홀연히 푸른 옷을 입은 동자가 율사를 구하자, 21일간을 기약하고 부지런히 수행했다. 21일이 되자 천안이 열려 도솔천의 무리들이 오는 광경을 보게 된다. 웅녀가 환웅에게 마늘과 쑥을 받아 굴에서 21일 만에 사람이 된 것과 같이 그는 평범한 인간에서 신인神人으로 변했다.

위에서 검토된 자료를 가지고 진표율사의 의도를 읽어보자. 그는 미륵신앙을 대중화하는 과정에서 독자적인 미륵관을 정립했다. 우선 그는 『점찰경』이라는 중국화된 미륵경을 바탕으로 대중들에게 다가갔다. 그는 무지한 대중들에게 참회를 통한 선근善根을 심어주려고 했다. 그는 밝고 맑은 백성을 바탕으로 한 미륵세상을 지향했다. 착하고 바르게 살면 미륵님의 풍요롭고 의로운 세상이 온다는 신념을 백성들에게 주었다. 그것은 환웅이 하늘의 밝은 도로 세상을 바꾸어 백성들을 이롭게 하고자 한 의도와

[도판 9] 왕건이 세운 논산 개태사의 철확. 주민들은 가뭄 같은 천재지변이 생기면 솥에 기우제를 올린다. 은나라 탕왕도 7년 가뭄으로 백성이 고초를 겪을 때, 세발솥을 메다 놓게 하고 상림桑林에서 기우제를 지냈다고 한다.

맥이 닿는다. 그야말로 밝은 행위를 실천하는 민중으로 만들고 싶었던 것이다. 그것은 진표가 생각한 미륵의 꿈이고 환웅이 생각한 환인의 꿈이다.

또한 그는 동양문화에서는 중국에서 발원했다고 볼 수 있는 솥의 상징을 끌어들여 '세상의 중심에서 세상을 이롭게 하는 밝은 천자'로서의 미륵불을 생각했다. 진표율사가 백제 땅에서 피워낸 토착화된 미륵은 후삼국시대의 혼란한 상황에서 백성들의 희망이었으며, 고려를 거쳐 조선후기의 동학운동에 이르기까지 그 영향을 미쳤다.

동학을 이어 그 일맥이 증산에 의해 다시 미륵으로 환원되어 역사에 등장했다. '자신의 출현이 바로 미륵의 출현이다'고 말한 강일순은 자신의 아호를 증산甑山이라 했는데, 그가 증산이라는 호를 쓴 것은 바로 금산사

416 바람 타고 흐른 고대문화의 비밀

미륵대불이 '시루솥' 위에 계심을 염두에 둔 것이다. 증산은 모악산 대원사 칠성각에서 도를 깨쳤다. 그가 대도를 깨친 곳이 칠성각이라는 데도 의미를 부여할 수 있다. 주강현은 그가 칠성각에서 도를 깨쳤음은 그가 민간신앙에 뿌리를 두고 있었음을 반증한다고 했다.[24]

증산이 의도적으로 칠성각에서 공부했는지는 모르나 칠성신앙은 필자가 주장하는 대로 단군시대의 주 종교였다. 바로 환웅이 가지고 온 신앙이었다. 따라서 칠성님은 우리의 하나님이자 도솔천에 계시는 미륵님이고 도교의 옥황상제이시다. 그런고로 증산은 자신의 출현이 미륵의 출현이라 했으며, 자신을 상제라고 한 것이다.

새 시대를 꿈꾸며 철원에 솥을 건 궁예

이러한 생각은 이미 진표율사가 가지고 있었던 것이다. 진표의 꿈은 미륵의 꿈이었고 환웅의 꿈이었으며 칠성님의 꿈이었다. 진표의 꿈을 일차적으로 계승하고 새 시대를 꿈꾸며 '솥'을 건 이가 바로 신라 말의 혼란기에 새로운 미륵을 꿈꾼 궁예이다.

『삼국사기』에 따르면 궁예는 47대 헌안왕 혹은 48대 경문왕의 아들로 외가에서 태어났다. 그는 탄생할 때부터 신라 조정에는 위험한 인물로 인식되었다. 그가 태어날 때 지붕 위에 긴 무지개와 흰빛이 하늘까지 닿았다고 한다. 그러한 서기를 상서롭지 못하다고 본 일관은 "이 아이가 중오일(5월 5일)에 태어났고, 나면서부터 이가 있습니다"라고 하면서 장래 국가에 이롭지 못하니 기르지 말라고 충고했다. 그 말을 들은 왕은 사람을 시

---

24) 주강현, 『마을로 간 미륵(1)』, 대원정사, 1995, 78~79쪽.

[도판 10] 안성시 삼죽면 기솔리 국사봉의 궁예미륵(중앙). 궁예가 인근 북좌리에서 도를 닦다가 이곳에 와 미륵불 3기를 만들었다는 전설이 전한다. 중심에 궁예를 상징하는 미륵불을 세우고 좌우로 문관·무관을 나타내는 미륵불을 세워 궁예를 늘 생각게 하고 있다. 삼죽면은 궁예가 처음 의탁한 기원이 머물던 죽산과 이웃하고 있다.

켜 그를 죽이라고 한다. 그를 죽이러 온 사자가 강보에 싸인 그를 마루 아래로 던졌는데, 마침 마루 아래에 있던 유모가 아이를 받아 달아났다. 유모가 아이를 받으면서 한쪽 눈을 찔러 애꾸눈 궁예가 되었다.[25] 하늘이 낸 인물인데 쉽게 죽을 수야 없지 않았을까.

궁예는 일반적으로 의심 많고 흉포한 인물로 그려지고 있다. 그러나 그러한 이미지는 역사의 승자들이 왜곡한 것이다. 알려진 대로 그는 신라 왕가의 혈통을 가지고 태어났고, 태어날 당시의 상황이 그에게 매우 위험한 상황이었음은 분명했던 것 같다. 하지만 그가 태어날 당시 그의 지붕 위에

---

25) 김부식 지음, 이병도 역주, 『삼국사기(하)』, 을유문화사, 1997, 485쪽.

무지개와 흰빛이 하늘까지 닿았다고 한 것으로 보아, 기실 그는 난세의 영웅의 운명을 타고난 인물이었다. 그러한 서기瑞氣는 혁거세와 같이 창업주에게 나타나던 상서로움이 아니던가.

궁예가 하늘이 낸 뛰어난 인물이었음을 상징하는 일화는 또 있다. 그가 세달사에 들어가 선종스님으로 생활할 때의 일이다. 선종이 재齋를 올리는 행렬을 따라 가는데, 까마귀들이 무언가 물어다가 그의 바리때 속에 떨어뜨렸다. 주워보니 점치는 가지에 '왕王'자가 쓰여 있었다. 그는 그것을 비밀히 간직하며 자부심을 가졌다고 한다.[26] 까마귀는 고구려나 부여족에게 태양신의 사자였다. 그러한 까마귀가 선종에게 왕자가 쓰인 신물을 가져다주었다는 것은 그가 새 시대를 이끌 인물임을 암시한 것이다.

그러한 그의 정치역정을 간략히 살펴보자. 가슴 속에 미륵을 품고 세달사를 나온 그는 당시 대표적인 반反신라 호족인 기훤과 양길에게 몸을 의탁했다. 그는 진성여왕 5년(891년)에 기훤의 무리에 가담하는데, 진성여왕 8년(894년)에 명주(강릉)로 들어갈 때는 군사 3,500을 거느리는 장군이 되어 있었다. 그는 인제, 화천, 철원 등지를 장악하면서 독자적인 세력으로 성장하였다. 이 무렵의 그에 대한 평가는 이러했다. "그는 사졸과 더불어 좋고 나쁜 일을 함께하며, 주고 빼앗고 하는 데 있어서도 공으로 하고 사사로이 하지 않았다."[27] 궁예의 심성이 잘 드러나는 대목이다. 그가 가난하고 힘없는 백성들을 대할 때 자비롭고 공평무사했음을 보여주는 대목이다.

이러한 궁예의 모습은 당시 명주를 중심으로 한 강원도지역 백성들에게 미륵보살의 화신처럼 보였을 것이다. 역사학자 조인성은 "신라 말 강릉

---

26) 김부식 지음, 이병도 역주, 『삼국사기(하)』, 을유문화사, 1997, 486쪽.
27) 김부식 지음, 이병도 역주, 『삼국사기(하)』, 을유문화사, 1997, 486쪽.

에 미륵사상을 전한 진표 같은 승려가 끼친 영향이 궁예의 통치술 구축에 일조하였을 것이다"라고 했다.[28] 진표가 강릉지역에 심어놓은 미륵신앙을 발판으로 궁예가 힘을 얻었다는 설명이다. 그랬을 것이다. 궁예는 스스로 미륵임을 암시하며 말세의식에 젖어 있던 농민들을 자기편으로 만들어 갔다.

궁예 자신이 미륵의 마음을 가지고 용화세계를 꿈꾸지 않았다면, 그 많은 백성들이 그렇게 빠르게 호응하지 않았을 것이다. 단순히 정치적 의도만을 가지고 위장된 행동을 하지는 않았을 것이라는 이야기이다. 그러한 궁예의 면모가 『삼국사기』에 기록되어 있다. "선종이 미륵불을 자칭하며, 머리에 금책(금색 고깔)을 쓰고 몸에 승복을 입었으며, 큰아들을 청광보살, 작은아들을 신광보살이라 하였다. …… 또 경문 20여 권을 자술하였는데 …… 때로는 정좌하여 강설하였다."[29] 기록으로 볼 때 궁예는 스스로 미륵불의 화신이라고 믿었음에 틀림없다.

그렇다면 궁예가 생각한 미륵세상은 어떤 세상이었을까? 자료가 부족하여 자세히 알 수는 없지만, 그는 나름 독자적이고 주체적인 세계관을 가지고 있었던 것으로 짐작된다. 그러한 사정은 그가 지은 경문에 대한 평가로 유추해볼 수 있다. "그 말이 요사스럽고 모두 불경不經한 것이었다", "중 석총이 이르기를 모두 사설과 괴담으로써 가르칠 수 없는 것이다." 이 말을 그대로 믿으면 궁예가 생각한 미륵세상은 형편없었음이 분명하다. 그러나 그의 말이 경전과 다르다고 한 것은 그가 지은 경문이 불경과 다른 독자적인 관점을 가졌다는 말이고, 중 석총이 삿된 괴담이라고 한 것도 종

---

28) 조인성, 『태봉의 궁예정권』, 푸른역사, 2007.
29) 김부식 지음, 이병도 역주, 『삼국사기(하)』, 을유문화사, 1997, 490쪽.

교적인 견해 차이에서 나온 비판으로 보아야 한다.

지금 궁예가 직접 지은 경문이 전하지 않아 정확히 판단할 수 없지만 그의 미륵관은 진표의 맥을 이은 것일 가능성이 높다. 진표의 꿈이었던 용화세계는 환웅의 꿈이었으며 칠성님의 꿈과 맞닿아 있는 것이었다. 신채호 선생은 자신의 책『일목대왕의 철퇴』에서 궁예의 사상을 '유불선 취합과 고유의 것 창조'로 보았다.30) 옳은 지적이다. 궁예가 자주적이었음은 독자적인 연호인 무태武泰, 성책聖册, 수덕만세水德萬歲 등을 쓴 것에서도 알 수 있다. 견훤과 왕건이 중국 연호를 선호한 경우와 다르다.

그가 당당히 연호를 쓰면서 통일전쟁을 치른 것에서 그의 자주적인 꿈을 읽을 수 있다. 그가 장차 옛 고구려 땅까지 회복하려 했음은『고려사』「태조세가」의 내용으로 짐작할 수 있다. 당시 태조의 부친인 왕륭은 송악을 들어 궁예에게 귀의하면서 다음과 같이 말한다. "대왕께서 조선·숙신·변한 땅에서 왕을 하시고자 하면, 먼저 송악에 성을 쌓으시고 나의 장자(태조)로서 그 성주를 삼게 하십시오 하니, 궁예가 받아들였다."31) 여기서 숙신 땅은 당시 신라의 북쪽에 있던 발해지역을 이른다. 그 땅은 과거 고구려의 땅이기도 했다. 고토를 회복하려던 궁예의 꿈은 왕건과 그 주변의 보수세력에 의해 깨어지고 말았다.

철원평야의 솥은 엎어지고

그렇다면 궁예는 왜 새 시대의 중심에 새로운 솥을 거는 데 실패했을

---

30) 주강현,『마을로 간 미륵(2)』, 대원정사, 1995, 77쪽.
31) 김부식 지음, 이병도 역주,『삼국사기(하)』, 을유문화사, 1997, 487쪽 각주 6번.

까? 일차적으로는 자신의 정치적 역량의 한계도 있었을 것이다. 그러나 변화를 두려워하는 기득권 세력들(송악을 중심으로 한 호족들)의 조직적인 저항이 그의 혁명을 가로막았다고 보는 것이 정확한 진단일 것이다. 맨손으로 떨쳐 일어나 그 많은 백성들의 꿈을 담아 일어섰던 궁예가 아니던가. 말세의 혼돈 속에서 제 살길을 찾던 지방의 호족들은 민심을 업고 성장하는 궁예의 그늘로 모여들었다. 그러던 그들이 일정한 세력이 형성되고 조직이 안정되자 서서히 본색을 드러내고 반기를 들기 시작한 것이 왕건 쿠데타 드라마의 진실이다.

그의 민중혁명은 송악의 토호세력인 왕건을 만나면서 분기점을 맞는다. 왕건은 궁예에게 귀부하여 성장하지만 자신의 지역적 기반을 바탕으로 궁예에게 반기를 든다. 역사에서 승리한 자들이 궁예를 흉악하고 포악하다고 기술했지만, 자신에게 도전하는 세력들을 끊임없이 견제하는 과정에서 발생한 정치적 사건들 모두가 궁예의 책임인가? 힘이 커진 호족들과 장수들을 반역죄로 처형한 것은 정치세계에서 왕왕 벌어지는 일 아닌가?

사실 궁예는 왕건도 숙청할 수 있었다. 왕건 휘하로 사람들이 몰려든다는 사실을 궁예인들 왜 몰랐겠는가. 그러나 어떤 면에서 보면 그는 왕건을 사랑했다. 때문에 차마 그를 내치지 못했던 것이다. 그것이 궁예의 한계였을 수도 있지만, 궁예는 왕건과 함께 꿈을 이루고 싶었던 것이다. 궁예가 자신의 관심법觀心法으로 왕건이 반역을 꾀하고 있음을 짐작하고 추궁한 일화에 궁예의 그러한 마음이 담겨 있다. 당시 추궁을 받은 왕건은 사실을 인정하고 죽여달라고 읍소했다. 그러자 궁예는 그의 정직함을 인정하며 용서했다.

궁예 연구로 박사학위 논문을 쓴 이재범은 『후삼국시대 궁예정권 연구』에서 그러한 사정을 다음과 같이 잘 정리했다. "궁예정권에 대한 의의를 다시 간단히 언급한다면 우리 역사에서 보기 드물게 사회경제적으로 하층에 속하는 무리들에 의하여 세워진 국가로 독자성·자주성·진취성을 띠고 발전되어 나갔으나 보수적·복고적 성향을 지닌 고구려계 호족들에게 의하여 몰락된 역사적 사건이다."[32]

21세기의 현실에서도 벌어졌던 노무현의 개혁과 그 반대세력들의 조직적인 저항을 생각해보라. 과연 노무현이 보수세력들을 공격한 것이 그가 흉포하고 포악했기 때문인가? 믿을 것이라고는 국민들뿐이었던 그에게 기득권을 가진 보수세력들이 조직적으로 저항하지 않았는가. 노무현은 자신의 정치적 이상을 실현하기 위해 투쟁했을 뿐이다. 그런 그를 억압하고 옥죄어 죽음으로 몰아간 것이 누구인가? 왕조시대 같으면 아마 노무현도 궁예와 같은 광인 취급을 받았을지도 모른다.

궁예가 혁명에 실패한 것은 호족들과 권력과 부를 적절히 나누어 갖으려 하지 않았기 때문일 것이다. 그렇게 하는 것은 그가 꿈꾸는 미륵의 세상이 아니었다. 호족들과 꿈과 이상이 달랐던 그는 체제가 안정되면서 그들의 조직적인 저항으로 몰락했던 것이다. 그러나 그의 미륵의 꿈은 사라지지 않았다.

미륵의 꿈은 계속된다

고려시대의 묘청 또한 서경에 새로운 솥을 걸고 싶어 했으나 실패한다. 민중들이 고통 받던 시기인 14~15세기에는 미륵하생에 의탁하여 고난을

---

[32] 이재범, 『후삼국시대 궁예정권 연구』, 혜안, 2007.

이겨내고자 했던 민중들을 중심으로 매향, 즉 향나무를 바닷가에 묻는 의식이 성행했다.[33] 이 또한 새로운 시대를 갈망하는 이들이 미래에 새로운 솥을 걸로 내려올 인물을 고대하는 의식이었다. 조선중기의 승려 여환如幻도 미륵세상을 꿈꾸고 반란을 도모했다. 1688년(숙종 14년) 여환은 미륵불을 자처했다. 그는 추종자들과 함께 왕조의 전복을 도모하여 도성에까지 들어갔으나 실패하여 처형당했다. 여환은 본래 강원도 통천의 승려로 "일찍이 강원도 천불산에서 칠성님이 내려와서 삼국三麴을 주었는데, 국은 국國과 음이 서로 같다"고 주장하였다. 그는 장차 자신이 삼국의 통치자가 될 것이라 믿었다.[34] 여기서도 미륵과 칠성이 연결되어 있음을 볼 수 있다. 후일 강증산이 칠성각에서 깨닫고 자신이 미륵이라 칭한 것과 맥이 닿는다.

19세기 후반에는 수운 최제우가 동학을 일으켜 새 시대의 미륵이 되고자 했으며, 그의 정신을 계승했다고 자처한 증산은 자신이 미륵의 화신이라 하며 금산사 미륵전의 '솥 위에 서 있는 미륵'과 동일시했다. 그의 정신은 실천하는 미륵을 제창한 원불교의 박중빈으로 이어진다.

새 미륵을 그리며

이제 21세기를 맞이하여 세계사는 문명사적으로 큰 변화의 계기를 맞고 있다. 이 땅은 지금 공교롭게도 북한과 전라도 그리고 경상도 하는 식으로 삼국의 에너지가 작동하고 있다. 동서간 대립의 에너지는 약화되고

---

33) 주강현, 『마을로 간 미륵(1)』, 대원정사, 1995, 256쪽.
34) 백승종, 『한국의 예언문화사』, 푸른역사, 2006, 290쪽.

있지만, 남북의 대립은 점점 심화되고 있다. 그렇지만 조만간 통일의 그날은 오지 않겠는가. 이제 다가오는 통일한국과 미래세계의 인류를 위해 새로운 '솥'을 걸 영웅이 한반도에 임하기를 기대해본다. 하나의 생명의 장에서 인류가 지금까지 이룩한 모든 자산을 나누며 한바탕 신명놀이를 할 그런 세상을 꿈꾸는 미륵이 오기를 기대해본다.

새 시대의 솥의 주인공이 펼치는 미륵의 세상, 용화세계는 미륵의 자격을 갖춘 이를 지도자로 모시고 그를 역사의 무대에 올릴 때, 그 실현이 가능하다.[35] 그분은 생명의 샘에서 생명수를 퍼올리고 하늘의 불로 생명의 밥을 지어, 온 인류에게 영적인 행복을 제시하게 될 것이다. 구시대 문명사의 여러 경로를 통해 생명의 밥을 지어온 미륵, 그가 꿈꾸는 세상이 21세기 한반도에서 꽃피어 세계로 퍼져나가길 기대해본다.

---

35) 손병욱, 『서산, 조선을 뒤엎으려 하다』, 정보와사람, 2006, 155쪽.